寻找教育家成长智慧书系——

U0826857

熊伟：

授人以渔——三段教学的理论与实践

XIONGWEI SHOURENYIYU – SANDUANJIAOXUE DE LILUN YU SHIJIAN

熊伟 著

中国当代著名教学流派

首都师范大学出版社
CAPITAL NORMAL UNIVERSITY PRESS

图书在版编目（CIP）数据

熊伟：授人以渔：三段教学的理论与实践 / 熊伟著. —北京：首都师范大学出版社，2011.7

ISBN 978-7-5656-0454-6

Ⅰ.①熊… Ⅱ.①熊… Ⅲ.①中学教育—研究 Ⅳ.①G63

中国版本图书馆CIP数据核字（2011）第158187号

熊伟：授人以渔

——“三段教学”的理论与实践

熊伟 著

责任编辑 孙志强

首都师范大学出版社出版发行

地 址 北京西三环北路105号

邮 编 100048

电 话 68418523（总编室） 68982468（发行部）

网 址 www.cnupn.com.cn

印 刷 三河市文昌印刷装订厂

全国新华书店发行

版 次 2011年7月第1版

印 次 2011年8月第1次印刷

开 本 710mm × 1000mm 1/16

印 张 17.25

字 数 277千

定 价 35.00元

寻找教育家成长智慧书系

《中国当代著名教学流派》丛书编委会

卷中教改智慧
笔下育人情怀

「中国当代著名教学流派」出版

柳斌

与名师为友，走向优秀
（代 序）

改革开放尤其是进入新世纪以来，我国教育事业取得了巨大的成绩。城乡免费义务教育全面实现，职业教育快速发展，高等教育进入大众化阶段，教育公平迈出了重大步伐，全民素质大大提高，从人口大国向人力资源大国的转变逐步实现。但我们必须清醒地认识到，我国教育还不能完全适应国家经济社会的发展，还不能完全满足人民群众接受良好教育的要求。2010年7月，党中央、国务院召开了新世纪以来第一次全国教育工作会议，颁发了《国家中长期教育改革和发展规划纲要（2010-2020）》（以下简称《规划纲要》），描绘了未来教育改革发展的宏伟蓝图，指明了今后教育事业科学发展的方向。《规划纲要》提出，到2020年，我国要基本实现教育现代化，基本形成学习型社会，进入人力资源强国行列。这是一项艰巨而光荣的任务。要完成这个任务，需要广大教育工作者辛勤劳动、开拓创新，尤其需要一线教师坚守教育理想，提高专业素养，创新教育教学模式。因此，当前教育改革发展的一项紧迫任务，就是要建设一支师德高尚、业务精湛、结构合理、充满活力的高素质、专业化教师队伍。

时代呼唤优秀教师。有一流的教师，才有一流的教育；有一流的教育，才有一流的国家。《规划纲要》明确指出，“有好的教师，才有好的教育”，“倡导教育家办学”，要“创造有利条件，鼓励教师和校长在实践中大胆探索，创新教育思想、教育模式和教育方法，形成教学特色和办学风格，造就一批教育家”。教育改革的一个重要任务，就是培养一大批拔尖创新人才，但正是在这个问题上，我们遇到了瓶颈。当然，杰出人才的培养受到诸多因素的制约，其中一个重要原因，可能就是教育家型的教师还比较少。名师出高徒。伟大的事业呼唤伟大的人才，英才的涌现呼唤一流的教师。出名师、育英才、成伟业，是时代赋予我们的神圣使命。

那么，怎样才能培养出优秀的教师？一个重要途径就是让广大教师们向杰出的前辈、同行学习。只有向最优秀的榜样学习，并在学习的基础上不断创新，一名教师才可能走向优秀。改革开放以来，随着教育改革的不断深入，教育战线涌现出了一批杰出教师。他们痴情教育事业，默默耕耘，刻苦钻研，勇于创新，不断进取，不断超越，形成了各具特色的教育思想和教学风格。正是他们的成功实践，创造了具有中国风格的教育经验，丰富了具有中国特色的教育理论宝库。他们的经验，对广大普通教师的成长具有良好的启示作用和重要的借鉴意义。总结、宣传和学习他们的经验，是打造一支优秀教师队伍的有效途径。中国教育学会、中国教育报刊社和中国教师发展基金会联合组织编写的这套“中国当代著名教学流派”丛书，总结了我国中小学界一批杰出教师的先进经验，尤其是提供了名师教育思想的精华、成功的教学案例以及他们走向优秀的心路历程，这必将对我国中小学教师队伍建设起到积极的推动作用。一个教师如果愿意潜下心来，钻进这套丛书，与名师为友，与高尚的心灵对话，进而反思自己的教育教学生活，那么他在教育教学上必将悟出些育人之道，并且走得比别人更远，超越前人。

古人云：“国将兴，必贵师重傅。”兴国必先强教，强教必先重师。教育大计，教师为本。加强教师队伍建设包括培养一大批优秀教师，是教育事业最重要的基础工作。组织编写“中国当代著名教学流派”丛书这样的工作，就是为了寻找教育家成长的智慧，为丰富中国教育理论、形成具有中国特色、中国气派和中国风格教育理论体系摇旗呐喊，是一件非常有意义的工作。希望这套丛书走进更多的学校，走近更多的教师，为新一代优秀教师的涌现播撒希望。

顾明远

目 录

第一部分 知识改变命运

选择当老师 …… 3
从教师到校长 …… 4
当一名高素质的校长 …… 9
耕耘与收获 …… 14

第二部分 “三格教育”观

对教育的思考 …… 19
对基础教育的反思 …… 22
“三格教育”的理念 …… 24
“三格教育”的实施方法 …… 28
“三格教育”的实施成效 …… 46

第三部分 “三段教学”的理论与模式

思想是有意义的命题 …… 49
新课程催生“三段教学” …… 52
“三段教学”的思想内涵 …… 68
“三段教学”的方法论 …… 69
“三段教学”的基本内容 …… 71
“三段教学”的模式和流程 …… 72
“三段教学”的实施细则 …… 74

第四部分 “三段教学”的实践与案例

“三段教学”模式下试卷讲评课策略探讨 …… 79
新型小组合作学习评价机制与策略 …… 82
构建学习共同体的有效策略 …… 87
“三段教学”中的“学困生”评价策略 …… 93
“三段教学”中如何指导学生建立错题集 …… 96
中学政治在“三段教学”中的拓展延伸方法 …… 105
《五四爱国运动》教学设计 …… 109

《认识论知识回归复习》教学设计 …… 115
“问题解决课”中教师的行为策略研究 …… 118
高中语文动态生成性教学中教师的引领策略 …… 121
高中语文“学生支持型课堂”的流程及案例 …… 128
提高高三语文试卷讲评课效率之我见 …… 133
把诗歌还给学生
——“三段教学”模式下诗歌教学探究 …… 141
如何在“三段教学”模式下的诗歌教学中更好地运用语言艺术
——以《我愿意是急流》课堂实录为例 …… 146
构建“三段教学”中数学对话课堂 …… 153
平行班高中数学“多层次教学”的探索 …… 159
《三角函数式的化简》教学设计 …… 166
《波的形成和传播》教学设计 …… 171
波的形成和传播 …… 175
高中化学“三段教学”的思考 …… 176
“三段教学”模式下化学教师提问策略 …… 183
《化学键第一课时》教学设计 …… 189
“多情”的历史课堂
——浅谈“三段教学”模式下历史课堂的情感调动 …… 193
以学生为本，构建音乐教学模式 …… 197

第五部分　“三段教学”的影响与推广

教育界对“三段教学”的评价 …… 205
学生眼中的“三格教育”和“三段教学” …… 213
媒体对棠湖中学的报道与评价 …… 218

第六部分　写给年轻教师的话

新教师如何应对新课改 …… 239
新教师如何进行课堂管理 …… 242
教师的人生 …… 245
教师的“六个学会” …… 247
为成为名师和教育家而奋斗 …… 250

第七部分　破解应试教育与素质教育的两难困境

训练有素的理念 …… 257
训练有素的行为 …… 259
训练有素的评价 …… 264

第一部分

知识改变命运

知识真的能够改变命运。

如果当初我没有对知识的认识，然后努力去学习，去钻研，那么，我不会成为一名教师，也不会在人生的道路上，敢于告别家乡，从山区来到平原，成为棠湖中学的教师，继而成为校长。知识能够改变个人的命运，同时，知识也能改变一所学校，乃至一个民族和一个国家的命运。问题的关键是，我们对知识的作用是否有足够的认识？我们应该将知识的位置摆放到怎样的高度？

选择当老师

作为20世纪60年代中期出生的人，我们这一代经历了太多的风风雨雨。先是三年自然灾害，接着是史无前例的“文化大革命”。

在那个特殊的时代，教育被生硬地赋予了过多的政治属性，课本是红宝书，作业是写大字报，批判“走资本主义道路的当权派”……而让绝大多数学生改变生活和命运的重要途径——高考的大门也瞬间被关闭了。文化不再有价值，知识不再受重视。很多人都觉得没有文化照样可以过日子，甚至认为“知识越多越反动”。人们开始把从前被称作“夫子”的教师唤作“臭老九”，“教书育人”的好先生被下放批斗！

长达十年的浩劫，受到破坏的不仅是我国的经济，作为“上层建筑”之一的教育更是难以幸免，遭到了前所未有的重创。那漫长的十年，如同一个漆黑冰冷的冬天。

历史终于在1977年发生了巨大的改变！就在那一年冬天，被尘封长达十年之久的高考大门终于又重新打开了。

1977年的高考，犹如中国大地上的一声春雷，改变了许多人、许多家庭的命运。那场中国历史上规模最为庞大的考试，它不仅恢复了参加那场考试的570万考生的信心与希望，它更直接改变和推动了中国的教育改革和教育发展，也让整个国家充满了新的生机和活力，为一个国家得以重新复兴和兴旺奠定了基础。

紧接着，改革开放的春风吹遍了神州大地！个体劳作、包产到户，这一生产关系的改革，大大地调动了农民的生产积极性，整个国家的经济很快出现了质的飞跃！在农村，人们已经不再担心吃了上顿没下顿，不再害怕“过年过节”了！改革开放，解决了人们的温饱问题，逐步提高着人们的生活质量！

经济基础的改变，使得人们开始把目光转移到“上层建筑”上来。由于当时国家急需培养大批科学人才，建设四个现代化，那段日子，在报刊、广播中，最常看到、听到的一句教育口号就是——培养有知识、有文化的新一代，为四个现代化做贡献。人们开始重视知识，尊重人才。当时社会上流行一句话："学好数理化，走遍天下都不怕。"这一变化表明，国家、社会和人民已经深刻地意识到知识和文化在今后的生活中是不可缺少的东西，并且将会变得越来越重要。

知识，逐渐得到应有的尊重！而拥有知识的"教师"，在学生的眼中也就成了值得尊敬的人物，整个社会也开始把"教师"称作最崇高的职业！在这样的大环境和个人兴趣的支配下，我走进了大学，并且选择了数学教育，立志要当一个好教师。

从教师到校长

1983年7月，我正式成为一名数学教师，在重庆垫江三中，开始了我的教师生涯。在近十年的工作中，我先后担任高86级、高88级、高91级以及高94级数学教师、班主任和高中数学教研组组长，并荣获国家奥林匹克二级教练员称号，积累了丰富的教学经验和科研经验；1990年3月，我被选举为工会副主席，开始走上学校管理岗位。

改革开放给社会带来了诸多的变化，除了使我国的经济取得了翻天覆地的大发展外，还打破了人们思想上的一些桎梏。我摆脱了"鸟飞眷故枝，狐死必首丘，故土不可离"的传统乡土观念的束缚，逐渐转变为"发展才是硬道理，哪里有助于发展就向哪里走"。

1992年，我从重庆垫江三中来到四川省成都市双流县棠湖中学应聘。那时，棠湖中学的"招聘"模式在我们看来，已经是非常超前和先进的了。作为首开"招聘"先河的棠湖中学，能够抛弃狭隘的地域观念和地方保护主义思想，在全省范围内公开选拔人才，完全离不开双流县党政机关及县教育局的高度重视和大力支持！这些都是在改革开放逐渐深入的情况下发生的可喜变化，它有利于人才的流动与汇集，有利于推动地方的教育、经济的发展。历史已经证明，双流县委、县政府当年这一措施是英明的，大量的外县市乃至外省的人才汇聚到了双流，为双流教育和经济的发展做出了巨大贡献。

而我本人，也在当年的招聘考试中，以数学组考核第一的成绩顺利进入办学伊始的棠湖中学，从地处偏远山区的垫江，来到了"天府之国"成都平原。

在棠湖中学，我先后担任高95级、高99级和高00级数学教师和班主任，并在教学过程中总结教学心得，研究教育问题，撰写了《如何提高数学课堂教学效益》和《新的教育观念在课堂中如何体现》等数十篇科研论文，分别获得国家、省市级奖励，并在报刊上发表。进入棠湖中学的第四年，即1996年，我被任命为棠湖中学教务处副主任。1998年5月，我被任命为校长助理，主管常规教学和分管高三工作，协助校长协调和管理各部门工作。2004年6月1日，我被任命为棠湖中学副校长。在此期间，我协助校长黄光成同志提炼学校办学思想和育人目标，规划学校发展方向。通过我们的不懈努力，棠湖中学实现了"五年创省重，十年创国重，十五年成为百强中学"的超常规、跨越式发展，产生了闻名全国的"棠中效应"。

在这期间，对于教学科研工作我也没有松懈，先后主持研究了数十项国家、省市级科研课题，并对学校的管理方法和经验不断进行探索和思考，撰写了《学校管理创新与发展——解说"棠中效应"》、《强化校本培训、创建学习型学校》、《课程改革在棠湖中学》、《创建现代学校制度》、《学校管理创新与发展》、《这里，让教育绽放如花》等数十篇论文，并发表于《中国教育报》等国家级或省级刊物上。2007年5月25日，我作为特邀嘉宾参加"全国名校校长论坛"，在北大作了《多元办学，大众教育》的专题报告，获得教育界同仁的一致好评。

2008年1月，我有幸被教育局任命为棠湖中学第二任校长，和全校教职工一起肩负起了实现棠湖中学第二次飞跃的重任。

人们常说："一个好校长就是一所好学校。"我希望自己也能成为这样的校长，让棠湖中学再上一个台阶。

上任之后，我组织全校教师，根据《双流县教育局关于全面推进素质教育切实提高教育教学质量的三年行动计划》和《双流县教育局2008—2009学年度工作要点》精神，围绕学校《棠湖中学新十年规划——2001—2010年学校改革与发展十年规划》总体要求，为实现"从优秀到卓越"的跨越目标，经过反复研究，制订了棠湖中学2008—2009年度的工作要点。

一、清晰学校办学思想，明确年度近期目标

学校发展的原则是"在完善中发展、在创新中超越"，以强化学校软件建设为突破口，以明晰的学校办学思想为引导，以培养员工的团队精神为关键，以创设环境走向成功为途径，以突显学校办学特色为标志，达到学校品牌辐射，实现“大众办学观”的最终目标。

学校坚持已有的“以人为本，为师生的发展创设和谐的支撑性环境，帮助每位师生走向成功”的办学理念，进一步落实“六会一长”的育人目标，按照《棠湖中学新十年规划——2001—2010年学校改革与发展十年规划》总体要求，把棠湖中学精心打造为全国知名的素质教育示范学校，实现“从优秀到卓越”的跨越目标；弘扬“仁、德、志、谡”的校训，张扬“艰苦奋斗、团结协作、永争一流”的棠中精神和“超越自我、追求卓越”的棠中口号；将先进的企业管理理念——“构建训练有素的团队、树立训练有素的思想、培养训练有素的行为”贯穿于学校管理、教育、教学、服务的始终，内强素质外树形象，实现“学校发展、教师快乐、学生成长”的管理愿景，打造“多元办学、大众教育”的品牌。

本年度目标：完善常规管理制度，落实教育教学环节；激活课堂教学活动，探索高效课堂途径；提升应届生升学率，提高教育教学质量；优化精细管理特色，突显学校办学品牌。

二、加强两支队伍建设，更新教育教学观念

通过机构的专业培训、校长的示范指导、员工的自主学习、政策的管理迁引，努力使干部具有“严（严己、严肃、严格）、公（公心、公正、公平）、勤（勤快、勤奋、勤俭）、能（能做、能说、能写）”的行政作风，教师具有“六讲”（讲“人本”、讲秩序、讲责任、讲品味、讲实绩、讲境界）的基本素质。

一讲人本。杜威说：“教育，人是目的。”学校中的一切都是为了人，为了学生和教师。这是“人本”的第一个含义。“人本”的另一含义就是要有人文关怀，教育就是一种对人生的关怀，这就是为什么我们的管理行为和教育活动中要始终充满着“爱”，饱含着“情”。这一点我们今后要特别注意。

二讲秩序。一所学校的常规工作，要想张弛有度，收放自如，就必须要讲秩序。秩序就是纪律，秩序就是规范，就是有令必行，令行禁止。

三讲责任。各人忙好各人的事，努力做最好的自己。人人恪尽职守，各司其职，各负其责。我们要把“学校发展，人人有责”细化为“学校发展，我的责任；学生发展，我的责任；自我发展，我的责任”。人人尽好

分内之责，就会产生巨大的聚集效应和推动力。有时候，学校工作是有分有合的，但“分工不分家”，责任感还体现在合作与共享中。

四讲品味。“品味”就是追求卓越，追求卓越才能与棠中的精神相符。在我们棠中，今后要多一些与大师的对话，多一些深邃独创的思想，多一些德艺双馨的名师，多一些高雅的文化活动……品位造就品质，也只有品位才能最终铸就品牌。

五讲实绩。棠中要形成这种风气和文化：“父母给我姓名，自己打造品牌”；要凭本事吃饭，靠实绩取胜。在教师培养和干部任用上，要坚持“赛马不相马，有为才有位”的原则。

六讲境界。我们的老师要做到三个“超越”：一要超越自我，不断提升，做“有奋斗感的教师”；二要超越小我，以事业为重、以学校为重、以团队为重；三要超越旧我，树立目标意识、成长意识，使自己不断进步，终成大器。教师要始终坚持“因人施教、分层教学、多元评价”的育人原则，采取“从最后一名学生抓起”的策略，努力形成“教师教育要仁、教师行为要德、教师追求要志、教师教学要谡”的教风。

三、完善常规管理制度，落实教育教学环节

全体教师必须坚持“自信、自觉、自主、自发”的“四自”教学思想。自信，即教师要自信地张扬自己的教学风格，追求高效的课堂教学；同时教师的教学还要有助于树立学生的自信心。自觉，即教师要自觉地遵循教育教学规律，努力优化教学过程；同时教师的教学还要有助于学生学习兴趣的培养，有助于学生自觉学习习惯的养成，有助于学生学习方法的获得。自主，即教师要自主地探索适合不同课型的教学方法，充分发挥教师的主体作用；教师的教学还要不断生成、张扬、发展、提升学生的主体性、能动性和独立性，使学生自主探究的学习方式得以充分发挥。自发，即教师要将新的教育观念自发地融入教学行为之中，自发地向“教育家”转化；教师的教学还要激发学生个性特长的发展，充分挖掘学生自身的潜力，使他们形成自我发展的愿望。

教学研究：以备课组为单位，坚持“三研究三统一”，即研究课程标准、教法，研究学生心理、学法，研究评价内容、方法；统一备课要点，统一教材资料，统一质量分析。

每学年坚持上好“五课”：新毕业分配的教师人人上合格课；新调入

的教师人人上研究课；其余教师人人上公开课；由此推选学科优秀教师上示范课；学校每学年组织两次（文、理各一次）全校性的教学观摩课。每课必须“五有”，即有教案，有说课，有上课，有评课，有反思。评课要“五评”，即评教学目标，评教学思想，评教学方法，评学生表现，评教学素养。评课时要求每人五分钟的发言，不能重复，说出评语并阐明依据，提出改进意见。每位教师每学年听所在学科组教师的随堂课至少一次，每学年听课总数至少40节。

备课坚持十一个原则：一备课标教材。明确目标，选择课型，突出重点，突破难点。二备学生学情。了解学情，确立标高，灵活教法，有的放矢。三备新课导入。导入要能引起注意、激发兴趣、清楚学标、形成动机。四备结构层次。要优化结构、分明层次、减小梯度、增强信心。五备启发设问。要能促进参与、启发思维、反馈信息、发展能力。六备训练巩固。让学生能积极应用、突显疑难、推进迁移、积累经验。七备课堂语言。要规范语言、柔和关系、调动情绪、激活思维。八备板书设计。能呈现内容、帮助理解、增强记忆、提高效率。九备教法活动。能集中精力、减轻疲劳、活跃气氛、提供机会。十备教具演示。调动感官、符合规律、画龙点睛、培养能力。十一备归纳总结。归纳总结要概括要点、建立联系、回顾方法、深化拓展。在十一原则的基础上，编写出“四体二点三性”（体现课标、体现学情、体现活动、体现反思；突出重点、化解难点；作业要有针对性、层次性和开放性）的教案。

上课要做到“十注重”：注重教师仪表，注重组织教学，注重讲课激情，注重课程整合，注重教学方法，注重师生互动，注重三维目标，注重学生学法，注重信息反馈，注重激励评价。其中组织教学、师生互动和激励评价要作为考核的重点。

作业要“两半两面两时”：两半即半批半改；两面即出错多的面改，学困生面改；两时即及时分析、及时订正。每课后必有一定作业量。

检测考试：试卷要“五有”，即有精选，有层次，有选作题，有开放性，有明确检测目标；监考做到“四要四不”，“四要”即要认真负责、要杜绝作弊、要严格和蔼、要密封试卷；“四不”即不迟到、不分心、不离室、不掉卷；改卷必须做到准确无误、签名备案、统一入册、试卷分析。

上述环节落实由学导处制订考核细节并严格考核兑现。

四、激活课堂教学活动，探索高效课堂途径

以教师“候课”引领学生（学导处考核），以学生齐诵班级口号形成氛围，每位学生每期30分钟的演讲树立信心（学生处考核）；在课堂教学中创设教学情景，科学设计学生活动，产生有效的师生互动，形成具有生命力的课堂，由科研室主任以课题研究的形式在一年内探索出高效课堂的途径。

当一名高素质的校长

提高学生素质的主要因素靠教师。那么提高教师素质的主要因素靠什么呢？我认为最直接、最主要的因素是校长。

俗话说“有什么样的校长，就有什么样的学校”，有些学校师资水平一般，但让一个素质高的校长去管理，经过几年的努力，教师的政治思想素质、文化业务素质都会有明显的提高。反过来，有的学校尽管一部分教师素质很高，但由于校长管理水平低，教师的积极性受到压抑，空有良好的素质，却难以发挥作用，有的甚至将较高的文化业务素质用于内耗。随着教育改革的不断深入、课程结构的变革、校本课程的开发、研究性学习的引入，将迫使在任的校长转变为专家型的校长，“不会教书当校长”的时代将一去不复返了。

一名合格的校长，其素质结构主要由德、学、能、体四个基本要素组成。

一、政治思想品德素质

1. 校长应能够正确理解和贯彻党和国家的各项方针政策

党和国家的各项方针政策，校长都要认真贯彻，特别是知识分子政策。只有重视知识，尊重知识分子，才能团结广大教师，把学校的工作搞好。

2. 校长应有强烈的事业心和崇高的责任感

热爱教育事业，热爱学校，热爱学生，不仅要全力以赴做好当前的工作，还要为学校的远景发展谋划。不仅要完成上级布置的任务，更应着力于工作的创造性，不满足已取得的成绩，不甘于暂时落后的状态，勤奋好学，不断汲取新的知识，掌握新信息，保持朝气蓬勃的乐观的精神状态，带领全校师生员工，不断探索前进的新起点。

棠湖中学自1991年建校后，提出了“三三”办学设想，即第一个三年（1991—1994年）按省级重点中学标准完成基础设施、教学设备、教工人员到位；第二个三年（1994—1997年）达到省级重点中学的办学标准，进入省级重点中学行列；第三个三年（1997—2000年）形成一套有棠中特色的办学经验，成为具有一定示范性、在全国较有影响的学校。当时这一计划公布后，有一位来自某重点中学的老师还与黄校长打赌——在她有生之年若棠中成为省重点，她用手板煎鱼给校长吃，经过十余年的发展，现在这已成为一个笑话了……

3. 校长要有高尚的道德情操和优良的作风

实事求是，深入实际，联系群众，作风民主，通情达理，团结群众，与人为善，诚恳热情，正直谦逊，任劳任怨。校长个人的品德和作风，能直接感动学校成员的情感，带领教职员工一道同舟共济，为实现既定目标而奋斗。棠中在接受“国重”的检查评估时，受到这样的评价：“校长以自己的人格魅力和前瞻意识把学校广大教职员工团结在自己和党总支周围，实现了学校的高效运转，超常规发展，为我们提供了一个鲜活的样本和相对成功的经验。”

棠中每学期都要进行一次全体教职员工参与的对学校发展的建议和意见的收集，校长的许多施政方针都来源于集体的智慧。

4. 校长要有改革创新和坚韧不拔的精神

现代社会要求学校培养出来的人才，是投身社会主义建设的革新者，如果校长是墨守成规者，学校就无法完成科学育人的任务。校长要善于根据教育方针、教育法规并从学校的实际出发，设计自己学校的办学方案，不断地提出本校新的奋斗目标，使学校全体成员经常处在新的具有挑战性的状态之中，力求把学校办成具有特色的学校。

二、文化理论知识素质

校长应是办学的行家里手，要有真才实学。

1. 校长要有一定的马列主义的理论知识

校长应系统地学习哲学、政治经济学、科学社会主义、中国革命史、中国共产党党史等社会科学知识。

2. 校长要有较广博的文化科学知识

一位优秀的校长不但要有一定的社会科学知识，同时也要有自然科学知识和文学艺术方面的知识，这样既能增强领导能力和领导艺术，同时也会提高自己的威信。总之校长的知识越广博越好。

3. 校长要懂得教育理论和学校管理理论

校长不仅要具备教育学、心理学、教育史、教育心理学、教学论、教育哲学等方面的知识，还必须有教育行政学、学校管理学、管理心理学等方面的管理理论知识，并熟悉教育法律、法规，这些知识是校长掌握教育规律，运用科学的教育理论指导工作所不可缺少的。

4. 校长要有一定的专业科学知识

学校开设的课程，校长要熟悉一两门，文理兼通最好，达到既能较好地从事教学，又能进行某学科的教育科研指导。

三、能力素质

有了广博的知识，有了业务专长，还不能算完全具备了校长的素质。一名特级教师，不一定是一位优秀的校长，校长还必须具备一定的能力素质，才能成为一位称职的校长。校长应具备以下能力：

1. 校长要有宣传鼓动的能力

校长既是学校的领导者又是学校的教育者，教育者若没有宣传鼓动的才能，就很难发挥教育者的作用。校长要善于演讲，语言清晰，逻辑严密，形象生动，说理精辟，富有情感，能动人心弦。当初，棠湖中学以2万元启动资金办学，教师的工资、奖金难以兑现，人心浮动。老校长黄光成不仅带病工作，在办公室输液，而且带头在食堂吃饭，时常给老师描述棠中美好的发展前途，让大家对未来充满信心，他的口头禅就是："现在勒紧裤腰带过几年苦日子，将来一定会回报大家的！"质朴而有底气的话语，安定了人心，坚定了团队的信念。

2. 校长要有组织指挥的能力

学校人多事多，校长要将教职工和学生严密地组织起来，才能发挥组织的作用。校长要有识才、用才的能力并精通用人之道。要用人首先要识人，识人要全面看一个人的德才学识，德看主流，才看专长；用人就要用人之长，避人之短，用人不疑，疑人不用，用人不能苛求；校长要善于发现人才，培养人才，给强于自己的人搭桥铺路，不能忌贤妒能。刘邦在总结自己成功经验时说："论带兵打仗，我不如韩信；管理钱粮，我不如萧何；运筹策划于帷幄，决胜于千里之外，我不如张良。但三者皆人杰，吾能用之，此吾所以取天下也。”校长应是学校的将帅，要有帅才之能，才能胜任校长这一职务。学校工作的对象是生动活泼的青少年学生，工作过程是动态的过程，这就要求校长要有调节、控制、引导和组织指挥的能力，才能使学校的教育教学工作活而不乱，有秩序地向既定的目标前进；才能提高教学质量，获得满意的工作效果。

3. 校长要有综合分析的能力

校长的一项重要工作就是对学校的教育教学工作进行管理，管理要得法，就需要调查研究，了解情况。校长要了解教师教的情况，学生学的情况，以及师生的思想状况，对了解到的情况进行综合分析，然后制定相应的措施，以提高工作效率，提高教学质量。如果对错综复杂的情况不能进行综合分析，抓不住事物的主流和本质，就不可能制定出切合实际的工作措施，给工作造成损失。

4. 校长要有敏锐的观察能力

从对青少年教育的角度来讲，微小的好事可体现精神，细微的不良习惯可能会对学生的终身发展造成障碍。校长要善于发现好的典型，利用好的典型对师生进行教育，善于察觉学校成员中个体和群体的变化，能把握住趋势和管理过程中可能出现的问题，及早准备应变方案。校长还要善于发现不良的苗头和征兆，及时采取正确的果断措施，防患于未然。只有这样，学校的管理效能才能不断地提高。

5. 校长要有应变能力

学校的工作规划和计划，只是一种期望而不是现实。在实施规划、计划向目标逼近的过程中，情况会随时发生变化，这就需要有应变措施，修改原来的计划。“计划赶不上变化”，一成不变的规划和计划在现实生活中是很难找到的，这就要求校长根据变化了的情况，制定应变措施。校长要能够瞻前顾后，顾全大局，及时拿出方案办法，才能提高学校的管理效益。

6. 校长要有远见卓识

校长要具有根据事物发展的规律推断和预测未来的能力。教育的产品是人，不像工业产品不合格可以回炉再生产。校长要从事物的细微变化中，敏锐观察，周密思考，捕捉事物之间的内在联系及其发展变化的趋向。预见能力强的领导，能创造性地应对变化，避免被动局面的出现。校长的预见性主要表现在善于发现积极因素，也能抓住不利因素，采取措施，使自己的工作经常处于主动的状态。预见能力来源于对客观规律的掌握和实践经验的积累，校长要善于理论学习，提高理论对实践指导作用的认识，要善于总结经验，从经验中掌握事物发展的规律。

7. 校长要有自我调控能力

有无自我调控能力是一个人是否成熟的标志，是建立良好的人际关系的基础。自我调控能力要求一个人遇事沉着冷静，宽容耐心，豁达大度，善于控制自己的感情，克制无益的激情和冲动，遇事不急躁冒进，为了工作能承受委屈，能够友善地与他人合作，超越感情地处理问题。校长的自我调控能力，能促进全体师生员工和睦相处，协商共事，形成凝聚力，这对学校的精神文明建设，具有重要的推动作用。

8. 校长要有处理公共关系的能力

随着我国改革开放的深入和市场经济的发展，公共关系的重要性日益被人们所认识，迅速成为各行各业管理者实施有效管理的重要手段。但提及公共关系，人们往往以为是工商企业等经济管理领域所独有的事，学校是不需要的，或者是无所谓的。其实，任何社会组织都存在公共关系，学校也是一种社会组织，当然也不例外。只是在一切按计划行事的大一统管理操作模式下，学校公共关系被掩蔽或被淡化了。学校一旦建立起适应社会主义市场经济需要的新的管理体制，一旦处于竞争更加激烈的社会环境之中，公共关系的作用立即就会显现出来，成为学校与社会建立良好关系的纽带和桥梁。公共关系能力则成为现代学校校长必须具备的素质。校长的公共关系能力既是学校管理能力的体现，也是校长影响力的综合反映。棠中就是一个很好的例子，1991年建校时只有四个班，200多学生，发展到现在有57个班，3000多学生。在1992—1994年，我们到乡下去招生，宣传我们学校，提到棠湖中学，都说不知道，只知道有一个棠湖公园……然而，经过十多年的努力，学校先后获得了“全国职业道德建设先进单位”、“全国中小学现代教育技术实验学校”、“全国创建绿色学校活动先进学校”、“全国影视教育先进学校”、“档案管理国家二级标准单位”等20项国家级、29项省级、90项市级、159项县级的称号和奖励，这些成绩的取得，除了加强内部管理、练好内功外，和黄光成校长很强的公共关系能力分不开。通过公共关系的沟通和媒体的宣传，学校创造了宽松的外部环境，得到了社会各界的认知与支持，因为“酒好不怕巷子深”的年代已经过去了，只有给社会、家长、学生提供一个认识学校、了解学校的机会，才能使他们承认学校价值的存在。

四、身体素质

拥有一个健康的身体是从事一切工作的前提条件。校长应自觉地、积极地参加体育锻炼，以保证体质强健、精力充沛，在任职期间能承担工作的重负。

耕耘与收获

一、创造“低入口，高出口”的奇迹

俗话说：“一分耕耘，一分收获。”作为新时代的教师，更需要把“育人、传道、授业、解惑”作为自己的事业来辛勤耕耘，从而让家长收获希望，让学生收获梦想，而我们则收获快乐。当然，这个过程是艰辛的，所以人们才把教师比作“春蚕”，比作“蜡炬”。但是，我们付出了，真的就收获了吗？反思现行的基础教育，老师很辛苦，学生很辛苦，但是效果并不明显，不但没有缩小学生之间的差距，反而让学生的学习成绩的差距越来越大。

于是，针对现有教学体制的弊端，根据棠湖中学的学情，结合中央教育科学研究所专家的意见，为全面贯彻新课改理念，实施教育教学改革，我校创建了“三段教学”（创境设问、互动解疑、归纳拓展）的高效课堂模式。经过三年的探索实践，培养了学生良好的行为习惯和学习习惯，增强了学生独立思考、合作共赢、交流表达和创新实践的能力，提高了教学质量，被媒体赞为“续写了‘低入口、高出口’的奇迹”。

2008年高考，棠湖中学重点本科上线270人，应届上线率居全县第一；本科上线670人，应届上线率居全县第一；理科重点上线率居全县第一；全县理科前10名，棠湖中学占5名；周科、向杰分别夺得县文、理科应届状元；有18人被新加坡南洋理工大学、美国兰多夫梅恳大学等国外高校提前录取，有9人被国内重点大学提前录取。

而率先实践“三段教学”的高09级，更是成绩显著，凯歌高奏——勇夺双流县文科状元、理科亚军；本科上线人数781人，上线率居全县第一；二本及以上上线人数622人，上线率居全县第一；一本增长率为

77.5%，居全市国重第二；二本增长率为112.39%，居全市国重第一；三本增长率为119.45%，居全市国重第一。棠湖中学以极强的整体实力和极高的上线率，超额完成教育工作目标任务，赢得了社会各界的高度赞扬。同时，“三段教学”提高了教师学术水平和教育教学能力，促进了教师专业化发展。近年来，棠湖中学教师付民等35人在“全国高中信息技术与课程整合优质课大赛”中获一等奖。棠湖中学教师撰写的课改研究论文获国家级一、二等奖共69篇，省级一、二等奖共85篇，成都市一、二等奖共245篇；在省级以上刊物发表96篇。

2010年3月底，全国高中新课程有效教学专题研讨会在棠湖中学成功举办。我在会上所作的题为《课程改革有效途径的实践与研究》的主题报告令人耳目一新，影响极大。来自全国23个省（自治区）的1000余名领导专家一致认为，在高中新课程改革方面，棠湖中学已走在前列，称赞棠湖中学为“西部高中课改先锋”。而四川省教育厅则将棠湖中学定为“四川省高中新课程改革教师培训学校”，对全省高中学校和教师进行示范培训。

二、特色办学硕果累累

为贯彻素质教育，突出办学特色，我根据校情，总结提炼出了“棠中六大办学特色”：重视修身立德，突出德育教育特色；面向全体学生，突出分层教学特色；紧跟时代步伐，突出信息技术特色；倡导个性张扬，突出学生社团特色；注重特长培养，突出多元办学特色；强化常规细则，突出精细管理特色。在全校师生的共同努力下，特色办学结出了累累硕果。

在“成都市第七届学生优秀艺术人才选拔赛暨四川省第四届中小学生优秀艺术人才选拔赛”中，棠中海棠艺术团获得5个省级一等奖、7个省级二等奖、35个省级三等奖、4个市级一等奖、5个市级二等奖和41个市级三等奖。在其他各项竞赛中，棠中学生有11人次获国家级一等奖，67人次获国家级二等奖，56人次获国家级三等奖，73人次获省级奖，138人次获市县级奖。

凭借卓著的教育教学成绩、鲜明的办学特色，2009年5月，棠湖中学成功入选“2009（第三届）中国百强中学”，我本人亦荣获“2009（第二届）全国中学杰出校长”称号，并应邀为大会作了题为《缔造传奇，再创辉煌——例说棠湖中学办学特色》的专题报告，介绍了棠湖中学的“六大办学特色”。

5月23日，在“新中国成立60周年全国教育管理研究与实践成果论坛暨优秀成果表彰大会”上，棠湖中学荣获“全国教育管理科研成果优秀奖”，我被授予“全国教育科研杰出管理者”荣誉称号。

7月12日至17日，由教育部基础教育司负责的全国教育科学“十一五”规划教育部课题《提高课堂教学实效性的教学策略研究》、全国教育科学“十一五”规划教育部课题中后期经验交流会暨全国中学教育科研2009年青海会议在青海师大附中和西宁四中召开，棠湖中学教研室被评为“全国优秀教科室”；我被评为“全国优秀课题主持人”。

面对成绩，我的感想是：知识真的能够改变命运。如果没有当初对知识的认识，然后努力去学习，去钻研，我不会成为一名教师，也不会在人生的道路上，敢于告别家乡，从山区来到平原，成为棠湖中学的教师，继而成为校长。知识能够改变个人的命运，同时，知识也能改变一所学校，乃至一个民族和一个国家的命运。而问题的关键是，我们对知识的作用是否有足够的认识？我们应该将知识的位置摆放到怎样的高度？

2009年5月，作者应邀在“第三届中国百强中学”颁奖典礼上作专题报告《缔造传奇，再创辉煌——例说棠湖中学办学特色》

第二部分

“三格教育”观

“三格教育”，即“入格、合格、品格”。

“格”字在汉字里的含义和指向很丰富，《辞海》对它的解释就有15条。比如指向物质层面的，有“方形的框子”之义，如窗格、方格纸；指向精神层面的，则有“品质和风度”的含义，如人格、性格、风格。总之，无论是物质层面，还是精神层面，“格”字体现的是一种边界、一种度量、一种行为和形象。

教育的终极目标是“育人”，是让孩子从小养成良好的学习方法、良好的行为习惯和良好的思维方式。这种“良好”，我们可以说就是一种“格”。“育人”就是要让学生树立起自身的“人格”。而“入格—合格—品格”，就是我们帮助学生树立“人格”的三个步骤及其教育过程。

对教育的思考

有一个故事是这样讲的：

一个大夫治好了很多人的病，但同时也治死了3个人。治死的3个人死而不甘，到阴曹地府时向阎王爷告状。阎王爷就将这个大夫下到了十八层地狱。大夫在阎王面前连呼冤枉，说自己治好了很多人，只治死了3个人，就要打下十八层地狱，永世不得翻身，阎王爷这种做法有失公允。到了地狱后，这个大夫仍然又哭又闹，又喊又叫，又蹦又跳。突然他听到了一个声音，这声音不是来自天花板，也不是来自隔壁的邻居。他仔细一听，声音是从脚底下传来的，叫他不要再闹了。大夫听了一惊，因为他知道地狱只有十八层，那脚底下怎么还会有声音呢？他感到很纳闷："你是谁？你治死了几条人命？"只听见下面的人说："你手里还有几条人命，我一条命也没有，只是教了你这样的学生，贻害社会，祸害他人，阎王就将我打下了十九层地狱。"

正如钱学森先生所说："庸医害死的是人命，而庸师却断了人的慧根，让人承受一世的苦痛与煎熬。庸师比庸医更可怕。"

如何避免成为一个庸师？怎样才能成为一个不误人子弟的"明师"？这是我从教以来一直在思考着的一个问题。

我们知道，有追求的企业无不看重产品的质量。而大凡成功的企业，均是产品质量过关的企业。学校不是企业，不生产物质产品，学校的职能是培养人。但是，培养什么样的人？培养人的什么？这个培养的过程及其结果，有无"质量"问题？这个"质量"应该如何控制和管理？控制和管理的指导思想是什么？

这些问题其实不用思考就有现成的答案。"育人"的道理，在每一位教师还是一名学生的时候，就聆听过老师的教诲。"德、智、体全面发展"，也早已成为一句耳熟能详的口号。只是，长期以高考为目的的"应试教育"模式，让这些不是问题的问题成了问题，以至于我这个从教多年的教师也开始对自己的工作产生了怀疑，不得不重新去思考教育的根本问题。

何为“教育”？

我们不妨做一个拆字的游戏，思索其中隐藏着的本质与内涵：

“教”的左边是“孝”字，“孝，文之本也”①，“孝，礼之始也”②，仁义道德，孝字为先。随着社会的发展，在学校教育的范畴内可以拓展理解为：“孝”字是学生知识能力的培养、行为习惯的规范、道德品质的养成。“文”字表示文化，而文化的传递需要口头表达。所以，“教”字的意思应该理解为：用口头表达的方式，以文化为载体对学生进行知识的传递、能力的培养、道德品质的养成以及行为习惯的规范。而“育”这个字，它的上部分是“忘”字的上部分，下部分是“月”字，可以解释为“每月不能忘记”，也可进一步理解为“随时随地不能忘记”。因此，“教育”二字合起来，就可以解释为：随时随地不能忘记用口头表达的方式，以文化为载体对学生进行知识的传递、能力的培养、行为习惯的规范以及道德品质的养成。

如果我们静下心来，对当前的教育现状进行梳理，对普遍存在的教育问题（如“应试教育”模式的弊端）进行检讨，就会发现，我们的教育实践与“教育”应该具备的理念已经相去甚远。作为承担基础教育任务与责任的中学，尤其是高中，办学目标变得十分单一，那就是升学率，以及进入重点大学的学生比例。而围绕这一目标的教学手段，也相应地变得十分单一，那就是灌输（所谓“填鸭式”）的教学方法，再辅之以题海战术。而对教育效果的考察，即学生是否获得了良好的“教育”，其考察标准同样是单一的，那就是考分的高低，即“分数决定论”。“以文化为载体对学生进行知识的传递”的教育理念，已经变质成了“一切为了考试”。至于“能力的培养、行为习惯的规范以及道德品质的养成”这样的教育目的（或可称为教育的核心价值）就更是无从谈起了。这样的教育现状，不言而喻，与我们理想的教育已相去甚远。

但这样的解释，还仅仅是对“教育”的抽象认识，或者说，它只是对“教育”属性的一种界定。如果没有具体的教育手段，我们对“教育”的抽象认识，就无法转化成具体的教育行为和结果。而“教育”的属性，自然也会被悬置起来，无法在实际中体现出来。

①出自《国语·周语》。

②出自《左传·文公二年》。

或许有人会反驳说，我们的教育理念没有错，家长送孩子到我们学校来，就是为了考上一所好大学。我们不以家长的这个愿望为目的，就是不负责任。至于那些年年实现高升学率的学校，可能更是会理直气壮地认为，我们不仅教育理念没有错，教学方法也很具体，是“授之有法”、“行之有效”，高升学率就是证明。我们不仅用我们的方法帮助孩子们实现了自己的大学梦（甚至是名校梦），也回报了家长和社会的信任，为国家培养了人才。

果真是这样吗？我们只要正视一个现象，就不难发现其中的问题。为什么在一个县，只有一所中学是所有家长和学生向往的？同样，在一个大城市，为什么大家都争着去竞争那几所“有名”的中学？原因当然是这些中学的升学率高。但为什么偏偏是它们的升学率高，而其他处于二线、三线的中学（占所有中学的大多数）的升学率就不高呢？难道是因为这些中学的教育理念不一样，教学方法不一样吗？或者，这些中学的师资水平不如升学率高的中学的师资水平高吗？众所周知，这些都不是。而是这些“有名”的中学用淘汰法招的就是“高分”学生，并在三年的高中教育中，继续用淘汰法，去除“差生”，保留下更少的“优等生”，以保证其百分之九十乃至百分之百的升学率，以及升入重点大学乃至清华、北大这类“名校”的高比例。

就算我们赞同以成败论英雄，姑且认为这些取得高升学率的中学的教育理念、教学方法及其成果是正确的、“名副其实”的，那么，听听大学教师们是怎样抱怨我们的基础教育的吧。他们认为我们的基础教育不合格，输送去的大学生需要他们用一年的时间补课，而且效果还未见得好，因为这些新大学生普遍缺乏进入大学后的学习能力。如果这还不能说明问题，我们就再听听用人单位的抱怨吧。他们认为，现在的大学毕业生到了工作岗位很难适应本职工作，不仅仅是工作技能的问题，更重要的是缺少基本的工作态度，比如与人沟通的能力，更别说创新精神与开拓精神了。看起来，基础教育的责任何其重大。

当然，我国的大学教育在理念、方法乃至体制上也存在着很大的问题。近些年来，大学教育问题也越来越成为有识之士关注和批评的对象。事实上，我们的整个教育，从幼儿园到小学、中学、大学都存在一定的问题。有整体教育理念和行为的偏差，也有各个环节上表现出来的各不相同的症结。但我认为，最根本的问题，或者说最大的症结所在，还是在基础教育这一块上。

对基础教育的反思

教育家们一致认为，对一个孩子进行教育的最佳时期，是在孩子从0~10岁这个阶段。民间也有一句俗语，叫“从小看到大”，即一个人小时候什么样，长大了就会是什么样。这话虽然绝对了一点，但也从一个方面说明了“幼教”、“幼学”的重要性。因为一个人在0~10岁这个阶段，是人脑发展的重要时期，也是行为习惯养成的最好时期。就像人们常说的，是一张白纸，白纸好画画。但关键是，你在这张白纸上画什么，以及怎么画。落笔不好，这幅“画”就废掉了。一个人长大后是否有健全的人格、良好的品性和习惯，以及学习能力、处事能力、创造能力等，都在于从小是否受到正确的引导、细心的培养。这个阶段的基础没打好，再往上走，进入中学，尤其是进入高中阶段，矫正起来就十分困难了。

我的女儿在小的时候，学过跳舞，学过画画，学过奥数，得过奖，并获得“成都市美术十佳”称号，但我们家长的希望还是想让她考上北大、清华等名校。若直接提出这种看法，女儿接受的效果不一定好，我们采用的是间接的方式，我们收集了大量的世界名牌大学及北大、清华的资料放在家里或者张贴在家里，随时举一些北大、清华学子所取得成功的例子。逐渐地，女儿自己就提出了要考北大、清华的意向，而且是从小学四年级就有了明确的志向——非考上北大、清华不可。有了明确的目标后就是如何实现目标的问题了，高考不仅仅是考知识，还要考心理、身体以及情商，要使自己的孩子得到全面发展，即使到时目标实现不了，在这个奋斗过程中所养成的品质也会在今后的生活和工作中起作用。我逐渐引导我的女儿从当小队长开始，通过自己的竞选先后当中队长、大队长、班长、学生会主席、帮困助学基金会主席等学生会干部，在这个过程中，她学会了宽容、沟通、交流，养成了乐观、勇敢、吃苦的品质，具有良好的心态和健全的心理。这些品质为她在高考中取得优秀的成绩打下了坚实的基础。在她上初中二年级的时候，我校教师周荣的女儿考取了双流县高考文科状元，填报志愿时只填了一个志愿——北大，为了引导我女儿树立牢固的理想，在吃饭时，她妈妈对我说："周荣家女儿真行，高考只填一个北大志愿。""妈妈，不要羡慕别人，我高考时也只填一个志愿。""北大、清华是很难考的。""我都考不上谁考得上？"

最终，女儿以全县第二名的优异成绩，如愿以偿地考上了北大。而且，在大学里同样体现出了这种早期教育的优势，即具备独立学习、独立思考和独立生活的能力。我也为此而感到欣慰，这种欣慰不仅仅是作为父亲的虚荣，也是自己作为教师用在女儿身上的教育理念和方法收到了预期的效果，为我面对更多学生的教育提供了可利用的宝贵经验。这就是，要让学生养成良好的习惯，一定要有一个动力来支撑。这个动力是什么？就是要有一个长远而明晰的人生目标。如何才能实现这个人生目标呢？那就需要养成持之以恒的习惯，因为习惯决定成败，习惯决定人生，习惯决定命运。教育的实质，就是培养良好的习惯。如果你想当一名科学家，那么你就要无限期地去培养科学家应该具备的素质和能力，时时刻刻以科学家的标准来要求自己，朝着既定的目标努力奋斗。

但是，我也清醒地意识到，不是每个家长都是专业的教育工作者，或具备早期教育的知识和经验。从我这么多年与学生家长的接触和交谈中，得到的结论是，大多数家长都为子女的教育犯难。他们有"一切为了孩子"的爱心，有"望子成龙"的愿望，但就是缺少对教育的深入认识和有效方法。不知道怎样与孩子沟通，面对孩子有异常反应和表现的时候，便束手无策，甚至由于着急、生气，导致自己也举止失当，做出伤害孩子的粗暴言行。更有少数家长，在日常生活中，自己的表现就不能给孩子树立起正面的榜样，反而施以负面的影响，即我们常说的"负牵引"。比如，有的家长自己成天或打麻将，或酗酒，却要孩子好好学习，孩子会怎么想？父母都这样，孩子会觉得学习没什么重要的，自己将来成为一个什么样的人也不重要。

那么学校的影响呢？前面说过，我们从幼儿园到小学、中学的教育都存在问题。我们的幼儿教育（学前教育）就已经增加了本该是小学一、二年级才有的内容，这无疑扼杀了儿童的天性。小学教育也与中学教育一样，灌输式的教育多，搞题海战术，以分数衡量优劣。当他们进入中学之后，可以说，学习能力并没有增加多少，想象力和创新意识更是被抹杀得差不多了。至于人生目标，很模糊，或许有一个目标，比如上大学、上重点大学，但缺少靠近和实现这一目标的具体规划，纵有上大学、上重点大学的目标，也只能是一个空泛的愿景，并在学习成绩逐日下滑的情况下，连这种空泛的愿景也会丧失，接下来就是浑浑噩噩混日子，甚至破罐子破摔，彻底失去了学习的信心和兴趣。这种现象虽不是全部，但也是比较普遍的。这毫无疑问地为我们的中学教育（尤其是实现高考的升学目标）增加了难度。

但是，面对现实，我作为一位中学教师和校长，我不能将自己的教育责任推卸给“上游”，以“0~10岁”这个概念当成自己不作为的借口（如我有什么办法呢？他们小学、初中就这样了），而是应该努力做好自己“这一块”的工作，即检讨自身的教学理念和方法，解放思想，大胆变革，寻找有效的“补救”办法。

高中阶段教育是青少年人生的过渡期、转折期和成长期，他们易受干扰，稳定性差。高中阶段教育既涉及就业，又涉及升学，两个目标相互矛盾，难以协调。高中阶段教育面临升学选拔，涉及公开、公平、公正。所以，对于中国这个教育大国来讲，高中阶段的教育非常棘手，要搞好高中阶段的教育，实属不易。然而，高中阶段教育在教育体系中具有承上启下的特殊地位，又极其重要，对于国家来说是培养未来人才的重要途径，对于个人来说是决定命运的重要时期。如果在这个期间，他们仍然没有得到正确的引导，掌握科学的学习方法，养成良好的行为习惯，那么大学教师和用人单位的抱怨，就不是没有道理的了。

正是基于这样的观察和思考，并在教学实践中不断地摸索和总结，加上与教育同行、学生及学生家长们长期地相互沟通和探讨，一个被我命名为“三格教育”的教育观念及其具体的实施方法得以形成，并于2008年开始，在棠湖中学付诸实践，全面推广。

“三格教育”的理念

“三格教育”，即“人格”、“合格”、“品格”。

“格”字在汉字里的含义和指向很丰富，《辞海》对它的解释就有15条。比如指向物质层面的，有“方形的框子”之义，如窗格、方格纸；指向精神层面的，则有“品质和风度”的含义，如人格、性格、风格。总之，无论是物质层面，还是精神层面，“格”字体现的是一种边界、一种度量、一种行为和形象。

教育的终极目标是“育人”，是让孩子从小养成良好的学习方法、良好的行为习惯和良好的思维方式。这种“良好”，我们可以说就是一种“格”。“育人”就是要让学生树立起自身的“人格”。而“入格—合格—品格”，就是我们帮助学生树立“人格”的三个步骤及其教育过程。

一、入格

高中一年级侧重习惯养成教育。要让学生养成良好的习惯，一定要有一个动力来支撑。这个动力是什么？就是要有一个长远而明晰的人生目标。如何才能实现这个人生目标呢？那就需要养成持之以恒的习惯。因为习惯决定命运，习惯决定人生，习惯决定成败。教育的实质，就是培养良好的习惯。

进入我们高中的同学，同样是通过了小学和初中的学习生活，但彼此之间为什么会出现行为习惯、学习成绩上的差距？原因很多，但最主要的原因有两个：一是学生没有清晰的奋斗目标，不能持之以恒地学习；二是教师的教学是传统式的教学，导致两级分化严重。

哈佛大学曾经作了一个非常著名的关于目标对人生影响的跟踪调查。该项调查的对象是一群智力、学历、环境等条件都差不多的年轻人，调查结果发现：

27%的人，没有目标；

60%的人，目标模糊；

10%的人，有比较清晰的短期目标；

3%的人，有十分清晰的长期目标。

通过25年的跟踪调查发现，这些人的生活状况差别很大。

那3%的人，25年来几乎都不曾更改过自己的人生目标，他们始终朝着同一个方向不懈地努力。25年后，他们几乎都成了社会各界顶尖成功人士，他们中不乏白手创业者、行业领袖、社会精英。

那10%的人，大都生活在社会的中上层。他们的共同特点是，那些短期目标不断地被达到，生活质量稳步上升。他们成为各行各业不可缺少的专业人士，如医生、律师、工程师、高级主管等。

那60%的人，几乎都生活在社会的中下层。他们能安稳地生活与工作，但都没有取得什么特别的成绩。

剩下的27%的人，他们几乎都生活在社会的最底层，他们的生活都过得很不如意，常常失业，靠社会救济，并且常常在抱怨他人、抱怨社会。

调查者因此得出结论：目标对人生有巨大的导向性作用。成功在一开始仅仅是一个选择。你选择什么样的目标，就会有什么样的成就，就会有什么样的人生。

高中阶段是形成人生理想和目标的黄金时期，只要自己每天都能记下理想、目标、计划、实施、收获、改进等内容，日积月累就会形成良好的学习习惯，培养计划实施的能力，树立清晰的目标理想，就会具有人生必备的意志品质、良好心态、宽阔视野、博爱胸怀、持之以恒等素质，成为“人品”好的学生。

二、合格

高中二年级侧重能力培养，使学生灵活运用有效的学习方法，学会对客观存在的以及自我存在的美的审视和欣赏，具有创新意识和创新能力，成为名副其实的合格的棠中人，从而形成良好的学风。

钱学森先生临终前发出一句振聋发聩的追问：“我们的大学为什么培养不出大师？”钱先生有在美国留学和工作的经历，对美国的过去、现在都是十分了解的。因此，我认为，他的这个追问，是以美国的教育为参照的。何为“大师”？就是有创造性才能的学者和科学家，在科技和人文领域做出了世界性贡献的人。最明显的事实是，美国有数百个诺贝尔奖获得者，中国一个也没有。钱先生的追问，引发了社会各界有识之士的思考和讨论。众多答案归结为一条，我国之所以培养不出大师，就是我们的大学教育模式缺少对学生创新意识的激发，使之缺少创造能力，即我们的学生习惯于在已知领域汲取知识，却缺少在未知领域进行探索和发现的能力。

但我认为，问题不仅仅出在大学。我们从幼儿园到小学、中学，再到大学的教育模式都是这样的。举个简单的例子，我们的教育习惯于要求学生不仅要知其然，还要知其所以然。许多孩子在幼年的时候，本来具备解决问题的直觉能力。如我们知道的火柴棍搭图的游戏，这个游戏具有几何的要义。但是，一个孩子在根本不知道“几何”是什么的时候，也能将一根火柴棍放上去，从而得到这个图形要求得到的结果。这是直觉。再比如，许多孩子对一道数学演算题可以通过自己的直觉，省略掉中间的过程，省略掉数学要求的标准的演算过程，而直接得出正确的结果。但是，我们的教育习惯则要求孩子们说出为什么是这样，为什么把火柴棍放在这里而不是那里，就能完成这个图形？对于这样的“知其然”的要求，孩子自然是傻眼了。这样的教育习惯，随着孩子学历的增加，会越来越加重，于是，它也成为了孩子们自己的一种习惯，那种直觉和顿悟的东西就越来越少，最终被完全扼杀。有一个现象就是，幼儿园的小孩凡遇老师提问，最爱举手，几乎是一个问题出来，全班齐刷刷地举起了小手；但是到了小学，举手的人数就减少了一半；再到中学，就更是寥寥无几了。为什么？就是因为我们不仅要求学生知其然，还要知其所以然。而知其然不知其所以然的孩子们，在受到多次的“打击”之后，就再不敢大胆地站起来说出自己的想法和答案了。

而我们知道，大师级的人才，即科学家和有创见的学者，是需要具备并保持这种宝贵的直觉、顿悟、想象和创新素质的。爱迪生发明电灯，在经历过上千次失败的试验之后，突然，一个灵感让他找到了点亮灯泡的有效方法。但为什么上千次都没成功，这一次却一下成功了呢？面对这样的问题，爱迪生同样是说不出所以然来的。这就是一种直觉中的顿悟，一种不为知识和经验所框定的想象力。

人们曾经认为，我们的基础教育优于美国的基础教育，学生的知识基础打得很扎实。还有人将我们学生的国际奥数竞赛成绩当成我们基础教育优越的骄傲资本。殊不知，这正暴露了我们教育的偏差，学生的一切学习均是为了考试，是为考试而学，不是为思考和创新而学。而美国的基础教育，培养的是学习的思考能力和创新精神。不同的基础教育模式，必然导致进入大学后学生的素质差异，这种差异便决定了大学能不能培养出大师的问题。

所以，我们输送到大学的，绝不应该只是“高分”生。“高分”不等于“高才”。真正的“高才生”，应该是掌握了有效的学习方法，并具备创新意识和创新能力的高素质学生。这才是“合格”的基础教育。

三、品格

高中三年级侧重个性张扬，使学生生成和张扬个性特长，具有实现目标和理想的恒心，增强自己追求卓越的信心，成为独具品格的棠中毕业生，从而形成良好的校风。

为什么将“个性张扬”纳入“三格教育”中的“品格”教育？学生的

"个性张扬"会不会跟学校的"纪律"和"校风"形成冲突和矛盾？在旧的教育观念中，必然会产生这样的担忧与疑问。"三格教育"就是要突破旧的教育观念，将学生视为学习的主体，在差异中激发学生的潜力，塑造学生独立而健全的人格。而个性的张扬，正是独立、健全人格的基本要素。没有个性，何谈人格？没有人格，所谓"品格"就只是一个虚幻、空洞的概念。

那么，怎样使学生生成和张扬其个性特长？其实，"三格教育"的前两"格"，即"人格"教育与"合格"教育，已经为学生张扬个性、增强信心开辟了路径，奠定了基础。棠湖中学从实施"三格教育"理念开始，就有一项重要的"牵引"措施，就是让每个学生从入校开始，就用自己的语言，撰写一份名为《成长的足迹》的个性化日志。通过这个日志，学生们不仅每天要强化目标，还要对每天的学习生活进行有效的反思，客观清晰地剖析自我，及时弥补自己的不足，发挥自己的特长。在这个持之以恒的对自己成长的记录过程中，学生的学习兴趣和学习潜能不断地受到激发，每天进步一点点，日积月累，自己的人生目标和人生理想就会越来越明确了。与此同时，我们将这一个个"成长的足迹"汇编成书，发放给学生，为彼此之间的交流与学习，以及展示自己的个性，搭建起一个正面的健康的平台。如今，这本名为《成长的足迹》的书俨然已成为棠中学子的一部奋斗史。家长无不感叹地说："棠湖中学能够如此严格细致地规范孩子的行为和习惯，我们很放心！"

"三格教育"的实施方法

"三格教育"的中心思想是：有利于学生良好意志品质的培养，有利于学生终身学习习惯的养成，有利于学生创新精神和创造能力的提高，有利于棠中独具特色校风的形成。

在这一中心思想指导下，我校提出了"一本二主三心"的教育要求。一本即以学生成长为本；二主即民主、自主；三心即爱心、公心、耐心。我校还提出了"关爱不悖严格，引导不忘督促，鼓励不替批评，平等不失师尊"的教育原则。

有了思想、要求与原则，还必须有可操作的实施方法。没有实施方法作保证，再好的思想和原则，也只能是空中楼阁。

棠湖中学在实施“三格教育”的过程中，采取的是“双轨”、“多道”的教育体系。

一、双轨

1. 第一轨

由班主任领衔并负责专题德育课程。学校对德育教育提出“德育要课程化，德育要生活化，德育要情景化，德育要人本化”，要求教师要追求理想的德育教育。

所谓理想的德育教育，可分为八个方面展开论述：

（1）理想的德育，应该重视在自然的活动中养成学生的德性，让学生在游戏和丰富多彩的自主活动中体验和感悟道德的境界。德育，最重要的是研究人的德性的形成规律。人的德性必须在自然的活动中形成，这是德性形成的一个基本规律。抽象的道德戒律光靠说教是不能深入人心的，是不能为人所信服的。如以往的家庭中两三个孩子吃苹果的优先法则，做家务的分工合作等，都是在自然的活动中形成的道德规则，无需父母反复说教。而现在的独生子女，缺乏和别人相互交往的基本品德，他不知道怎样去处理冲突，这些基本的德性不是靠简单的说教就能奏效的。道德教育应该存在于现实生活中，在孩子们的相互交往中，在孩子们与老师的交往中，只有这样，德育才能收到良好的效果。

（2）理想的德育，应该重视让学生与书本为友，与大师对话，在人类优秀文化遗产中净化自己的灵魂，升华自己的人格。前面强调在自然的活动中培养学生的德性，主要是侧重从感性的角度让学生感受和领悟道德的准则。通过读书来净化学生的心灵，则是强调把道德的体验、道德的感悟升华到道德的理性层次，上升到一种自觉的境界。其实，许多文学著作和社会科学作品本身就具有强大的感染力，渗透着一种无形的德育力量，例如你要讨论什么是美、什么是善，那么不妨先去看看雨果的《巴黎圣母院》、《悲惨世界》，去读读《简爱》、《钢铁是怎样炼成的》、《平凡的世界》等名著。通过阅读这些优秀的作品，学生必然会受到强烈的心灵撞击，学生会把书中弘扬和推崇的道德境界作为自己的一种自觉追求。

（3）理想的德育，应该重视培养学生健康的生活情趣和才艺，丰富学生的精神世界，在美的氛围中推进善的教育。过去，我们往往把一些生活情趣和才艺看做一种技能，看做与道德无关的东西，我们很容易忽视它们在德性养成中的作用，如绘画、书法、音乐、舞蹈等。其实，真、善、美是一个有机的整体，德、智、体、美、劳也是一个不可分割的整体。我们只是为了论述的方便，才人为地把它们分离。真正的教育是整体的、和谐的、兼容的。古人要求才子佳人不仅要熟读四书五经，还要精通琴棋书画。古人之所以提出这样的要求，是因为他们已经意识到，这些健康的生活才艺绝不仅仅是一种技能，而且在人的德性养成中具有陶冶功能。我们可以理解，当这些健康的生活情趣和才艺充满一个人的生活空间的时候，他还有时间去钩心斗角吗？还会去胡作非为吗？所以我们与其给学生规定诸多“不准如何如何”，还不如把这些高雅健康的东西充实到学生的生活中，让学生自觉地不去“如何如何”。

苏霍姆林斯基在这方面的德育实践非常值得我们借鉴，他曾经提出了丰富学生精神生活的三点措施：一是在启发和吸引学生完成各门学科学习任务的同时，一定要让学生还有一门自己特别喜欢的学科，让他们在这门学科上超出教学大纲的要求，自己去钻研更多更深的问题；二是设法使每一个学生都有一样自己最喜爱的劳动项目和科技活动项目，使他们在业余时间去搞自己的发明创造和科学试验；三是使每一个学生都要有自己喜爱的书籍，热爱课外阅读。

（4）理想的德育，应该注重为学生寻找生活的榜样，用真实、感人的道德形象激励学生，培养学生的英雄主义精神。如果仅就人的生物性而言，人是很容易懈怠、很容易满足、很容易停滞的。但是当一个人在心目中树立了崇拜的英雄形象，他就可以找到自己与英雄的差距，通过英雄的形象给自己前进的力量，给自己克服困难的勇气，增添激情和活力。通过英雄的激励，给人以奋发的冲动。如果我们能够有意识地引导学生树立起心目中的英雄形象，那么这样的德育效果要比教师在课堂上口干舌燥地讲解效果好得多。

（5）理想的德育，应该科学合理地设置循序渐进的德育目标，使其兼具现实性和理想性的双维视角，形成层次递进、不断完善的德育目标体系。学校道德教育的一个重要问题就是目标定位问题，即在每个阶段要让学生必须掌握什么样的道德规范和准则。一般来说，道德教育大致可以分为三个层次：第一个层次是必须的层次，这是现阶段最基本的道德教育目标，它要求学生遵守社会基本公德，是道德的底线；第二个层次是弘扬的层次，这是以集体主义、爱国主义、人道主义、见义勇为、尊老爱幼等为基本内容的德育目标；第三个层次是追求的层次，这是以马克思主义世界观为基础，以共产主义理想为目标的德育体系，这是德育的最高层次和境界，它不要求每个学生都能达到。这三个层次是相互联系、由低到高的递进关系。我们的德育目标只有遵循科学的层次目标体系，才能使德育工作落到实处。

（6）理想的德育，应该重视心灵的沟通，建立起温馨的对话场景，使心理健康教育和心理咨询活动能在学校的教育中安营扎寨。

学生最不满意在课堂上和办公室里用两种声音说话的教师，最不满意那些用自己不相信的东西来征服学生的教师，最不满意那种盛气凌人，以教育者自居的教师。他们会用自己的眼睛去观察，用自己的头脑去思考。他们欢迎没有教育痕迹的交流，欢迎没有心理距离的对话，欢迎促膝谈心的气氛。总之，他们希望教师成为中间人（学校和社会之间）、引导者、商讨者、唤起者，成为自己的朋友，而不希望教师成为间隔者、强令者、教训者、监督者，成为自己的“先生”。在德育过程中，教师必须和学生进行一种平等的沟通、平等的探讨，一起在教育教学活动中培养德性。德育尤其需要一种宽松、宽容和温馨的环境。对学生偶然的错误和闪失，不要过分求全责备。

（7）理想的德育，应该教给学生自警、自诫、自励等自我教育的方法，使学生在陶冶情操、磨砺意志的过程中形成“不教之教”的自律习惯。

德性的养成归根结底还是要靠学生的自我教育，“不教之教”是教育的最高境界，是通过学生自己教育自己。这里包含两个重要观点：一是德育要注重学生良好行为习惯的养成。很多东西都是习惯成自然。叶圣陶先生说过，教育就是习惯的养成，教学就是养成学生求知的习惯，德育就是养成学生求善的习惯，教师要在学生求善的过程中不断地鼓励和强化，使学生的求善倾向不断地定型化，形成特有的道德品质。二是让学生进行“道德长跑”，这是培养学生良好德性的另一种重要途径。一个人做点儿好事并不难，难的是一生做好事，不做坏事。而要做到这一点，就要不断让学生给自己警策。这需要教师帮助学生养成一种自我教育的习惯，能够不断地让学生提醒自己。有许多人经常在自家的墙上或书桌上写上自己的座右铭，随时提醒自己应该如何做人，这些都是自我教育的方法。此外，写日记也是一种非常有效的“道德长跑”方式。通过日记，可以不断反思自己的所作所为，可以使自己不断得到新的感悟。

（8）理想的德育，应该在全社会形成“做人为本”的共识，建立起家庭、学校和社会三位一体的德育合力网络，使各种力量形成时空交叉影响的德育优势力量。

早在20世纪80年代，中曾根康弘首相曾批评日本教育中“智肥德瘦”的倾向。然而时至今日，我们的教育活动中仍然笼罩着“唯智主义”的阴影，还普遍存在“一俊遮百丑”的现象。家庭、学校、社会关注的都是学生的学习成绩，“分分分，学生的命根；考考考，教师的法宝”。学校中的英雄都是分数英雄，而对学生的人格成长和德性的养成往往不太重视。许多家庭的教育，甚至就是反德育的。如许多家长在教育自己的子女时，以自己几十年的经验告诫自己的子女，不要相信任何人，不要轻易帮助别人等。诸如此类的教育对学生良好品行的养成产生了不利影响，也许几年的学校道德教育效果就在父母的几句话中毁于一旦。

2. 第二轨

由科任教师领衔并负责制订出该学科的三维目标。为保证这一措施的有效实施，我们特别成立了分学科的“学科备课组”。这个学科备课组，是在学校统一管理、教研组具体指导和年级组协调下，本年级学科教师集体进行教学研究的基本组织，即同年级同科教师两人以上成立学科备课组。高中三年级设置文科综合备课组和理科综合备课组。每个备课组设组长1人，负责全组的工作。备课组长由思想好、教学水平高、组织能力强、善于团结同志、在教师中有一定威信的骨干教师担任。备课组长可以由学校决定，也可由教师推选产生，其主要任务是研究教育、教学工作，研究学科的教材教法和教学规律，研究学生的学习并对本年级学科教学工作进行管理。

二、多道

“多道”即多渠道、全方位地保证“三格教育”的顺利有效实施。这些渠道包括：家庭、学校、社会；课内、课外，校内、校外；班主任、科任教师、职员、门卫、服务员；思品课、学科课、活动课、实践课、礼仪课、人生规划课、社团活动；教师、学生等。

成长的足迹：培养习惯、明晰愿景、长短目标、自我反思。

成长共同体：合作交流、互相督促、自主管理、规范行为。

主题班会：分级主题、方式多样、序列教育、提升素质。

学生社团：学生自主、教师指导、培养爱好、陶冶情操。

同时，学校积极构建实施六大德育行为：以制度为保障，构建德育体系；以培训为手段，打造德育团队；以科研为指导，增强德育实效；以活动为载体，渗透德育目标；以创新为动力，拓展德育空间；关注特殊群体，促进全面发展。

1. 以制度为保障，构建完善的德育管理体系

制度的制定和完善，是构建德育体系的基础，是形成德育特色的保障。依据各级教育行政主管部门的规定，相应地制定和完善各项规章制度，才能保证德育特色得以形成。我校德育工作以夯实基础、加强特色、拓展创新为方针，建立起了一套较规范的德育体系，将各个教育环节制度化，保证了德育特色的形成。

（1）实施全员德育。为进一步加强中学生思想道德建设，切实加强学校德育工作的主动性、针对性和实效性，充分满足学生成长的个性化需求，全面构建“全员参与，全面育人”的学校德育体系，创建和谐校园，我校制定了《全员德育实施方案》和《棠湖中学德育先进工作者评选办法》。以评选“德育先进工作者”为载体，动员全校教职工齐抓共管，形成德育教育的良好氛围，形成“人人参与德育、处处进行教育、事事渗透德育”的大德育局面。

（2）针对年级组长和班主任制定了《棠湖中学班级（班主任）日常管理考核细则》。该细则把《棠湖中学班级考核细则》和《班主任管理办法》合二为一，将班级考核和班主任考核统一起来，每月的班级考核量化为分数，以班级得分确定每月的班主任津贴，根据年终总分确定班主任考核的等级。通过实施该细则，班级各项工作开展情况与班主任考核捆绑在了一起，学生的事就是班主任的事，班主任的工作关系到班级的荣誉，班主任与学生得以最大限度的融合，极大地挖掘了班主任的潜力，调动了班主任的积极性，推动了班级活动的有效开展。年级组长的考核与班级考核挂钩，将该年级班级考核的平均分作为年级组长的考核分；通过挂钩，年级组工作与班级工作融为一体，促使年级组长顾全大局，指导、督促、检查和协调各班级的工作，有效地推动了年级工作的开展。

（3）针对学生制定了《棠湖中学学生管理办法》。该《办法》包

括《棠湖中学学生进出校门管理办法》、《棠湖中学学生寝室管理条例》、《棠湖中学星级学生评选办法》、《棠湖中学学生操行评定细则》、《棠湖中学学生重大违纪处分条例》、《棠湖中学学生违纪处理流程》、《棠湖中学学生一日常规》等。该《办法》的核心是《棠湖中学学生操行评定细则》。该《细则》把学生日常表现量化为具体的分数，与一定的奖惩挂钩，并作为学生评优选先的重要依据。它给学生以压力和动力，规范了学生的日常行为习惯，强化了学生良好品德的养成教育。

2. 以培训为手段，打造优秀的德育团队

加强德育队伍建设，为提升德育质量提供保障。学校通过组织“师徒结对”、设置“副班主任”、举办班主任培训班等多项具有针对性和实效性的措施，切实加强了班主任队伍建设，有效促进了我校班主任队伍建设的规范化、专业化和科学化。

（1）专家引领，组织班主任参加培训。学然后知困，教然后知不足。为进一步提高班主任的理论水平，学校多次组织年级组长、骨干班主任参加国家级、省级班主任培训，学习教育专家的管理理念，借鉴优秀班主任的班级管理方法，结合自己的管理教育写出学习心得，并向其他班主任传达学习精神。通过此类培训，有效引领了班主任专业化成长。

（2）参观考察，拓宽班主任管理视野。他山之石，可以攻玉。为了让班主任更多地了解、学习其他学校好的经验，学校经常组织班主任参观考察兄弟学校。通过参观考察，他们学习了兄弟学校的特色和经验，也总结了我校德育管理工作的优点和不足，表示今后的管理要更加精细到位，科学人本。

（3）百家争鸣，召开班主任工作论坛。一枝独秀不是春，百花齐放春满园。为了加强对班主任的引导和培训，学习全国优秀班主任的先进经验，给我校班主任提供一个交流展示的平台，进一步提升我校班主任队伍的专业素质与育人水平，每一学年结束，学生处都会召开一次全校班主任工作论坛。其间，组织班主任进行为期2~3天的全封闭培训，听取如任小艾、魏书生等全国优秀班主任的专题报告，学习他们的教育管理理念和班主任工作经验，对学校德育工作进行总结并对班主任和后备班主任进行系统培训，之后与会班主任以年级为单位进行分组讨论，交流心得体会，并对学生处的工作提出建议和意见。同时，邀请省、市、县专家和领导及兄弟学校德育主任和班主任到校参加论坛、观摩赛课，并进行交流。通过举办班主任工作论坛，我校班主任的德育教育水平得到大幅提升，涌现出一大批优秀的班主任。

（4）业务学习，提高班主任理论水平。为进一步提高班主任的理论水平，学校开展了读书研讨活动，学生处向每位班主任赠送了《英才是怎样造就的》、《中国英才家庭造》等专业书籍，要求老师们认真学习，写读书笔记、读后感，以年级为单位开展读书交流活动等。通过学习，班主任的教育观念得到了进一步更新，德育教育水平得到了很大提高。仅2009年上半年，我校教师就有20多篇德育论文获省、市、县级奖励。

（5）师徒结对，加强班主任团队建设。为了提高班主任的班级管理能力，让年轻教师尽快在班级管理方面步入正轨，进一步树立正确的教育管理观念，提高教育管理水平，全面适应学校的办学思想和管理模式，同时充分发挥骨干教师的"传帮带"作用，学校给每位年轻教师选派了师傅，并签定了《师徒结对协议》。协议明确了结对师徒各自承担的职责和考核办法。

通过"师徒结对"这一形式，青年教师学到的是老教师多年耕耘积累下来的丰富经验和管理方法；老教师良好的思想素质和工作作风既可以帮助青年教师全面提高，也可以与青年教师新的专业知识和教学理念碰撞出新的火花。此类活动加强了教师间的交流，提升了学校整体教育管理水平，为构建学习型和谐校园创造了良好的氛围，为教师尤其是青年教师最大限度地发挥才能和张扬个性提供了一方舞台。

（6）培训考核，增强班主任后备力量。青年教师的成长关系着学校的发展和未来，是我校实现从"优秀"到"卓越"二次飞跃的一股重要力量，而后备班主任的成长也关系着学校德育工作的未来发展。为此，学生处高度重视后备班主任队伍建设。学生处每月都要召开以"如何上好主题班会课"为主题的后备班主任培训会，要求后备班主任积极向富有经验的班主任学习请教，并在学期末组织"后备班主任考试"，在学年末进行"后备班主任考核"，从而全面提升了后备班主任的班级管理能力和育人水平。

（7）以赛促管，促进班主任全面发展。为进一步提高班主任的班级管理和育人水平，增强班级的凝聚力，达到"以赛促管、以赛促学、以赛促新"的目的，学校举行了以"感恩父母、珍爱生命"等为主题的班会课竞赛。班会课竞赛为学生提供了一个展示自我的机会，也为全体班主任提供了一个相互学习、交流、借鉴的平台，为学校打造优秀德育团队带来了新的活力，并促使其朝着更加科学化的方向发展。

通过多种形式的培训，班主任的理论水平和业务素质等有了很大提高，涌现出了大批的优秀班主任，打造了一支业务能力强、思想素质高的优秀德育团队。

3. 以科研为指导，提升德育研究水平

（1）成立德育研究中心。为了整合学校德育资源，加强德育研究，推动德育工作的进行，学校成立了德育研究中心。该中心在学生处领导下，以众多优秀班主任为研究员，聘请专家为顾问，实现优质教育资源共享，构建德育工作的高端平台，定期进行德育工作的交流、研究和探索，开创有棠中特色的德育之路。

该中心主要承担的职能有：进行德育科研；对学校德育工作进行调研，对学校的德育状况进行评估，提出建议；为学校德育工作的思路、方针、工作计划提供咨询意见；对年级班主任和后备班主任进行培训；为行为习惯矫正中心提供指导；年终对班主任的考评提供咨询意见，等等。

（2）整合德育资源。学生处利用学校校园网，建立起开放性的德育资料库。学校组织老师收集各种德育资料，按照一定的标准进行分类。所有教师都可以为资料库提供资料，也可以从资料库中提取资料。随着资料的增加，我校的德育内容得以不断充实、丰富和完善。

（3）编写德育校本教材。知识贵在总结，经验重在传承。为了推动班主任的专业化发展，也为了学校文化的传承和发展，学生处特意挑选了部分优秀班主任，成立了校本教材编写组，利用假期编写了《棠湖中学班主任工作指南》、《生如朝花》等实用性、指导性较强的校本教材。

（4）重视心理疏导。学校高度重视对学生的心理疏导，成立了心理教育领导小组，设立了心理健康教育教学教研组，开设了心理健康教育课，开通了心理热线，开辟了心理咨询室，成立了心理协会，在学校网页上设置了“心理健康教育”专栏，同时还利用校园报办了《心育专版》，及时疏导和解决学生心理问题，使我校师生形成了良好的心理素质。由于学校在心理健康教育方面的突出表现，我校被批准为“成都市首批心理健康教育实验学校”。

4. 以活动为载体，加强德育思想的渗透

（1）评选“星级学生”。为了实现“六会一长”的育人目标，我校开展了“棠中之星”的评选活动。通过设立个性化的奖项，用多把尺子衡量学生，鼓励学生发展个性，让每个学生都能充分发挥自己的潜能，在争“星”的过程中展示自我，获得成功和自信。学校设置了包括“美德之星”、“学习之星”、“文艺之星”、“健康之星”、“勤劳之星”、“智慧之星”以及代表棠中学生最高荣誉的“棠中之星”等奖项。此活动是我校转变对学生评价方式的一种尝试，它改变了以前那种单纯的以分数评定学生优劣的状况，有助于学生张扬个性，有助于引导学生全面、健康、积极向上地发展。

“棠中之星”竞选

开学典礼上“棠中之星”表彰

（2）评选“星级成长共同体”。为全面落实“三格教育”，培养学生的自信心和成功心态，培养学生的竞争意识、合作精神，使学生能对自己未来事业的成功始终充满信心，敢于面对人生的种种挑战，通过有效利用社会的条件和与他人的合作，去赢得合理目标的实现，学校积极开展星级“成长共同体”评选活动，树立典型，表彰先进，鼓励后进，及时总结，不断提高。

开学典礼上“星级成长共同体”表彰

（3）评选“星级班级”。为了进一步加强对学生的日常行为规范养成教育，促进班级规范化管理，提升学校德育管理内涵，树立良好的班风、学风、校风，学校开展了“星级班级”评选活动，树立典型，表彰先进，鼓励后进，及时总结，不断提高，营造“文明、和谐、创新、进取”的良好氛围，促进了学校德育工作的蓬勃发展。

（4）开展社会实践活动。为了培养学生勤俭朴素、热爱劳动、乐于助人的行为习惯和道德情操，学生处积极安排学生开展校内社会实践活动，每天安排一个班利用早晚自习和休息时间对校内进行督察，对校园卫生进行检查。同时，学生处组织学生开展校外社会实践活动，如帮助商家寻找广告、店牌上的“错别字”，周末到敬老院慰问孤寡老人，与聋哑学校学生开展联谊活动，向市民宣传环保知识，等等。该活动的开展，培养了学生的综合素质。

（5）开展德育主题活动。德育主题活动，就是根据德育目标和学生年龄阶段及身心特点，把握住学生思想发展的脉络，结合学校、家庭、社会生活实际，针对学生在思想、学习、生活方面出现的问题，设定主题并围绕这一主题开展的一系列教育活动。学生在参与真实的社会活动的过程中走入社会、认识社会、了解社会，学会处理个人与他人、个人与集体、个人与社会的关系，培养了社会责任感和创新精神，磨炼坚强的意志，树立科学的世界观、人生观和价值观。

结合我校“六会一长”的育人目标，认真落实德育规程，按照“大德育”统筹规划教育内容，将其序列化为政治思想教育、道德礼仪教育、行为规范养成教育、心理健康教育、励志教育、劳动教育、法制教育、理财教育、军事教育、环保教育、安全卫生教育等。同时，创造性地开展了德育主题月活动——1月：诚实守信，拼搏进取；3月：文明礼貌，乐于助人；4月：热爱艺术，追求高雅；5月：感恩父母，回报社会；6月：牢记责任，放飞理想；9月：遵纪守法，尊师爱校；10月：热爱自然，保护环境；11月：关注健康，珍爱生命；12月：知我中华，爱我中华。学校每月围绕主题开展各种活动，各班级围绕主题开展班会活动。通过各种活动的开展，培养了学生的兴趣爱好，潜移默化地让学生在活动中受到教育。

（6）开展学生社团活动。当前教育是“以创新精神与实践能力为重点的素质教育”，如何培养学生的创新精神，提高学生适应社会的综合素质，已成为教育界乃至整个社会共同关注的问题。为此，我校从组建学生社团、开展社团活动入手，取得了重大的成就。

①组建各类社团，提供展示平台。为了进一步落实我校“六会一长”的育人目标，活跃校园文化，同时引导学生课余生活向健康化、规范化、有序化发展，让社团活动成为我校落实“自我实践、自我管理、自我教育”的有效载体，我校积极组建各类学生社团，组织兴趣爱好相同的学生，为他们搭建兴趣交流的平台，让他们在自主活动过程中充分发挥才能。到目前为止，已成立的学生社团主要包括学习型、科技型、兴趣爱好型、志愿服务型等类型。现有棠湖文学社、恰同学少年社、英语口语协会、演讲与口才协会、心理协会、科创协会、电脑爱好者协会、书法协会、棋艺协会、足球协会、街舞社、音乐社、篮球协会、乒乓球协会、动漫协会、青年志愿者协会、爱心教育基金会等32个社团，注册人员约占全校学生数的85%左右，具有自主性、课余性、广泛性、多样性等特点。

②加强社团管理，注重干部培养。学生社团的健康成长离不开正确的引导与管理。学生的热情、兴趣和创新精神只有在合理机制的保护下才能最大程度地激发。为此，学校团委通过向全校学生公示招聘社团社长的要

求和程序，竞聘社长的学生按要求制作投标书，参加面试，经过1个月试用期合格方才录用等办法，建立起科学的学生社团干部体系。其次，制定适用的社团管理制度——《棠湖中学社团管理规定》，对各种社团进行登记、审批，确立其合法性，以保证社团活动的正常开展。同时，为每个社团委派相应的指导教师。最后，社团联合部依照《棠湖中学星级社团积分办法》对各社团的日常活动进行记录，每月根据社团活动内容的安排、同学的参与程度、活动效果等进行评分，并于每年4月社团文化节将根据各社团该年度的活动积分评选出二星级社团、三星级社团、四星级社团，并对相应的社长、指导教师进行表彰。

③重视社团活动，提升学生素质。通过多年的实践和探索，我校在学生社团建设方面取得了显著成效，而学生的素质也在各类活动中得到了展示和提升。

棠湖文学社先后被授予“全国百家优秀中学生文学社团”、“全国中学生文学社团活动示范单位”等光荣称号；其机关刊物《春晓》和《棠中校园报》被评为“全国中学生文学社示范报刊”、“全国中学生优秀校刊”；学校也被命名为“中学生文学社团活动课题研究基地”、“四川省作家协会文学新苗培养基地”和“巴金文学院写作基地”。文学社先后邀请星星诗刊副主编李自国，诗人南北、焦虎三，双流县作家协会主席刘允嘉老师等到校作文学报告，指导学生文学创作。

2008年地震期间，棠湖中学爱心教育基金会成员自发上街进行爱心募捐，青年志愿者协会会员更是积极投入到双流机场的搬运救灾物品的志愿者行列中，而恰同学少年社的同学自发组织起来加入到双流募捐志愿者的行列，仅仅三天，便募得现金80718.2元，衣物1105包、棉被66床、牛奶263箱、方便面154箱、雨伞102把、药品10箱、帐篷2顶，全部送往县红十字会，彰显了棠中人的社会意识、责任意识和拳拳爱心。

英语口语协会与校园广播台合作每周制作一期“英语节目”，营造了学英语、说英语、用英语的良好氛围；科创协会组织了科创大赛；心理社定期举办心理讲座、心理游戏，在校园内营造了一个积极、健康、向上的心理志愿者团体，引导广大学生心理健康发展。科艺班张星雾同学在学校举办个人演唱会，将门票收入1523.5元全部捐给“棠湖中学爱心教育基金会”，作为爱心基金捐赠给校内外急需帮助的人；青年志愿者协会觉雄伟同学代表成都作为环境保护友好青年志愿者前往北京参加“6·5”世界环境日纪念暨千名青年环境友好使者行动启动仪式。

棠湖中学学生社团借助实践教育机制张扬个性、交流兴趣、砥砺意志，提高组织、策划、交流、合作等适应社会所必需的能力，为学生交流兴趣、张扬个性、提高素质提供了一个综合性发展平台，为学生顺利从高中进入大学搭起了一座桥梁。

第三届社团文化节游园活动

5. 以创新为动力，拓展校园德育教育空间

（1）“礼仪课”规范行为习惯，“规划课”指明人生方向。为了规范学生行为习惯，培养目标意识，提升学生未来的社会竞争力，我校开设了礼仪课和人生规划课等校本课程，成立了四川省学校首个“人生

棠湖中学“人生职业规划课”

职业规划协会”，开创了全国高中人生职业规划教育先河——让学生从高一进校就明白自己未来的发展方向；让学生在高中学习阶段培养未来想从事的职业所应该具备的能力；让学生早打算、早规划，从而促进未来行业目标的实现。同时，学校定期邀请国内外众多一流的科学家、专家、学者到校演讲，与学生交流，给学生以真正的启迪和巨大的激励，帮助学生制定未来人生发展规划。

（2）重视校园环境文化建设。校园环境是潜移默化的教育者，苏霍姆林斯基曾经说：“无论是种植花草树木，还是悬挂图片标语，或是利用墙报，我们都将从审美的高度深入规划，以便挖掘其潜移默化的育人功能，并最终连学校的墙壁也在说话。”因此，校园环境文化建设具有强大的育人功能。

①重视校园整体环境的打造。学校设计了校园显性文化建设方案，并向全校师生征求意见，为学校教学楼、学生公寓、园区和道路命名。每幢教学楼根据年级不同，确立了不同的主题：第一幢教学楼为立德楼，侧重点在如何做人、如何具有良好的品德上；第二幢教学楼为励志楼，侧重点在学生要立志成才、树立远大理想上；第三幢教学楼为致知楼，侧重点在掌握好的学习方法、养成良好的学习习惯上。创建了文化长廊，着力打造校园文化。

②重视班级文化建设。为营造并保持整洁、宁静、和谐、轻松的学习环境，增强班级凝聚力，充分发挥各班同学的创造力、动手能力和团结协作的能力，学校开展了班级文化建设评比活动。高一、高二年级侧重班级环境美化，高三年级侧重备考文化建设。

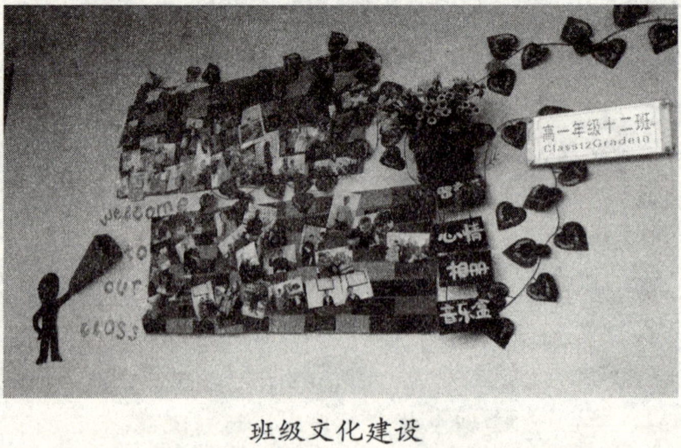

班级文化建设

③设置流动展示橱窗。学校设置了“流动的榜样，永恒的精神”的流动橱窗，每月在全校范围内评选一次先进班集体和先进个人，并将先进班集体、先进个人的照片和事迹在橱窗中展示，供全校师生学习。通过每月的评优选先，让学生时时刻刻能感受到身边榜样的力量，让人反省，催人奋进，汇聚成股股洪流，形成棠中永远催人奋进的精神力量。

④设置交流平台。学校设置了“我们的学校、我们的天空、我们的舞台、我们的心声”的展示橱窗，专门为学生开辟出一块活动园地，内容包括学生活动、原创作品、头脑风暴、心灵桥梁、学校邮局等五个方面。该平台展示了学生活动成果，收集了学生意见，反馈了学生的声音，加强了学校与学生的互动，同时也有利于对学生活动、思想行为等进行引导，形成正确的舆论导向，建立纯洁的校园环境。

2009年11月23日，“疯狂英语”创始人、全球最著名的英语口语教育专家李阳先生到棠湖中学讲学后，在他的博客里谈到他的“棠中印象”，题为《风雅棠湖，中国最高水平的校园文化和环境》：“我自认为是中国校园环境布置的专家，但四川国家级重点中学棠湖中学却给我上了生动的一课！在开始演讲之前，我如痴如醉地游览了整个校园，拍摄了大量的照片。学校的每一个角落都散发着文化底蕴，都充满着灵感和智慧。我建议全国的校长都到这里来参观！”

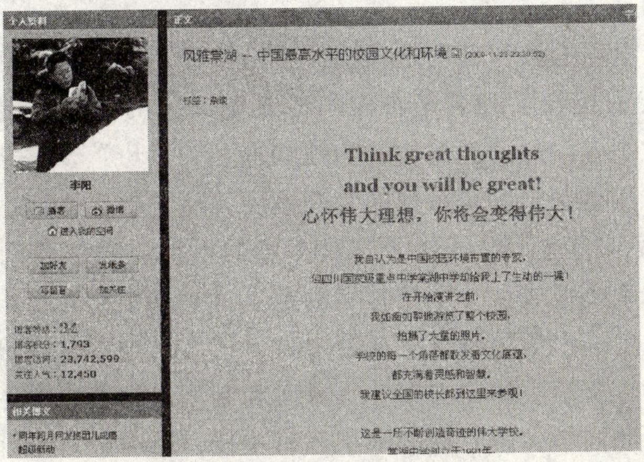

李阳先生博客截图

（3）成立行为习惯矫正中心。针对难以管理、难以教育的调皮生、后进生，学校成立了学生行为习惯矫正中心。该中心的教育理念是挖病根、重反省、求治本；教育方式是教育与惩戒相结合，学习与劳动相结合；教育对象为严重不服从教师管理的、严重违反学校规章制度的、屡教不改的学生。对于这些学生，由班主任填写学生个人情况介绍，年级组长审核，学生处统一教育。

行为习惯矫正中心有严格的考核制度和严格的作息时间，课程设置有专题讲座、专题电视节目、集体活动、小组讨论、批评和自我批评、社会考察与实践、劳动教育、反省总结、结业后跟踪调查等。内容充实，有极强的针对性。

（4）开发实施校本德育课程，唤醒道德主体内在自觉。为了充分利用思想品德课，对学生进行潜移默化的教育，使学生的思想品德得到提升，培养理想人格，培养学生学会做人，实现“六会一长”的育人目标，学校组织编写了《德育主题课教案》，并制作了配套课件，对每周的思想品德课作了详细的安排，规定每周必须上一堂德育主题课，对学生进行专门的德育教育，唤醒道德主体内在自觉。

6. 关注特殊群体，促进学生全面发展

学校通过开展教师与学生“一帮一”活动，加强对单亲家庭学生的心理疏导，加大对后进生的教育管理力度，加大对贫困生的经济扶持和资助，解决他们思想和学习上的问题，加强对他们的感恩教育，做好爱心传递。学校积极开展“爱心工程”活动，设立专项资金帮助贫困生顺利地完成了高中学业。

对灾区学生的教育管理是我校“三格教育”的又一大特色。2008年上学期，我校接收了65名来自汶川地震重灾区的学生。学校对此高度重视，成立了专门的管理机构，为他们取名“零班”，寓意一切从零开始。同时，学校制定了一系列的管理制度，从学习、生活、心理等方面采取了一系列措施，并开展了丰富多彩的活动，确保他们在我校能健康、快乐、幸福地成长。学校先后制定了《棠湖中学对零班学生的管理办法》、《棠湖中学零班学生托管协议》、《棠湖中学零班学生助学金发放和优秀零班学生评比方案》等方案和制度，为每位学生配备了专门的结对老师和同学，由心理老师担任班主任，随时进行心理辅导，开展了“零班学生家庭趣味活动”、“中秋晚会”、“家庭趣味活动”、“新年联欢会”等活动。

2008年9月，中央电视台新闻联播两次报道我校对灾区学生的管理情况。同年11月，央视新闻频道对我校灾区学生的学习和生活进行现场直播，并对学校的管理进行全面介绍。2009年9月，我校再次接收了65位来自地震灾区的安康家园学生，彰显了高度的社会责任意识，我校对灾区学生的管理成效显著，赢得了社会的高度赞誉。

中央电视台记者、著名节目主持人敬一丹采访我校零班学生

当然，教育是一项具有整体性、关联性的行为工程，其中的每一个环节都对整体目标的实现至关重要，缺一不可。比如家庭这个环节，往往被人们忽略。人们习惯性地认为，教育是学校的事情，我把孩子送到学校了，就该学校管，家长除了交钱，没什么事可做。这是家长们在认识上的一个误区。教育不仅仅是学校的事，家长是孩子教育的主要责任人。毋庸讳言，在当前教育现实下，学校承担着非常繁重的教学任务，在对孩子个性发展的关注教育上难免有所欠缺，在学生的个性发展和人格培养等方面，家长则应当承担起更主要的责任，家长在这些方面对孩子的影响和教育是学校所无法取代的。现在社会上不良风气越来越多，你看一个网吧就让那么多孩子不愿意读书了，光靠学校老师不可能保证每个学生都不受不良风气的毒害。在市场经济环境下，家长还是按计划经济下的观念，认为把孩子养大就行了，把教育孩子的事全部交给学校，这样肯定教育不好孩子。所以，孩子能否成才，关键是家长、学校、社会的共同配合。我曾经告诉家长们，社会好不好你是不能左右的，学校的老师好不好你也不一定能左右，你唯独对你自己是可以完全左右的，你不能把自己孩子这个宝压在别人身上。只要你的教育方法好，你的孩子无论碰到什么样的老师都不会坏，碰到好老师就会更好。

有家长与学校的配合，校内与校外的配合，学生与家长、学校及老师的配合，学生与学生之间的配合，“三格教育”遂成为一个良性发展的教育形态，形成一个能源源不断产生“正能量”的场域。受益者自然首先是学生，然后是家长和我们做教师的，最后是我们的国家和民族。

“三格教育”的实施成效

通过“三格教育”的实施，棠湖中学实现了由“以分数为标准”到“以每个学生德、智、体等诸方面素质与个性得到充分发展为标准”的转变，培养了学生健全的人格和优良的品质，提升了学生的表达能力、思辨能力、组织能力和创造能力，促进了学生健康、积极、全面、长足的发展，营造了“文明、和谐、创新、进取”的校园氛围，形成了“团结协作，永争一流”的棠中精神，为师生提供了良好的教育教学和学习环境，学校先后有300多名学生被评为省、市、县“三好学生”、“优秀学生干部”、“优秀团员”、“优秀团干部”，有90多个班集体被评为省、市、县“先进班集体”。同时，学校先后荣获“全国职业道德建设先进单位”、“全国素质教育示范学校”、“四川省首批校风示范校”、“全国心理辅导特色学校”、“‘中国师德建设示范单位’省、市、县‘文明单位’”、“精神文明建设标兵单位”、“德育工作先进集体”、“中小学开展健康教育‘先进集体’”、“校容校貌校风建设先进学校”、“校风示范校”、“创建文明行业活动示范点”、“‘校风建设’先进集体”、“精神文明建设十佳文明单位”、“学校德育工作‘先进集体’”、“爱国主义教育‘三百工程’活动‘先进集体’”等一系列殊荣。

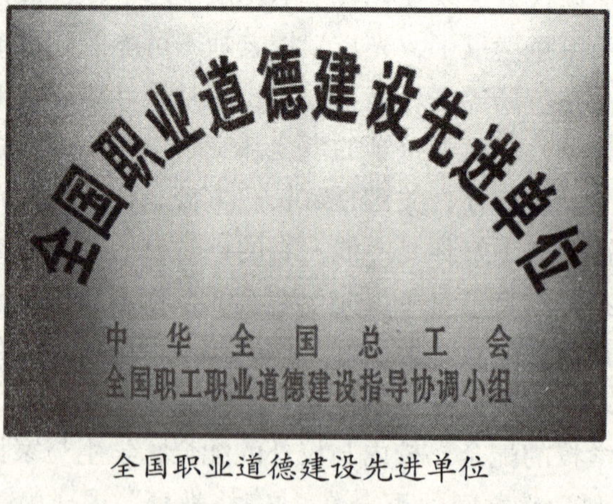

全国职业道德建设先进单位

第三部分

“三段教学”的理论与模式

古人云：“授人以鱼，不如授人以渔，授人以鱼只救一时之急，授人以渔则可解一生之需。” 说的是给人一条鱼只能解一时之饥，却不能解长久之饥；如果想永远有鱼吃，那就要学会钓鱼的方法。教育又何尝不是如此。为人师者传授给学生既有知识，不如传授给学生学习知识的方法。“授人以鱼，三餐之需；授人以渔，终生之用”，这一哲学思想，可谓教育的至理名言。“三段教学”的主体哲学思想，就是“授人以渔”这一教育理念的真谛。

思想是有意义的命题

维特根斯坦曾对“思想”做过明确释义，认为“事实的逻辑形象就是思想”，“思想是有意义的命题”。用我们的日常话语来表达，思想就是我们对于事实的描述、解释和预言，就是我们用以诱导、申述、劝说、暗示等言辞的集合。

教育作为一种有着丰富的价值内涵和精神旨趣的活动，其行为是有着明确的目标追求的。而目标的确定需要理性的思考，需要对历史、社会、文化与人性的洞察。所以，教育需要思想，需要有思想的教育学者去解释教育的现象、揭示教育的真谛、预见教育的未来；需要有思想的行政领导去制定教育政策，用思想推动教育的改革；需要有思想的学校领导用思想凝聚人心、管理学校，去构建先进的办学模式；更需要有成千上万有思想的教师，不懈追求，实现自己的教育理想。教育需要用思想来提升品质。

棠湖中学在教育改革的过程中，将2004年确定为“深化和提升学校办学思想及理念”年，主题是“寻求行动源泉，展放生命潜力”。这就要求我们以明确的办学思想指导办学行为，以现代的教育思想指导教育方法，以优化的教学方法提升教学效益，以高效的学习方式提升学习质量。其精髓是“用思想提升教育的品质”。

学校办学思想的范畴很广，办学理念、教育思想、校训、育人目标、教学思想等都归属于这个范畴之中。办学思想应贯穿于学校各项工作之中，各项工作都要体现学校的办学思想。

我们不妨看看一些学校的做法：

清华大学“自强不息，厚德载物”的校训、“行胜于言”的校风及“严谨、勤奋、求实、创新”的学风都彰显了“爱国奉献、追求卓越”的清华精神。

北京师范大学以“学为人师，行为世范”为校训，形成了以对祖国未来和民族命运的高度责任感为核心的“爱国进步、诚信质朴、求真创新、为人师表”的优良传统。

南开中学校训为“允公允能，日新月异”，倡导爱国、爱群之公德，培养服务社会之能力，不断奋斗，不断发展；校歌主题词为“渤海之滨，白河之津，巍巍我南开精神”。办学历史的积淀使天津南开中学形成“爱国、敬业、乐群、科学、开拓”的校风。

清华附中在教学上提倡“少、精、严、活”的原则。“理想远大、品德高尚、全面发展、学有所长”是学校培养人才的目标；“团结、进取、朴实、奉献”是学校的校风；“严谨、勤奋、求实、创新”是学生的学风；“今日我以清华附中为骄傲，明天清华附中以我为自豪”已成为广大学子的共同心声。

奉贤中学自1914年创办以来，一代又一代的奉贤中学人以自己的理想和才干，坚持“奉贤、至诚、明朗、力行”的校训和“以人为本，和谐发展”的办学思想，形成了“和谐、奋进”的校风、“博学严谨、务实创新”的教风和“自主勤奋、合作进取”的学风，赢得了良好的社会声誉。

棠湖中学经过20年的发展，在如何办学、如何育人、如何管理等方面已经形成适应新时期发展的成熟的思想体系。

办学理念：以人为本，为师生的发展创设和谐的环境，帮助每位师生走向成功。

办学思想：开放、民主、求实、创新。

办学目标：创建全国知名的素质教育示范学校，实现“从优秀到卓越”的跨越。

办学品牌：大众教育，多元办学。

办学特色：一品牌两特色三亮点。

一品牌——大众教育，多元办学

大众教育：面向全体、因人施教、素质教育、全面发展。

多元办学：课程多样、特长张扬、多元培养、人人成才。

两特色——三格教育，三段教学

三格教育：主题课程、养习立志、递进教育、修养品格。

三段教学：学教和谐、乐学得法、合作展示、培养能力。

三亮点——党建群团、信息技术、校本课程

党建群团：思想引领、业务示范、凝聚人心、共创品牌。

信息技术：整合资源、优化手段、广泛运用、提升效益。

校本课程：特色课程、多育并举、特长课程、个性发展。

校训：仁、德、志、谡。

仁：仁爱、仁慈、仁义，做人的灵魂。

德：道德、情操、修养，行为的准则。

志：志向、志气、志趣，人生的目标。

谡：聪慧、学识、谋略，腾飞的翅膀。

校风：恒、健、卓、创。

恒：恒心、恒言、恒力、成功的保证。

健：健康、健全、健美，生命的血脉。

卓：卓见、卓识、卓越，精神的源泉。

创：创意、创新、创造，前进的动力。

育人目标："六会一长"（会做人、会求知、会生活、会健体、会审美、会创造，有特长）。

棠中口号：超越自我，追求卓越。

棠中精神：团结协作，永争一流。

学校承诺：学生在这里，情绪、欲望和德行得到和谐，知识、方法和能力得到统一，智力、情商和特长得到发展，心灵、愿景和人格得到升华。

教师承诺：具有高尚的师德情操，建立平等的师生关系，体现先进的教育理念，展示深厚的教学功底，给予科学的思维启迪，提供多元的成长平台，唤起强烈的心灵共鸣，叩开快乐的成功之门。

教学理念：效益在每一个课时，希望在每一个学生，成功在每一个环节。

教学模式：三段教学——自主生疑、互动解疑、内化迁疑。

教学行为：形成"自信、自觉、自主、自发"的教学行为。

自信：张扬自己的教学风格，追求高效的课堂教学，树立学生的自信心。

自觉：自觉地遵循教育教学规律，努力优化教学过程，有助于学生学习兴趣的培养，有助于学生自觉学习习惯的养成，有助于学生学习方法的获得。

自主：自主地探索适合不同课型的教学方法，充分发挥教师的主导作用，不断生成、发展、提升、张扬学生的主体性、能动性和独立性，使学生自主探究的学习方式得以充分发挥。

自发：自发地将新的教育观念融入教学行为中，自发地向“教育家”转化，充分挖掘学生的自身潜力，使之形成自我发展的态势。

校长管理理念：构建训练有素的团队，树立训练有素的思想，形成训练有素的行为。

校长管理愿景：学校发展，教师快乐，学生成才。

校长工作作风：严（严己、严肃、严格）、公（公心、公平、公正）、勤（勤恳、勤奋、勤俭）、能（能做、能说、能写）。

校长寄语：我们矢志不渝追求的教育境界是活教育和真教育。“活教育”是尊重学生的个性，让学生特长彰显的教育；“真教育”是符合学生实际，让学生学有所获的教育。

我们矢志不渝追求的教师品质是用先进思想引领自己，用团队精神激励自己，用高尚行动展现自己，用卓越业绩证明自己，用崇高境界提升自己。

教学楼名称：立德楼→励志楼→致知楼→致公楼

立德楼标语：进来一个希望，走出一个人才。（学校与家长的对话）

励志楼标语：投入一分参与，取得一分收获。（教师与学生的对话）

致知楼标语：播撒一些宽容，换取一些友爱。（学生与学生的对话）

校歌：《人生的起点》 熊伟/词，何北/曲

玉兰花开，海棠争艳，美丽的棠中，和谐家园；开放民主，乐在心间，求实创新，敢为人先。

严公勤能，攻坚排难，仁德志谡，立身的本源；六会一长，学优品端，情操高尚，我们高峰永攀。

啊，美丽的棠中，温馨的家园。大众教育，人生的起点。

啊，和谐的棠中，智慧的乐园。多元办学，人才的摇篮。

啊，美丽的棠中，温馨的家园。大众教育，人生的起点。

啊，和谐的棠中，智慧的乐园。多元办学，人才的摇篮。

新课程催生“三段教学”

2001年6月教育部正式颁布的《基础教育课程改革纲要（试行）》，是新中国成立以来第三次大的课程改革，可以说是我国教育史上最伟大的

一次革命。《纲要》充分考虑到现代社会发展、信息技术进步与学生性质变化等因素，确立了基础教育课程改革的总目标——大力推进基础教育课程改革，调整和改革基础教育的课程体系、结构、内容，构建符合素质教育要求的新的基础教育课程体系。新一轮课程改革是一项系统工程，它包括了课程目标、课程标准、课程结构、教材开发与管理、课程管理、教学过程、课程评价、教师的培养和培训、课程改革的组织与实施等九大方面的内容共20条，但重点仍然是在学生的学习方法上。在现有接受式学习的基础上，需要增加自主学习、合作学习、探究性学习等有效的学习方法。而学习方法改变的关键又在于注重评价的多样性——内容的评价、方法的评价、鼓励的评价、过程和结果并重的评价。

国务院《关于基础教育改革与发展的决定》深刻地指出："基础教育是科教兴国的奠基工程，对提高中华民族素质，培养各级各类人才，促进社会主义现代化建设具有全局性、基础性、先导性的作用。"有了办学思想的提升与深化，我们对新课改的目标与任务便更加明确，认为必须从实施科教兴国战略的高度，从提高民族素质、增强综合国力的高度，来认识推进基础教育课程改革，建立具有中国特色符合素质教育要求的基础教育课程体系的重大意义，从而怀着强烈的使命感、责任感和紧迫感，积极地、高度负责地参与并做好基础教育课程改革的各项工作。

反思现行的基础教育，最突出的问题是，教育不但没有缩小学生之间的差距，反而让学生间个体素质的差距越来越大。原因很多，其根本原因在于两个方面：一是学生的内在原因。学生良好的行为习惯没有养成，导致学生的学习定力不到位。不少学生由于缺乏明确的人生目标和理想，所以不能持之以恒地进行习惯养成训练，这造成他们的学习习惯欠佳，影响了个人素质的提升。二是教师的客观原因。不少教师依赖传授式教学方法，而这种传统的方法存在一些弊端。首先，它遏制了学生的积极性和创造性，使学生无法掌握系统的自主学习方法。学生的学法得不到完善，综合素质自然就得不到提高。所以，如果教师的教法不改变，学生的学法就永远也不可能改变，能够自主学习、探索、实践的高素质人才也就难以培养出来。其次，传授式教学制约了优生跳跃性思维、顿悟、创新、想象能力等，这就从一个方面回答了钱学森先生为什么中国不能培养出优秀科学家的警世追问。在传统的教育模式中，教师往往重视优生、忽视差生，凡事均以优等生的思维、优等生的接受能力为前提，从而造成学困生因为跟不上教师的进度，逐渐失去学习兴趣，学习问题越来越多，积重难返，和优生的差距越来越大。最终结果是，优等生优不上去，学困生越来越差。新课改要求学校不仅看重优生，也要把目光向中等生和差生转移。因此，教师只有改变传统的教学方式、课程结构，才能让优生更优，让学困生转化，促进学生全面发展。

温家宝总理指出：“教育要着眼于促进人的全面发展，加快课程、教材、教育方法和考试评价制度改革，把中小学生从过重的课业负担中解放出来，让学生有更多的时间思考、实践、创造。”让每一个学生都得到良好的发展，是高中新课程改革的灵魂。通过“三格教育”，我们达到了解决学生的品德教育和习惯养成问题的目的。那么，如何解决“素质教育”与“应试教育”之间不可回避的现实矛盾？新的教育观念如何在课堂中得以体现呢？

作为高级中学，我们既不能因为高考的压力而让素质教育变成一句空话，又有责任和义务让更多的孩子能够走进大学校园，继续深造。我认为中学教师在课改中应该坚持“灵活教法，完善学法，张扬个性，突显优势（中国的双基教育、英国的绅士风度、美国的个性化发展、德国的环保意识、日本的精细化管理）”的原则，才可能避免在课改中左右不定，方向不明，不知如何把握，避免教育失误的状况出现。结合新一轮的课程改革和新的教育理念，我们应当关注以下几方面的问题。

问题一：教师是“教授教科书”还是“用教科书教”，是否实现了教学与课程的整合？

过去教师教课本内容，以课本为中心，学生也局限于课本之中，师生都成为课本的奴隶。现在，课程由“专制”走向民主，由封闭走向开放，由专家走向教师，由学科走向学生，这样课程就不只是“文本课程”，而更是“体验课程”。教师要以课本为依据和线索，搭建师生共同发展的平台，使师生相互合作、共同发展。所以课本仅是一个媒体和中介，不应该束缚住师生，而应该拓展师生各自施展才能的空间。新教材的开放性极强，不配备教师用的教辅书，也没有标准的答案。怎样既遵循教材，又不囿于教材，既凭借教材，又跳出教材、延展教材，这使得每一个教师都面临着新的挑战。比如，一学期的教学可以根据学生的学习情况和知识体系在整体上对教材内容进行重新调整，按学情进行教学。以高一力学为例，力学是整个高中物理的基础。力学包含三条主线：第一条从物体的运动与受力的瞬时关系的角度出发，以牛顿三大定律为主干，研究各种不同的受力情况下物体的运动规律。第二条从力的作用效果在时间上的积累的角度出发，引入冲量概念，得出动量定理和动量守恒定律。第三条从力的作用效果在空间上的积累的角度出发，引入功的概念，得出动能定理和机械能守恒定律。其中，第一条主线中的牛顿运动定律是整个力学的基础和核心。当力学的教学进行到机械能这一章时，也必须首先掌握机械能全章的知识体系网络。机械能全章可归结为七个概念（功、功率、能、动能、重力势能、弹性势能、机械能）、一条定理（动能定理）、一条定律（机械能守恒定律），而“功是能的转化的量度”这一基本线索贯穿全章。

教材是为了达到一定的教学目标而设置的课程资源的一种表现形式，怎样达到这个目标却不一定照教材所设置的方式进行处理，所以教学活动应是教师、学生、教材、环境四个因素相互作用的动态系统。在教授教材时，在实际问题的引入、应用型的数学问题的处理时可结合学校及当地的师生都较为熟悉的事例进行改编或充实。如讲到垂径定理的计算时，我校教师和学生一道实地测量校门的跨度及高度，然后根据这两个量，提出问题，并以如何解决这些问题为切入点组织教学，这种开放的教学模式极大地调动了学生的主观能动性，同时也让学生体验到“生活中处处有数学”和“我能应用数学”的数学应用意识。

问题二：师生是否建立了互动的关系？

教学是教师的教与学生的学的统一，这种统一的实质是交往互动。通过交往互动，重建人文的、和谐的、民主的、平等的师生关系，在这样的师生关系中，学生会体验到平等、自由、民主、尊重、信任、友善、理解、宽容、亲情与关爱，同时受到激励、鞭策、鼓舞、感化、召唤、指导和建议，形成积极的人生态度与丰富的情感体验。课堂是否建立了互动的师生关系，取决于课前备课时教学方法的设计，根据教学的内容，设计恰当的学生活动。整堂课都是一问一答，或者全是分组讨论，或者学生练习教师订正，这样会使学生产生疲劳现象。只有依据不同的教学要求变换不同的学生活动形式，才能达到减轻疲劳、活跃学习气氛的目的。必须留给学生足够的时间让学生进行多种形式的活动，才能真正做到突出学生在教学活动中的生动性、活动性、开放性、创造性。要正确确定活动的内容、方法和时机。

备课时还必须全盘考虑与之配套的教学方法，才有可能在课堂上建立起互动的师生关系。教学工作是一项系统工程，在实施时，需要根据“系统论”、“控制论”、“信息论”等现代理论所提供的方法进行。“控制联系”是保证教学系统发挥有效功能的基本联系，在选择教学方法时，要寻求“控制联系”与学生自主性对比关系的最佳尺度。教学过程是信息的加工、传输、存贮的过程，要发挥教师在这个过程中的“编程”和“调控”作用，使教学要求和教法符合学生的发展水平和认识特点，达成最佳匹配，使师生的双边活动处于“共振”状态，从而最大程度地提高教学效率。因此，教法的选择，要体现教师的主导作用与学生主体作用相结合，突出学生在教学活动中的主动性、活动性、开放性和创造性，并与学法的指导相结合。创设多维互动（师生之间互动、学生之间互动）、多向交流（知识交流、方法交流、信息交流、探究交流、情感交流）、开放性的教学形式。备课时，要根据教材实际、学生实际、学校设备实际，从争取最佳教学效果出发，精心设计最佳教学程序。

除合作学习、探究式学习、研究性学习等新的学习方式可以有效地建立互动的师生关系外，我们以前常用的一些教学方法同样能够达到此目的，比如启发式教学、讲练结合法等。

启发式是一种基本的教学方法，可采用“三启发，五要从”的经验：“三启发”指启发学生的求知欲望，启发学生运用科学思维方法去分析和概括事物规律，启发学生灵活运用所学知识去解决实际问题；“五要从”指要从学生实际出发进行启发，要抓住主要问题进行启发，要从揭露和分析矛盾中进行启发，要遵循感性认识和理性认识的辩证关系进行启发，要讲练结合，从练中进行启发。在备课过程中，要结合具体的教学内容，对“启发什么”、“如何启发”进行精心设计。

讲练结合法是一种较常用的教学方法。这种方法改变了教师一言堂、满堂灌的模式，在教师的主导下，通过师生的双边活动，在传授知识的同时，发展学生的智能，提高课堂教学效率，减轻学生负担。教师的讲要讲得精，讲得有启发性，掌握好讲和练结合的时机。练的内容要精选，要循序渐进，由易到难，并贯彻面向多数、因材施教的方针。练的重点应随着学生在认识过程中的主要矛盾的变化而变化。在练的形式上，可通过动脑、动手、动笔、动口、动眼等多种形式进行。课堂上指导学生阅读课本、课堂讨论、课堂小实验，也是可以经常采用的练的形式。备课时，要根据教材的具体内容，对讲和练的内容和方法进行精心的设计。

此外，根据具体的教学内容，有的可采用一些特殊的教学方法。如物理教学中的“单元导学法”、“引导探索法”、“类比扩展法”、“精讲自索法”、“研讨式的物理实验演示法”等。应大力把研究性学习引入到课堂教学中，从而更好地理解和体验知识的探究、形成和发展过程，学习科学探究的方法，促进学生创新意识、创新能力和实践能力的提高。我们要解放思想，勇于创新，在备课时精心设计，在教学中反复试验，通过实践的检验，创造出有自己特色的各种新的教学方法。

问题三：教学目标是否围绕实现三维目标而制定？

新课程标准教学目标包括“知识与技能”、“过程与方法”、“情感、态度与价值观”三个方面，这三个方面的整合，体现了新课程的价值追求，是各学科课程目标的共同框架。传统课堂教学过分强调认识性目标，知识与技能成为课堂教学关注的中心，知识的价值是本位的、首位的，智力、能力、情感、态度等其他方面的价值都是附属的，可有可无的。这种教学在强化知识的同时，从根本上失去了对人的生命存在及其发展的整体关怀。

作为课程目标，确确实实都应该关注“知识与技能”、“过程与方法”、“情感、态度与价值观”三个方面，而且能力的问题，情感、态度、价值观的问题，对一个人的一生意义更加深远。不是说知识、技能不重要，知识、技能仍然是新课程重要的目标，但我们不得不承认，能力与情感、态度、价值观更重要。当然，能力的问题，情感、态度、价值观的问题，都是依附于知识的发生、发展过程中的，是在探索知识的过程中得以形成和发展的。

越到一个人的素质的核心部分，是越难量化的。知识的、技能的东西是外显的，是比较容易量化的，而能力、情感、态度、价值观，则难以测量。正因为如此，它和人们的现实利益，或者现实需要出现了一定的剪刀差。现实中，尤其是在中国，选拔人才时过于崇尚书本、崇尚学历，在这种情况下，评价一个人能力的高低，自然就变成了简单地用知识和技能这种外显指标去测量和评价。

我们习惯的做法是“堂堂清，周周清”，一节课结束，马上做一个教学质量的测验，看学生是否掌握了该学的东西。这件事情非常值得思考，每节课能测的、能清的，多是知识和技能方面的东西。情感的目标、能力的要求，绝对不是靠某一节课、某一周能完成的，但是每一节课都必须体现这些目标。因此，需要在一个比较长的阶段通过教师利用课程资源去熏陶，让学生去体验，并通过潜在的积累而获得。这正体现了问题的复杂性，也正是挑战教师的地方。如何创造一个良好的氛围，让教师对学生的能力与情感、态度、价值观的关注成为一种内在的教学品质，是学校和老师们应该深入反思的问题。

三维目标不是分为三块，而是一个整体。不是要在知识、技能上加上情感。因为在整个教学过程中，情感、态度、价值观是始终存在的，只不过我们过去没有关注而已。学生在学习过程中，总是有一个态度、情感倾向的，而且可能有相当多的学生是带着消极的情感在学习。我们现在就是要让学生热爱学习、积极学习。

也不能一节课分成三大环节，分别完成三个目标，而应该在教学各个环节融入这三个目标。比如，“帮助残疾人”，不是靠老师站在讲台上给学生讲，为什么要帮助残疾人，如何帮助，而是让学生坐在轮椅上或者把眼睛蒙起来，在这个过程中，体验残疾人的种种感受，自然就会在情感上、价值观上发生变化，不再会嘲笑残疾人，而是从内心里产生帮助残疾人的愿望。

总之，情感、态度、价值观不是完全可以通过讲授来实现的，它需要通过创造情境、创造氛围，让学生自己去体验、去领悟。

教学目标的行为主体应是学生，我们不能用“教给学生什么”这样的字眼，而应该用“学生应该怎样”、“学生通过什么”等陈述方式。在行为的描述上应选用表示可观察、可测量的具体行为的动词，如了解、理解、掌握、体验、经历、探索、认出、识别、指明、写出、做出等学生的具体行为。

问题四：是否建立了民主、开放、充满生命力的课堂教学？

学生作为一种活生生的力量，带着自己的知识、经验、思考、灵感、兴致参与课堂活动，并成为课堂教学不可分割的一部分，从而使课堂教学呈现出丰富性、多变性和复杂性。课堂教学不应当是一个封闭系统，也不应拘泥于预先设定的固定不变的教学程式。预设的目标在实施过程中需要注入直接经验、弹性灵活的成分以及始料未及的体验，要鼓励师生在互动中即兴创造，超越目标预定的要求。封闭导致僵化，只有开放、民主、平等的氛围，才可能构建充满生命力的课堂教学。

美国的教育界流传着这样一句话："告诉我，我会忘记；分析给我听，我可能记住；如果让我参与，我就会真正理解。"课堂就是学生学习的乐园，真正把课堂还给学生，让学生在学习中产生疑问，在疑问中产生学习的兴趣，只有带着疑问的学习才能产生最大的效果。比如语文学科，只有靠学生在语文实践活动中自己建构的知识，才能真正成为学生自己的知识，因此，我们要设计丰富多彩的语文活动，让学生充分参与到活动中来。

课堂教学的四大属性：

（1）认知活动——"晓之以理"，"动脑"，学会认知（learn to know），"达理"，"我思考，我存在"。

（2）情感活动——"动之以情"，"动情"，学会存在（learn to be），"通情"，"我感动，我存在"。

（3）交往活动——"处之以群"，"动口"，学会共处（learn to live together），"交际"，"我交往，我存在"。

（4）实践活动——"导之以行"，"动手"，学会做事（learn to do），"致用"，"我运动，我存在"。

据此，我们可以在课堂中设计下列一些活动：

（1）探究性活动。将教材的重点难点转换成问题，然后通过分组讨论、同桌交流等形式，引导学生进行探究，在探究中发现，在活动中提高。

（2）体验性活动。请学生上台分角色朗诵，扮角色演讲，按角色表演，充分体验该"角色"在特定的场合下的感受。

（3）发现性活动。鼓励学生对接触的各种文本信息进行质疑，从中发现问题，一是从所学教材中发现，二是从报刊中发现，三是从电视媒体中发现，四是从生活中发现。

（4）制作活动。比如进行课文的配音制作、手抄小报的制作、课文插图的制作、文献参考资料的剪辑、多媒体课件的制作等。

（5）创作活动。比如进行个人写真、个人小传的撰写，进行科幻作品的制作，进行文学作品的创作，进行科技论文的写作。

（6）传播性活动。如个人信息发布、读书报告、小记者采访等。

以语文课《狼》为例，在熟悉课文后，采用表演法进行巩固练习，效果显著。分角色扮演，由教师增设“暂停键”：在学生表演过程中，教师可以适时喊停，让大家共同分析研究这个同学的表演是否到位。这样做的好处有三：一是可以品味动词的准确性和学生表演艺术；二是可以化枯燥乏味为生动有趣；三是可以增强学生学习文言文的识记效果。再如《海燕》一课，教师在介绍了作者及时代背景，进行了声情并茂的朗读后，学生若有所悟，似有所语。在这“不愤不启，不悱不发”的关键时刻，如果引导得好，恰如其分，将引领学生进入一个文学的殿堂，那么怎么来寻找这个最佳的最近心理发展区呢？我们发现课本中的插图很有深意：似中国的写意山水——坚硬的礁石，浪花四溅，天空阴霾重重，一只矫健的海燕，展开双翼，搏击苍穹。教师可以此为着力点，让学生驰骋想象，大胆表述。在整个想象与表述的过程中，学生想象丰富，发言积极踊跃，不断迸射出奇异、耀眼的火花，想象力在不知不觉中得到提高。随时点拨，培养想象。要提高学生的想象能力，不能只限于课堂与课本，那样太狭隘了。教师只有经常带领他们到大千世界去接触、去学习、去思考、去感受，并且有的放矢，随时点拨，方可收到预期效果。

问题五：课堂教学是否有助于转变学生的学习方式？

转变学习方式就是转变学生被动性的学习状态，把学习变成人的主体性、能动性、独立性不断生成、张扬、发展、提升的过程。这种学习观的变革意味着要改变学生的学习态度，培养学生的学习责任感，并使学生树立终身学习的愿望。传统学习方式过分突出和强调“接受和掌握”，忽视“发现和探究”，从而在实践中导致了对学生认识过程的极端处理，使学生学习书本知识变成仅仅是直接接受书本知识（死记硬背书本知识即为典型），学生学习变成了纯粹被动地接受、记忆的过程。这种学习窒息了人的思维和智力，摧残了人的学习兴趣和热情。它不仅不能促进学生发展，反而成为学生发展的阻力。转变学习方式就是要改变这种状态，把学习过程之中的发现、探究、研究等认识活动突显出来，使学习过程更多地成为学生发现问题、提出问题、分析问题、解决问题的过程，强调发现学习、探究学习、研究学习，将研究性学习的方式引入课堂。

要引导学生改变学习方式。各学科课程标准结合本学科的特点，强调过程性、体验性目标，引导学生主动参与、亲身实践、独立思考、合作探究，从而实现学生学习方式的变革，改变单一的记忆、接受、模仿的被动学习方式，发展学生搜集和处理信息的能力，获取新知识的能力，分析和解决问题的能力，以及交流与合作的能力。

比如，在课程标准中有明确的引导学习方式转变的要求：

组织学生拟订调查提纲，对经历过“大跃进”、“文化大革命”的长辈进行访谈，并在课堂上交流、讨论，认识这段历史的原因及危害。（历史与社会课程标准）

组织学生观看《林则徐》、《鸦片战争》、《甲午风云》等影片，感受中国人民反抗侵略的斗争精神，并运用所学历史知识介绍影片的历史背景，讲述历史故事。（历史课程标准）

经历“问题情景—建立模型—求解—解释与应用”的基本过程。（数学课程标准）

组织学生通过各种途径调查、收集生物圈的相关资料，召开“国际生物圈”模拟研讨会，结合本地实际讨论如何保护生物圈。（生物课程标准）

分组调查一个民族不同地区的艺术，并将艺术形式与该地区的建筑、服饰、方言等联系起来，全班分享调查结果。（艺术课程标准）

案例：“老师是一只青蛙”

那是个阳光灿烂的日子，同往常一样，我们又该学习新课了。不同的是，有许多老师来听课。

学习的课文是《坐井观天》，一切都在有条不紊地进行着。以前，每学完这课，为了培养同学们的创造性思维，我都要让他们根据课文内容展开想象，以“青蛙跳出井口了”为题进行说话写话训练，效果非常好。按照惯例，学完新课后我又一次让同学们想象青蛙要是跳出井口了，将会怎样呢？同学们的学习兴趣又一下被激发起来，有的和同桌互相讨论，有的前后位凑在一起争论，还有的仰起小脸在思考。

待大家平静下来，我让同学起来发言。李梦说，青蛙跳出井口后，看到了无边无际的大海，海涛声吓得它忙向小鸟求救。王婉佳说，青蛙看到了高高的山峰和一眼望不到边的田野，田野里开满了五颜六色的花儿，上面飞舞着蝴蝶和蜜蜂，青蛙陶醉了，它觉得以前的日子都白过了。孙艳蔷同学竟然让青蛙坐上了飞机去环球旅行，青蛙一下飞机就对小鸟说：“不看不知道，世界真大啊!”听课老师都被他的话逗笑了，我也没想到他会把正大综艺的广告词“不看不知道，世界真奇妙”改用得这么恰当。

张雨是新转来的学生，我看到她把手举得高高的，便点了她的名。她站起来说：“青蛙从井里跳出来，它到外面看了看，觉得还是井里好，它又跳回了井里。”同学们听了哄堂大笑，我也笑了。我打断了她的话，问大家：“是井里好，还是井外好？”我示意张雨坐下，随口说道：“我看你是一只青蛙，坐井观天。”之后，我又让大家把自己想的和说的写出来。

在批阅同学们交上来的作业时，我看到了张雨续写的故事：青蛙跳出井口，它来到一条小河边，它累了想去喝口水。突然，它听到一声大吼：“不要喝，水里有毒!”果然，水上漂着不少死鱼。它抬头一看，原来不远处有一只老青蛙在对它说话。它刚要说声谢谢，就听到一声惨叫，一柄钢叉已刺穿了那只老青蛙的身子，那只老青蛙正在痛苦地挣扎。青蛙吓呆了，这外面的世界太可怕了，它急忙赶回去，又跳到了井里。还是井里好，井里安全啊!

我的心被震撼了。河水里常漂有死鱼，菜市上也常有卖青蛙的，这都是有目共睹的，让青蛙跳回井里又有什么不好？可我却没有给她一个发表自己观点的机会。倘若让她把话说完，不仅同学们不会再笑她，而且她的故事也将给我的课堂教学增添一抹亮色。我不是要培养他们的创造性思维吗？可我竟然说她是一只坐井观天的青蛙。孩子的心灵就像井外那多彩的世界，需要跳出来的恰恰是自以为是的我自己！

收起笑，我在张雨的作业下的空格里工工整整地写下一句话：“对不起，老师是一只青蛙。”

问题六：课堂教学是否面向全体学生？

要让课堂教学面向全体学生，应注意以下三个方面：①注意教学目标的全面性。②注意教育发展的协同性。在课堂教学中，不仅要发展学生的智能，还要重视在学科教学中渗透德育、体育、美育、心理健康教育，发挥它们的整体效应，促进学生各方面得到协调发展，通过教学使学生学会做人、学会求知、学会生活、学会劳动、学会审美、学会健体。③注意共性发展和个性发展的协调统一。素质教育强调全面发展，就个体而言，指的是“一般发展”和“特殊发展”的统一；就群体而言，指的是“共同发展”和“个性发展”的统一。全面发展的实质是最优发展，不是一刀切，齐步走，平均发展。因此，在课堂教学中任何一门学科教学都应把群体培养目标和个体发展目标统一起来，把及格率和优秀率结合起来。同时，要把“共性发展目标”和“个性发展目标”统一起来，根据学生的个体差异，针对学生的个性特长，重视学生个性爱好的培养。使学生能走的走，能跑的跑，能跳的跳，能飞的飞，培养出更多的“合格+特长”的学生。

比如，数学课程标准中指出“人人都能获得必需的数学”，教学时应针对具体的班级设置恰当的目标，让每一个学生都能学有所获，学有所得，让全体学生都能以积极的心态和坚定的信心投入到学习生活中去，切不可拔苗助长，让学生在学习中缺乏成就感。

在课堂教学中针对不同程度的提问、不同层次的练习及作业、一个学习小组内由不同成绩层次的学生承担不同的工作，对学生的回答及作业试卷的完成情况给予的不同层次鼓励性的评价都是面向全体学生的具体体现。

比如说在英语阅读课教学中，对于基础较差的学生，他们只要能根据课文作出“Yes/No”的回答即可；对于成绩一般的学生要求用完整的句子回答出课文中的问题；对于基础好但内向的学生，可以要求他们复述课文内容；对于成绩好又外向的学生，可以要求他们把课文改编为对话进行表演。这样针对不同层次的学生提出不同的要求，可使每个学生都体验到成功。

问题七：教学媒体是否得到了优化？

使用小黑板，可以节约课堂上的板书时间，增大课堂容量。利用自制教具可以增强直观性，有利于学生的接受。使用电化和媒体教学，可以将物质的微观变化展现在学生面前，调动学生的感官，增强学生的理解力。

教具是教学工作的重要工具。要使学生深刻理解和学会运用所学知识，单凭教师一张嘴巴、一支粉笔，往往达不到目的，而必须借助教具。常用的传统教具包括黑板、实物、模型、仪器、挂图、图表等。随着现代科技的发展，出现了各种现代化的教学设备，如投影机、收录机、多媒体电脑，还有我校已建成的高标准的校园网等。应充分利用这些教具，利用现代网络技术这一前所未有的优越条件，认真做好准备，熟悉它们的原理和操作，考虑如何引导学生进行观察、思考、分析和操作。

对于多种教学媒体的组合运用，应遵循下述三条基本原则：

（1）对于物理、化学、生物这一类以实验为基础的学科来说，实验是教学最基本的媒体，首先要充分发挥实验作为基本媒体的作用，正确处理实验与其他教学媒体的关系。

（2）各种教学媒体的选择和组合运用，必须从效果出发，为教学目标服务。

（3）各种教学媒体的组合运用，必须与教法改革相结合，特别是与教师主导作用和学生主体作用的关系相结合。

关于将电脑应用于备课和教学，大体应包括这些方面：教师自制或下载软件进行演示；教师自制或下载软件用于学生实验；学生自制软件，用于学生的研究性课题的研究探索，或供教师教学之用；利用校园网和互联网进行学习和探索研究。上述这些方面都为教学工作提供了一种高效的现代化的教学手段。

总之，教学媒体是为了提高课堂效益而采用的一种辅助教学手段，主要是为了在教学中达到化抽象为直观、化微观为宏观、化静态为动态的目的。不可将电脑当成电影、把屏幕当成黑板，若有条件制作CAI课件时，建议多做针对某一个教学难点的突破上的小课件，以加强课件的针对性和可移置性。但任何媒体都不能代替板书，更不可变“人灌”为“机灌”。是否能充分、有效地利用教具，包括各种传统教具和现代教学媒体，实现教学手段的优化，是评价一堂课是否成功的一个标准。并不是只用多媒体充当电子黑板，搞得热闹就是教学现代化。

问题八：教学重难点的设计是否在学生的课堂兴奋时区，是否符合学生生理心理特征？

一堂课40分钟，学生的生理心理状态分为五个时区，即“波谷—波峰—波谷—波峰—波谷”的起伏发展规律。

起始时区：5分钟，是角色进入时区。这5分钟的意义，犹如一部乐章的序曲，教师必须有导演的功夫，促使学生的兴奋点从课间活动转移到课堂学习上来，引导学生将注意力集中到课堂教学内容上来，并且尽可能缩短这一时区，以延长兴奋时区。

兴奋时区：15分钟，是第一黄金时区。在这个时区内，学生的兴奋点已经转移到课堂上来了，生理心理进入最高波峰，教师必须不失时机地把学生的思维引入最佳境界，并尽可能延长兴奋时间，教学的密度、力度都应达到最大限度，重点、难点都尽可能在这个时区得到解决。

调试时区：5分钟，是心理过渡时区。教学时间已过去一半，学生的兴奋过程开始转为抑制过程，会出现一个疲劳波谷。教师必须进行调适，帮助学生度过疲劳波谷区。

回归时区：10分钟，是第二次黄金时区。经过5分钟的调适过渡，学生的生理、心理出现第二次波峰状态，因此，教师应当因势利导，再次把教学推向新的高潮。如果说第一黄金时区是以新课教学为主、以培养学生的思维能力为主的话，那么第二黄金时区则应当以巩固新课和能力训练为主，当然也不可过于拘泥。

终极时区：5分钟，是总结回应时区。这时候，学生趋于疲劳状态，注意力逐渐分散，进入尾声。教师应当加大信息量，加快语速，强化情绪，总结新课，圆满完成任务。终极的最佳境界是：教学计划完成，到下课时，学生还回味无穷。

问题九：教学的设问、训练是否具有层次性、针对性、开放性？

教学中发挥教师的主导作用，主要体现在一个“引”字上；充分发挥学生的主体作用，又必须突出一个“放”字。“引”、“放”都离不开教师的设问。如创设良好的教学情境引入新课，思路让学生讲，疑难让学生议，规律由学生找，结论由学生得，错误让学生改，都必须通过教师的设问。通过设问，引导学生的思维，让学生变被动为主动，精心考虑如何提出问题。备课时根据教材的重点和难点，发掘教材内容本身和学生认识过程中的矛盾，准确选择有针对性的问题，精心准备好富有启发性的语言，引起学生的悬念，使他们疑惑、惊奇，这样提出的问题最能引起学生的兴趣，激起他们思维活动的层层波澜，最后使他们因问题的解决而感到豁然开朗。提出的问题要有针对性（针对重点和难点）和启发性（揭露矛盾，激发思维）。启发式必须注意实效，不要只追求课堂上热热闹闹，要防止形式主义和庸俗化。不能认为一问一答，学生经常齐声大合唱就是启发式。教师提出问题的水平如何，是否有启发性和针对性，在相当程度上反映出教师的整体教学水平。为了使这方面做得更好，应把自己在课堂上提出问题的方法和语言写在教案上。

提问方法有：搭桥式、曲问式、递进式、定向式、比较式；观察式、分析归纳式、陷阱式、类比式、复习巩固式；全班提问、个别提问、综合提问等。

训练是指整个教学过程中与训练有关的口答题、笔答题、板演题、教师讲解的例题和所布置的作业等。

每堂课开头的引导练习要起到承上启下的作用，既巩固了上次课的知识，又自然地进入了新课，并为新知识的传授作了铺垫。

例题的选择要有代表性、典型性、思维性，不仅要有利于巩固概念，还要有利于揭示一类问题的思维规律，能让同学举一反三，特别要注意例题的一题多解，一题多变和一图多用，教师备课时就应考虑题目的各种变化情况和各种可能的解法。这样讲解时才能做到心中有数，避免盲从。

学生的课内训练和课外作业，要注意习题中有大量的模仿题；题目要紧扣重点，有利于基础知识的巩固和规律的掌握；要注意题型的多样性，重视变式训练和探索训练，以培养能力和发展智力；对于课外作业，要布置必做题、选做题和思考题，以利于分层要求、因材施教。解习题是学生掌握知识的必经之路，也是学生应用所学知识解决实际问题的起点。所以，备习题是教师备课工作的重要组成部分。

精选习题，就要求教师在分析教材的基础上，把本单元的习题和例题全部做一遍，掌握题目的深浅度和各种解法，然后确定题目中哪些作为课前预习题，哪些作为课堂提问或课堂练习，哪些作为课堂举例，哪些作为课外作业，或作单元复习之用，都要统筹安排。选用例题应具有典型性，既能巩固和加深学生对基础知识的理解，又能对解题方法起示范作用。教师对例题的讲解要规范，着重分析题意，步骤要清楚，书写和作图要工整，对学生起示范作用。对于课本外的补充作业，也要进行精选、归类和配套。对于批改课外作业过程中发现的问题，要记下并加以分析，及时在课堂上给予讲评和纠正。这些工作，都是教师在备课时必须认真做好的。

问题十：教师对学生的评价是否具有多样性，是否具有激励作用？

加强评价改革指导，体现评价促进学生发展的教育功能，“评价建议”有更强的操作性。各学科课程标准力图结合本学科的特点提出有效的策略和具体的评价手段，引导学校的日常评价活动更多地指向学生的学习过程，从而促进学生的和谐发展。课程标准中建议采取多种方法进行评价，如成长记录与分析、测验与考试、答辩、作业（长周期作业、短周期作业）、集体评议等。

特别值得一提的是，其中“成长记录与分析”提倡学生不断反思并记录自己的学习历程：最好的作业、最满意的作品、最感兴趣的一本课外书、最难忘的一次讨论。通过记录并反思学生的成长历程，激发学生的学习兴趣和自信心，发展学生的自我意识，为全面而客观地评价学生积累素材。

为了达到激励学生的目的，在具体的评价体系中应注意：评价目标多元化、评价方式多样化、评价过程动态化、评价主体多元化。如评价对二次函数理解时提问：什么叫二次函数？结合具体的函数、符号和图像，解释你是如何理解二次函数概念的？评价观察能力时提出：有一串数如下：3、4、12；3、2、6；3、6、6；3、8、24；3、9、9…你能发现其中的规律吗？请说明理由。又如评价学生的情感态度时提出：调查你家中爸爸、妈妈、你一周做家务活的总时间，将你获得的结果用扇形统计图表示。对此你有何想法？

总之，在教育教学实践中，教师更多关注学生的感受和声音，放弃传统的教师“话语霸权”，做学生的聆听者；技巧性地避免直接批评而“侧面迂回”，用更多“尺子”去评价和衡量自己的学生，发现每一个学生都有可爱之处；面对自己在教学过程中的失误，勇敢地向学生检讨过失；把教育与育人紧密结合起来，把一个个意外事件甚至师生冲突、学生之间的矛盾转化为教育契机和素材；带着学生走向知识，而不再是单单带着知识走向学生，让知识成为学生自己思考的果实。这些不正是教师们新的教育观念的体现吗？苏霍姆林斯基说：教师无意间一句话，可能造就一个天才，也可能毁灭一个天才。我们不仅在教育和引导学生，也在保护学生的每一点“天才成分”，给学生一些权利，让他自己去选择；给学生一些机会，让他自己去体验；给学生一点困难，让他自己去解决；给学生一个问题，让他自己找答案；给学生一种条件，让他自己去锻炼；给学生一片空间，让他自己向前走。这不正是素质教育所倡导的让学生主动发展、生动活泼地发展吗？只要我们教师“放下架子”，用心灵感受心灵，以感情赢得感情，时常反思教与学是否和谐，就一定能在新一轮课改中与学生同步成长。

2008年，成都市教育局和双流县教育局提出并实施的《关于全面推进素质教育、切实提高教育教学质量的三年行动计划》对高效课堂的构建进行了宏观规划。棠湖中学根据这一规划，通过“走出去，请进来”，借鉴他人的经验，分析他人的得失，为创建出一套适合自身特点与条件的教学模式开展了理论调研与实践准备工作。在这个过程中，我们发现，洋思中学“先学后教，当堂训练”的课堂教学模式，以及杜郎口中学具有立体式、大容量、快节奏特点的“三三六”自主学习模式可以作为棠湖中学实施高效课堂改革的经验借鉴。

我们还将中央教科所著名课堂教学研究专家——韩立福教授请到棠湖中学，就有效课堂教学作专题报告。韩立福教授针对新课程中教师在有效备课、有效教学、有效拓展及有效评价等方面存在的问题，就如何构建高效课堂对全体教师进行了专题培训。

借此机会，我校根据目前教育科研的现状及其发展趋势，结合自己的教育教学实践，从指导思想、教学理念、教学策略、具体措施以及实践反思等几个方面对如何构建高效课堂进行了深入的研究和探索，提出“自主生疑、互动解疑、内化迁疑”的“三段教学”。

全国高中新课程有效教学专题研讨会在棠湖中学举行

“三段教学”的思想内涵

古人云：“授人以鱼，不如授人以渔，授人以鱼只救一时之急，授人以渔则可解一生之需。”说的是给人一条鱼只能解一时之饥，却不能解长久之饥；如果想永远有鱼吃，那就要学会钓鱼的方法。教育又何尝不是如此。为人师者传授给学生既有知识，不如传授给学生学习知识的方法。“授人以鱼，三餐之需；授人以渔，终生之用”，这一哲学思想，可谓教育的至理名言。“三段教学”的主体哲学思想，就是“授人以渔”这一教育理念的真谛。

我们通过“学生主动发现问题、师生互动解决问题、反思升华拓展问题”，“先学后导、内化延展”的“三段教学”，变学生的被动学习为主动学习，让他们不仅获取知识，还能掌握一套获取知识的方法。这一方法的掌握，不仅在高中阶段有用，到了大学更加有用。当他们进入社会之后，他们会发现，这一套学习方法和养成的习惯，对他们的职业生涯依然有用。

为了便于操作，我们又将“授人以渔”这一哲学思想细化为三个方面：

（1）指导思想。以激发学习内动力为前提，以强化组织教学为保证，以优化教学程序为重点，以激活课堂互动为关键，以落实学习环节为控点，以迁移知识能力为目的。

（2）教学理念。效益在每一个课时，希望在每一个学生，成功在每一个环节。在课堂上以学生为本，为学生的学习创设条件，积极引导和激发学生的学习潜能，让学生学有所获；在环节上狠抓预习、笔记、互动、作业、复习、考试、总结等学习环节，以达到知识迁移的目的。学生既是教学的对象，也是教学的资源，更是教学的条件，课堂教学中要建立平等的师生关系，营造民主的教学氛围，由师生共同合作完成教学任务；承认学生差异，关注每一个学生，分层教学，因人施教，千方百计地满足不同层次学生的不同需要，让全体学生都能进步。

（3）教学策略。从学困生抓起。关注学困生的学习，一方面树立学困生的信心，增强全班学生的学习积极性，培养良好的学风；另一方面推动中等生和优等生进步，增强他们的危机感，培养他们的竞争意识。

“三段教学”的方法论

“有教无类，因材施教”是孔子提出的教育原则。但孔子之后，这一原则并没得到继承和发扬，尤其是实施科举制度之后，中国的教育便走上了一条“读书做官”、“为考试而学习”的道路。虽然今天人人都知道“因材施教”这个成语，在谈及素质教育和教育改革的时候，也常常频繁地引用这个成语。但是，在一个年级有上千人、一个班有近百人的现实条件下，如何“因材施教”？这是我们在创制“三段教学”时最需要思考的一个“方法论”问题，也就是新课改、新模式的可操作性问题。

学校以“帮助每位师生走向成功”为办学宗旨，以“从学困生抓起，面向全体学生，对每位学生负责”为指导思想，突出“因人施教、分层教学”的教学特色。

何为“分层教学”？如果说，“授人以渔”是我们教育的思想内涵，“因人施教”是我们的教育原则，那么“分层教育”就是我们的教育方法和手段。

有了“分层教育”的方法论做指导，我们从分班开始，从选配班主任、师资配备、教学标高、教学方法、教学手段、教学评价、奖励办法等环节入手，承认学生差异，针对不同层次的学生，采取不同的策略，通过分层次确定目标、分层次备课、分层次上课、分层次布置学生作业、分层次辅导、分层次考核，千方百计地照顾不同层次学生的不同需要，使各层面的学生都学有所得，让学困生学起来、中等生优起来、优等生尖起来，从而使学校教学质量得到全面提高。

可以这样说，“三段教学”的整体构架以及各个环节，无不体现了“分层”这一特征。没有“分层教育”这一方法的运用，“因材施教”就是一句空话，成为一个不可能完成的任务。

令我们感到幸运的是，适逢科技进步和繁荣的时代，我们的方法和模式在实施过程中，具备前人不可能具备的先进技术的支持，这就是以计算机为基础，以因特网为平台的数字化网络管理。

棠湖中学建校之初，正值微型计算机发展之时，学校牢牢抓住这一历史机遇，树立超前意识，加强硬件设施建设，于1992年引进CSC办公系统，率先步入以信息技术为特色的快速发展之路。目前，学校每个教学班都配置了计算机、电子白板、投影机、视频展示台、音响系统等多媒体设备，每位教师配置了办公用多媒体计算机；学校建成了资源丰富、功能强大的校园网，组建了校园电视台、校园广播站、机器人工作室和设备齐全的网络教室等，并把计算机知识的学习列入初一、初二、高一年级的必修课程。

同时，开展丰富的信息技术课外活动，组织学生进行研究性学习，拓宽学生学习平台，学生可以根据自己的兴趣爱好和计算机水平报名参加“机器人制作”、“程序设计”、“平面设计”、“动画制作”、“网页制作”、“电视节目制作”、“节目主持”等活动，大大提升了学生应用现代信息技术的能力，并且取得了令人瞩目的成绩。

有了这样的基础和条件，我们创设的“三段教学”就变得更具备可操作性，更具备立体的、多元的、高效的科学属性。

“三段教学”的基本内容

“三段教学”模式，分为“自主生疑”、“互动解疑”和“内化迁疑”三个段落，三个层次。它们又分别分为三个段落和层次。

一、自主生疑

独立预习：自主预习、独立思考、问题生成。

个别指导：目标任务、重点指导、学情了解。

生成问题：勾画圈点、发现问题、疑问待解。

具体说来，就是学生在《学与导》的引领下，在学科自习课中进行结构化预习，独立思考，发现问题，生成问题，达到各有所获的目的。教师给予学生清晰的目标，给予学困生以最大的关心，抓住这个时机转化学困生。

二、互动解疑

创境设问：创设情境、呈现目标、问题展示。

互动解疑：合作探究、引发讨论、相互评价。

归纳拓展：归纳知识、收获展示、拓展应用。

具体说来，就是师生互动解决问题。在课堂教学中，教师以“五导”（激情、活动、思维、训练、延伸）体现教师的主导作用；以活动为载体，激活师生互动，激发学生五动（动眼、动耳、动脑、动手、动口）的主体作用，解决学生“为何学”、“如何学”、“学何用”这三个问题。

三、内化迁疑

作业巩固：独立作业、质量评价、知识巩固。

复习记忆：及时复习、规律记忆、知识网络。

测评迁移：考试测评、查漏补缺、知识迁移。

具体说来，就是反思升华拓展问题。学生通过课后作业增强理解，通过复习归纳形成知识网络，按照心理学中艾宾浩斯遗忘曲线规律进行记忆，通过考试检验学习效果。

小组合作交流

“三段教学”的模式和流程

一堂完整课的教学实质是什么？是让学生明白为何学习本节课知识，如何学习本节课知识，怎样运用本节课知识。无论是整堂课还是一个知识点的教学实质皆是如此。课堂教学是否高效的关键就在于是否优化了这三个方面。

“三段教学”便是围绕这三个方面进行优化教学的一种教学模式。在课中，这个模式的实施流程是“创境设问——互动解疑——归纳拓展”。

一、创境设问

创境设问就是解决“为什么学”的问题。围绕教学目标或重难点，根据教学内容的背景、知识的起源、作者的生平、学生的知识储备等，有效利用媒体合理创设情境、提出问题、激发学生的求知欲望、增强学生学习知识的积极性。也可以是教师针对一些探究的问题创设情境，让学生在观察和体验后有所发现、有所联想，生成问题；或者创设一些任务，让学生在完成任务中运用科学思维，自己提炼出需通过实验进行探究的问题。使学生学习情绪饱满，兴趣浓厚，注意力集中，气氛活跃。

二、互动解疑

互动解疑就是解决“如何学”的问题。根据教学内容，教师引导学生互动，采用自主学习、合作探索、实验实践、教师答疑、教师讲授等符合教学内容的恰当方法进行新知识的学习，从而达到突出重点、突破难点的目的。学习方式应多样，活动参与面应广，自主学习、主动探究、合作交流的时间和空间应充分，满足学生的好奇心，激发学生的活力，使学生进行多种形式的互动交流，自觉、及时地参与学习效果评价，共建激励机制，共享学习成果。例如，理科实验教学的过程可作如下设计：

第一步，引导学生根据已有的知识，针对教师提出的任务，利用给定的器材（或自选器材），设计出解决问题的实验思路或实验方案。教师的引导一定要适度，只能作原则性的引导，切忌明示方案，包办代替。

第二步，进行实验与收集证据。让学生根据自己设计出的实验方案独立或合作进行实验操作，如实记录实验数据。在学生开始独立探索以后，教师要根据学生不同的智力水平和能力水平因材施教：对优生大胆放手，充分信任；对中等水平学生要恰如其分地点拨；对学困生则应鼓励其自信心，对思路、方法和技能作具体指导，促使他们跟上实验的进程。

第三步，分析与论证。让学生对实验数据进行分析处理，尝试根据实验现象和数据得出结论，对实验结果进行解释和描述。

第四步，进行交流。在学生小组内以至全班范围内进行分析讨论，从个人探究转入集体探究，形成信息交流的网式结构。

第五步，进行评议。鼓励学生独立思考，鼓励他们大胆参与讨论，勇于发表自己的见解，及时分析判断所得信息的正确与错误，筛选并吸取别人的有价值的意见。

三、归纳拓展

归纳拓展就是解决“怎么用”的问题。引导学生总结本节课所学知识，明确知识的适用范围及其注意事项，以精选的习题牵引学生运用新知识解决相关问题，归纳方法，拓展延伸。

让学生吸取经验教训，改进探究方案。让学生注意探究活动中未解决的矛盾，发现新的问题。让学生提出解决问题的新途径、新方法。在这一过程中讲练结合、反馈及时、评价有效、学法指导得当、目标达成度高，让各层次学生在原有的水平上均学有所得，习有提高。

教师是教学过程的策划者、组织者、合作者；学生是整个教学过程的主角；教学的重点必须转移，学会学习比掌握专门知识更为重要。学生是教育活动的主体，学生能思维、能创造、能观察、能表达、能动手、能总结、能转化，具备和教师一样的喜、怒、哀、乐。教师不可能代替学生认知、感悟、体会、思考、做事，要引导学生思考、探索、总结、体验。在课堂教学中，教师以“五导”体现教师的主导作用，以活动为载体激活师生互动，激发学生“五动”的主体作用。

五导：导激情、导活动、导思维、导训练、导延伸。

五动：动眼、动耳、动脑、动手、动口。

针对“三段教学”模式，根据不同学科的特点和教学内容，恰当设计“创境设问、互动解疑、归纳拓展”三个方面的内容，教案编写重点是为了突出重点、突破难点、达到师生互动而设计的活动内容；课堂上重点是学生的参与度和学生的活动时间（15~25分钟）；课后重点是教师指导学生拓展训练和与学生的交流。教师还应指导学生做到“五有”：有草稿纸作练习，有笔记本记重点，有专用本做作业，有试卷装订册，有错题反思本。这样可以使学生形成知识网络，达到知识迁移的目的。

“三段教学”的实施细则

我们还为“三段教学”制定了实施细则，分为以下五个方面：

一、结构化备课

首先是明确目标。在备课之前，所有教师要熟悉教材知识体系，走进文本，保证阅读遍数。通过各种途径和方法，或调查或座谈，做到结构化“备学生”，关注和研究不同学生的需要，熟悉学生的现有基础，包括知识基础和接受水平等，充分听取学生意见。其次是转化问题。把知识转化为问题，把目标转化为问题，用问题引导学生探究学习。问题要有层次性，应包括基础性问题、探究性问题、拓展性问题，以适应不同层次的学生发展需要。教师向学生提供自学素材和学习方法，素材提供的载体可以是纸质文本、网络文本、多媒体影音等。最后是设计评价。当每个学习周期结束后，由教师发放评价性工具单，对本周期学习目标的完成情况进行检测。在这个环节中，教师必须充分关注和评价学生的学习结果，对学生情况要了如指掌。

二、结构化预习

学生根据《学与导》中的“预习导读单”，阅读教材，查阅资料；对教师提出的问题进行思考解答，并把答案写在《学与导》上；将自己不能解决的问题及新发现的问题记录在《学与导》上相应的位置。学生自学课一定要有专用的时间，可以在课下，也可以在课上，教师根据实际情况确定，应杜绝不经过结构化预习就直接进入课堂的现象发生。

三、建立“小组合作学习”机制

将适时调整分组策略作为开展小组合作学习的前提；以召开学生主题班会和构建班级愿景和小组愿景为手段，激发学生的学习愿望；建立小组合作学习公约；以小组为单位进行学习过程和学习成绩的评价；明确学科代表和学科长的职责。

四、完善评价体系

一个健全的评价体系包括合作小组内评价、学科代表评价、任课教师综合评价。综合以上三个层次的评价，任课教师确定每月的学科明星和学科明星小组，给予相应的奖励。班主任可以将此纳入学生的成长记录，并作为班级、学校评优选先的依据。

五、制定督察机制

第一，考查教师的课堂教学是否符合要求。每周每科一次随机录像评课，检查是否进行“三段教学”，检查是否严格按照“三段教学”的流程组织教学；采用课堂教学观察方案进行评价；进行学生满意度问卷调查、学生代表座谈；培训专职巡视人员进行检查。

第二，每周检查《学与导》使用情况一至两次。将学科长督察（每天一次）、教师定期普查（做好记载与评价）、备课组、教研组或教务处抽查相结合。

第三，开放课堂，相互观摩、评价。可以是相同学科的教师间相互观摩，也可跨学科观摩，要求观摩者本着新课改理念去观摩，以“三段教学”理论为指导去评价，并认真做好观摩和评价记录。

开放式课堂

第四部分

“三段教学”的实践与案例

过去教师教课本内容，以课本为中心，学生也局限于课本之中，师生都成为课本的奴隶。现在，课程由“专制”走向民主、由封闭走向开放、由专家走向教师、由学科走向学生的时候，课程就不只是“文本课程”，而更是“体验课程”。

本章选择棠湖中学教师撰写的“三段教学”论文与案例，总结“三段教学”的实践成果，呈现“三段教学”的理念及其方法。

“三段教学”模式下试卷讲评课策略探讨

棠湖中学历史组 黄昌鑫

一、课前三段

1. 统计分析

教师批阅试卷后，对试卷进行详细的统计分析。试卷统计包括考试结果的统计（最高分、最低分、平均分及各题的得分率）、错误率的统计（学生出错率）、错误类型的统计（学生出错的类型）等。进行试卷统计可以准确了解学生的整体情况，为试卷的分析和讲评提供依据。试卷分析的内容包括：试题的难易程度、命题意图、考查角度及设问方式的分析；试题覆盖的知识点、考查的能力层次、解题思路及答题技巧的分析；学生在解题中出现的普遍性和典型性错误、错误的症结所在及防止错误的措施的分析。进行试卷分析可以有针对性地确定讲评的目标和重点，提高讲评效益。

2. 独立纠错

教师将试卷和参考答案发给学生，让学生及时了解自己的考试情况，明确自己取得的进步和存在的问题。同时，留给学生一定的时间，让学生回忆解题时的思维过程，对照答案独立地订正错题并找出错答的原因。学生答错的原因可能是因为一时的疏忽做错，或是知识不够牢固出错，通过再次审题、翻阅教材、查阅笔记等方式，学生能够纠正自己的解题思路与方法，使那些简单错题得到解决。只要给学生时间，这类问题学生在课前就能够自行解决。独立纠错有利于发挥学生的主体作用，培养学生独立思考、分析和解决问题的能力，养成良好的学习习惯。

3. 生成问题

学生独立纠错后仍不能自主解决的问题，由学生在试卷上做上记号，记录下自己的疑惑，然后填写问题生成单，生成自己的问题在课中合作学习时交流讨论。通过学生独立纠错后提出的真正有困难的问题，是课中小组交流讨论的重点。教师生成的问题包括对试卷批阅、统计分析收集到的信息进行整理，根据学生答题的情况梳理出学生共同存在的、有代表性的问题；教师对试卷上每一道试题仔细推敲，预测学生可能出现的问题等。通过对学情的了解而设置的问题，是课中师生互动解疑、合作探究的重点，可以使试卷讲评有的放矢，针对性更强，效果更好。

二、课中三段

1. 合作学习

学生独立纠错后还没有解决的问题，或自己生成的问题，在学习小组内交流讨论、合作探究。学生个人提出自己的问题，组内同学展开合作学习，或共同探讨解题策略，或相互交流解题技巧，或收集整理答题思路，最终解决问题。在这个过程中教师巡回辅导，及时参与、调控各组的讨论。小组合作学习让学生有足够的时间和空间发现自己知识上的缺漏和学法上的不足，学生之间可以相互取长补短。同时，教师来回巡视、近距离的参与也有利于了解学情。合作学习将小智慧融入大智慧，学生之间智慧共享，进一步促进了学生认识、理解的深化，有利于培养学生的发散思维。

2. 互动解疑

学生小组合作学习中有争议的问题或没有解决的问题，以及教师课前生成的学生存在的共性问题，是课中互动解疑、教师点拨的重点。教师点拨要抓住问题的实质，剖析试题的命题意图、试题的考查角度和设问方式、学生错误的症结所在以及解题的方法和技巧等，帮助学生排疑解难。对于某些典型题目，可以由回答比较出色的同学在全班进行思维示范；某些典型错例，可以请出现这种错误的同学回忆当时的思维过程及出现错误的原因，以利于其他同学纠正自己思维上的偏差。通过这种结合学情而进行的互动解疑，帮助学生追溯误区，弥补学生思维方面的缺陷，活化学生的学习过程，优化学生的解题方法，提高学生分析问题、解决问题的能力。

3. 归纳拓展

教师引导学生将试卷中相同知识进行归类、不同知识进行对比，理解不同题型的命题思路，明确知识的适用范围及注意事项，总结解题的一般模式、答题的一般规律和技巧以及答题的规范性要求，帮助学生跳出题海，达到“举一反三”、触类旁通的效果。同时有意识地引导学生拓展延伸，由“点”到“面”，把试题涉及的知识进行发散，迁移到其他相关知识上去，构建知识间的广泛联系，拓展知识的广度与深度，促使学生在新情境下引发新思考，形成融会贯通的知识网络，帮助学生全面、系统地理解知识间的内在联系，将知识真正内化成自己的知识，形成完善的认识结构。归纳拓展抓住了学生知识的生长点和能力的发展处，让学生把新情境中的问题与已有的旧知识建立有效的联系，引导学生的思维向纵深发展，使学生的各种能力得到有效的训练和提高。

三、课后三段

1. 摘录错题

学生将试卷中答错的题全部订正后，把自己在考试中出现典型错误的试题收集在《错题本》中，梳理错题考查的知识点、所属的知识结构及能力层次，反思自己原有的解题过程，明确自己解题中的盲点，做好错答原因的分析说明，并得出正确的解题思路及答案，进而提炼相应的解题规律与方法。学生归类整理试卷中的错题，经常查阅、反思，养成良好的学习习惯，将会收到很好的效果。

2. 矫正训练

教师根据学生试卷中暴露出的问题和学生学习过程中的反馈情况，投放一组精心设计、针对性强的补偿训练题，强化学生对存在问题的进一步矫正和巩固。补偿训练题的选择要对学生的错题进行变式处理，或改变题目条件，或改变考查角度，或改变设问方式，将易错、易混的问题在变式题中反复训练。通过矫正练习，让学生将反思所得的新思路、新方法、新技巧运用于解题实践，以增强学生的适应能力和迁移运用能力，达到矫正、巩固、深化的目的。矫正训练要有布置、有检查、有评定，以确保训练的质量。

3. 测评迁移

进行矫正训练后，还不能保证所有学生不再犯同样的错误。因此，过一段时间后，将原来考试中学生出现的问题再设计成考题，也就是涉及典型错因的题目，在测试中再次考查这类知识，检查学生一段时间后是否又会犯错，帮助他们彻底纠正错误的思维。学生需要在考试测评中发现自己在知识和能力上的疏漏之处，及时地查漏补缺，在知识的多次迁移运用中不断内化巩固、完善提高。

参考文献：

［1］查有梁. 教育建模［M］. 南宁：广西教育出版社，1998.

［2］韩立福. 当代国际教育教学模式导读［M］. 北京：首都师范大学出版社，2006.

［3］韩立福. 有效上课［M］. 长春：东北师范大学出版社，2009.

新型小组合作学习评价机制与策略

棠湖中学语文组　江蓉

新课程理念强调自主、合作、探究的学习方式和启发式的教学方式，转变过去灌输式教学为体验式、参与式、自主式教学，凸显学生学习的主体性、自主性，构建焕发学生生命活力的课堂教学，提高课堂教学的有效性。为探索高效课堂，我校经过多方考察以及反复实践与验证，创造出“三段教学”模式——创境设问、互动解疑、归纳拓展。“三段教学”采用小组合作学习模式，旨在促进不同程度学生在小组内自主、合作、探究学习，共同实现学习目标。实践表明，传统的教学评价机制与策略不完全适合小组合作学习模式，经过一段时间的探索，笔者略有心得，提出来与同仁探讨。

一、实施“五级”评价机制，全面落实学习责任

以6人或8人为一组，建立同伴评价机制，设小组长和学科长。每一个成员担任一个学科的学科长。如下表：

A（小组长）	B	C	D	E	F
语文	数学	外语	物理	化学	生物

对每位成员的学习有同伴评价、学科长评价、小组长评价，还有班级学科代表评价，再加上学科教师评价，实现“五级”学习评价，监督和保障每位学生的学习效果。如下表：

同伴评价	学科长评价	小组长评价	科代表评价	教师评价

教师可以将上表刻成章，印在学生的课本上、作业本上和练习册上，甚至试卷上，监督学生每个学习环节的落实情况。以A同学的语文试卷改

错为例，他的学习同伴、小组内语文学科长、小组长、班级语文科代表和语文老师这五个评价主体就需要检查A同学试卷评析后的笔记以及总结。这种做法，有利于明确小组成员彼此之间的学习责任、角色与职责，能够落实小组合作学习成员的学习责任。与传统单一的教师评价相比，五级评价机制能实现一种学习责任“牵制”的效果。

二、签订小组合作学习“公约”，培养合作交往意识和小组合作学习技能

“公约”是学生和教师所遵循的法则和要求，是经全体学生共同商议后形成的，主要对学生如何积极参与、生生之间如何互动、师生之间如何交往等方面做出基本规范和要求，并要求如何参与、互动、交往能够有效提高学习效能。

例（1）：

合作学习公约

结构自学奠基础，互学互导同进步。
同伴互助齐参与，训练评价争优先。
研究讨论共学习，合作学习出成果。
人人发言机会等，掌握学法求效益。

小组合作技能公约

学科话语要养成，表达精练扣中心。
学会倾听不插嘴，注视对方负责任。
支持对方露微笑，点头称赞多鼓励。
帮助他人双进步，话语幽默多激励。
求助同学要真诚，得到指导要谢谢。
帮助同伴有热情，诲人不倦解疑难。
反思自己要全面，诚实认错学榜样。
提出建议多动脑，积极创新献策略。
自控守约听安排，融入团队显特色。
合作沟通求大同，交往合作利发展。

三、引进“契约”学习评价机制，照顾后进的学生，缩小学生学习差距

每个学生都是独立的、具有鲜明个性的完整的个体，在心理、生理、习惯、能力等方面都存在很大差异。在每个班级中，都存在一定数量的学习成绩较差的学生，对于这部分学生，我们要精心呵护并格外关注，要采用个性化指导方案，与他们建立朋友式关系，在适当时机与他们签订学习“契约”，让他们在有限时间内补上所缺知识内容，让他们树立信心，跟上全班“队伍”，逐步缩小全班同学的学习差距。这是我与我班一位同学签订的一份契约：

例（2）：

我和江老师的约定

1. 与小组同步，按时保质保量完成每一科、每一课的学习任务。

2. 积极参与小组讨论，积极发言，不打瞌睡，不开小差，不影响同学学习。

3. 虚心向同伴学习，在半期考试前，语文成绩赶上小组同伴，不拖小组后腿。

教师签名：××× 学生签名：×××

日期：×年×月×日

四、小组为单位的评价机制，发扬合作学习精神

将这6个或8个同学一起进行评价，有利于维护后进生尊严，增强团队内部的合作精神，促使每位成员为团队荣誉而努力。

例（3）：

××班语文半期考试小组各题以及全卷平均分统计表

	基础	翻译、诗歌鉴赏、名句背诵	现代文阅读	语言运用	作文	总分
A组						
B组						

续表

	基础	翻译、诗歌鉴赏、名句背诵	现代文阅读	语言运用	作文	总分
C组						
D组						
E组						
F组						

每次考试后，学生特别在意小组成绩的名次，这极大地增加了学生的团队荣誉感和合作意识。

小组评价不仅应包括对小组合作结果的评价，更应包括对小组合作过程的评价。将学习过程评价和学习成绩定期评价相结合，课堂学习的随机评价与课后作业评价相结合，更能及时反映学情的变化。

例（4）：

×班第____周语文学习情况统计表（部分）

组名	组员	星期一	星期二	星期三	星期四	星期五	合计
A	a						
	b						
	c						
	d						
	e						
	f						
B	a						
	b						
	c						
	d						
	e						
	f						

注：这张表由教师制作并记录，可以记录学生个体的课前预习、课堂表现、课后作业完成情况，也可以记录小组合作讨论、问题展示等。一周一次小结，一月一次评比，并将评比结果汇总到班主任处。

同时，为保证组间竞争的公平性，合作过程评价既可由教师评价，也可以由学生小组讨论后产生。

例（5）：

奋斗组第__周各科学习情况评价表

	星期一	星期二	星期三	星期四	星期五	合计
A						
B						
C						
D						
E						
F						

注：这张表格是奋斗组（学生自己取的组名）自己设计的表格，表格体现了每一天每个小组成员的学习情况。每天的最后一节自习课，小组的各位学科长将当天小组各成员的学习情况汇总到小组长这里，小组长负责记录。比如，A同学在星期一的语文课上，代表小组展示答案获得全班好评，则获得一个红星；而在地理课上讲话影响到他人时，则获得一个黑星。这些情况都会由学科长记录好汇总到小组长处。一周结束后，小组长汇总该小组的红星和黑星，并在做一周总结时按照小组先前拟好的公约实施奖惩。满一个月后，小组之间互相评价合作学习情况，并将结果汇总到班主任处。

班主任将小组自评、小组互评、教师评价结合在一起，每月进行一次总结，在班会课上通报、评比、分析，评选出优秀小组和优秀个人，按照班级公约进行奖励和惩罚。同时，学科教师和班主任对后进的小组和个人则要给予特别的指导和帮助。这样，评价就会更加客观、公正、合理，更能激励小组振奋精神，争取更大的进步和成就。

总之，要研究多样化评价机制和策略，激活学生学习内动力，满足不同程度学生的发展需要。在小组合作学习过程中，逐步引导学生加深对合作学习的理解，培养学生的合作意识与合作技能，提高小组合作的有效性，建立高效的课堂。

参考文献：

［1］韩立福. 新课程有效课堂教学行动策略［M］. 北京：首都师范大学出版社，2006.

［2］熊伟. 棠湖中学建立高效课堂策略［D］. 校长培训结业论文，

2009.

［3］（美）加里·D. 鲍里奇. 有效教学方法（第四版）［M］.南京：江苏教育科学出版社，2002.

构建学习共同体的有效策略

棠湖中学数学组　李长川

在大班制的传统课堂上，教师集“编剧、导演、主角演员”于一身，学生成为观众与信息的被动接受者。在这种课堂上，学生的主体作用难以得到真正的体现，新课程理念不易得到全面的实施。为了促进全体学生的共同发展，我校探索出了一条符合现代教育教学理念与高中生身心特征的课堂教学新模式——以小组为单位，进行合作性学习——“三段教学模式”。这种教学模式与传统的以班级为单位的教学方式比较，能带来教与学方式的根本变革，有效地促进学生自主学习能力的形成，提高学习者的交流技能与合作学习能力，促进非智力因素的发展，有利于学生形成自由平等的民主意识与慷慨勇敢等优秀品质。不过，在教学实践中我们发现，各班虽然进行了分组学习，但还未能完全发挥学习小组的作用，原因在于学习小组并没有发展成为真正意义上的“学习共同体”。

一、学习共同体

社会建构主义流派的代表人物维果茨基认为：知识不仅是在个体与物理环境的相互作用中建构的，而且社会性的相互作用同样重要。也就是说，个体对知识的构建过程既需要经历个体经验化的过程，同时还需要经历经验社会化（即形成认识的一致性）的过程。因此，人类中的每一个个体学习特别是在学校中的学习都是在人与人的合作与交流中进行的，也就是在学习共同体中进行的。

学习共同体可以是学习小组、班级或者学校，甚至两个人也可构成一个学习共同体，学习共同体是由学习者（学生）和助学者（教师或同学）共同组成的，以完成共同的学习任务为载体，以促进成员全面成长为目的，强调在学习过程中以相互作用式的学习观作指导，通过人际沟通、交流和分享各种学习资源而相互影响、相互促进的基层学习集体。

学习共同体应具有下面几个特性：有共同的学习愿景；彼此能进行平等自由的交流；有明确的权力与义务；彼此慷慨互助；在合作中有相对稳定的分工（如学习者与助学者）等。

二、构建学习共同体的有效策略

“三段教学”模式下的“学习共同体”是指在合作交流中提高学习能力及个体素质，以实现共同进步的协作式学习小组。其发展过程经历不同阶段的成长，即外驱型（初级）学习共同体与内驱型学习共同体，后者又分为技术型（中级）学习共同体与策略型（高级）学习共同体两级。

外驱型学习共同体的特点表现为：团体内成员明确自己的角色，在外力（助学者）的推动下，学习共同体能完成各个学习环节的任务。

技术型学习共同体的特点是：各成员已经认同了共同体的发展目标，已经产生了对共同体的归属性情感，团体内成员都能关注其他成员的进步并为之提供慷慨的帮助，各成员会主动对影响共同体发展的行为进行鼓励或否定性评价。团队能积极主动且流畅地完成助学者指定的学习任务。

策略型学习共同体的特点是：共同体能主动规划学习任务，执行学习过程，评价学习结果，能主动对与预设目标存在偏差的成员采取补救措施。

构建学习共同体可以采取以下策略。

1. 搭建小组合作学习平台，建立外驱型学习共同体

三段式课堂教学中，学生学习主要经历独立学习、组内交流、组间交流、教师评价四个阶段。首先，学生带着目标独立预习教师安排的学习单元或主题明确的专题，并记录未能解决的问题，学生在结构化预习中未能解决的部分问题，需要通过组内同学的相互合作交流来解决。因此，学习小组成员的搭配是否合理、分工是否明确，将直接影响学习小组的运作质量，这也是学习小组成为初级学习共同体的关键。

（1）分组。分组时，应考虑组内成员的学习动机、单科优势的互补情况、学生的性格与相互人际关系等因素，分成的每一个学习小组尽量满足下列要求：

①4~8人为一个学习小组，人数太少不利于形成交流氛围，太多人围坐在一起，会因相距太远而交流困难。

②组内成员的兴趣爱好、单科思维或成绩优势、性格、性别应具有互

补性。为了保障交流的生长性，组内成员间的总成绩相差不能太大。否则，弱势个体会对强势个体产生强烈的依赖性，而强势个体会占有太多的问题权、思维权与话语权。

③自律行为与学习习惯差的学生应分散在各组，学习成绩最好的学生也应相对分散在一些组内，这有利于组内同学的共同发展和管理。

（2）分工。为了保障课堂教学中每一个渠道的信息的双向交流，须对组内成员分工，每一个成员至少应担任一项管理工作，这样才能加强成员的责任感与参与性。

①由最负责的一名同学任小组长，管理本组纪律、卫生，总结本组每周的纪律、行为及合作学习情况。

②每个成员担任自己最优势学科的学科小组长，只要人数足够，原则上不兼任，以免他们陷入太多事务之中。学科小组长责任包括：负责收集本组成员在结构化预习中发现的问题，并整合为《小组问题生成单》后交给学科长（科代表）；依据老师布置的任务组织本组成员合作解决《问题生成单》中的问题，收集没有解决的问题及有代表性的思想方法，并指定发言人；督促成员在互动解疑及归结拓展环节中积极参与、主动思考并做好笔记；收发本组作业并组织成员间相互评改。

围坐型的学习小组，彼此间距较近且相互面对，有利于彼此间语言与情感的交流；学习小组内成员的分工，更使学习小组成了初级的学习共同体——组织化的共同体。在初级学习共同体中，成员彼此之间能够进行有序的沟通、交流，分享各种学习资源，共同完成教师布置的学习任务。在这种共同体采取“教师搭台师生唱”，能使课堂教学效益最大化。

2. 提高学生团队学习技能，建设技术型学习共同体

如果各成员认识到一种学习方式有助于合作成员的共同成长，他们就会进行互助式学习。这些学习方式经过反复运用后，逐渐成为团队学习技能。

（1）小组完成学习任务的操作流程的技能。学习小组在不同课型上有不同的合作流程：在“问题生成课”上，先个体独立学习并纪录发现的问题，然后由学科小组长收集整理并组织小组成员合作解决问题，最后再由学科小组长将未解决的问题整理为“小组问题生成单”；在“问题解决课”上，先由学科长收集“小组问题生成单”并整理（或由教师整理）为“班集问题生成单”（这个环节可前置于问题生成课中），然后分组解决

“班集问题生成单”上的问题并安排小组展示的学生，最后展示的代表组织全班同学交流（或进行师生间交流）；在“回归复习课”上，先个体独立复习（阅读笔记或作业）并发现问题或写出新的总结，然后在组内交流并形成组内结果（问题单或成果单），最后组间交流。

（2）学习小组生成问题的技能。如果学生有与组内成员、组间、师生间经常交流“知识问题化”的经验，他们生成问题的质量就会逐渐提高。刚开始时，学生只能与文本对话，生成诸如“是什么”类的问题。他们不会与作者对话，不能生成“为什么”类的问题。要解决这个问题，一方面，可以进行专题培训与经验交流；另一方面，也是更重要的做法，在课堂上，应将其纳入各种课型中去—作为课堂教学中的一个必要环节—经常训练。

（3）小组成员合作交流解决问题的技能。交流技能包括交流的愿望、交流方式、交流角色定位、成果总结方式等。在同样的学习情境与任务中，当学习者需要助学者的帮助，而且助学者在帮助学习者也有收获时，彼此之间交流的愿望才会产生。因此，教师要帮助学科成绩优秀与学习方式科学的学生认识到帮助其他成员对自己全面发展的重要作用，促使他们乐于助人。交流方式可以是两人交流、多人交流等。只要有共同的问题或任务，就可以组成临时的合作交流小组。

（4）小组“三、七、十五回归复习”技能。复习与复习方式是不少同学忽略的环节，把这个学习环节纳入学习小组管理，有利于落实并提升每个成员的复习技能。第三天复习薄弱环节，第七天整体复习一遍，第十五天（两周后）整合性复习并在笔记本上旁批（温故知新）。前两次复习由小组长检查，第三次复习结果小组内交流，小组长记录交流结果并在全班展示。

（5）小组管理与激励成员学习效率和效果的技能。学习小组应持之以恒批改作业，展示作业本与试卷，传阅笔记本，记录本组优胜的学习方法，通过赏析性评价使个别成员的学习技能发展为学习小组的团体技能。

只要助学者安排了学习任务，技术型学习小组能在不同的学习环节与不同的课型中主动和熟练地使用上面的各项学习技术，通过质疑、讨论、互助来认识与解决问题，并通过赞扬或否定强化效果，实现共同进步。在这种技术型的学习共同体中能有效地运用“教师搭台学生唱”的教学方式，从而实现学与教的方式的根本变革。

3. 提升团队探索性自学能力，构建策略型学习共同体

在技术型学习小组的基础上，进一步培养成员的自主探索学习能力，总结与训练自学策略，使学习小组发展为策略型学习共同体。如果学习小组具备了自学的能力，他们就能自己安排学习任务，规划学习程序与学习进度，制订学习方案，预设学习目标，执行学习活动，检验学习效果，实施补救措施等。在这种学习共同体中，教师完全退居幕后，让“学生搭台学生唱”，教师只需进行适当的宏观调控及少量的介入性指导与评价，从传授者的角色中解脱出来，成为学习者中的一员，与他们一起共同探索、共同成长。

（1）主动确定学习策略层面的（控制）技能。在学习学科小组长的带领下，学习小组会主动确定学习任务，收集相关资料，确定学习目标和学习重点，拟定学习计划，实施计划并控制进程。

（2）主动确定学习内容层面的学习（执行）技能。在学科长的统筹下，学习小组根据学习计划，个体独立学习并发现问题，小组生成问题，组内组间合作解决问题，进行有序的学习。

（3）主动评价学习效果与目标达成度的（反思）技能。在学科长与各组学科小组长的带领下，设计定时练习题与测验试题，并对暴露出的问题及时补救，做到人人过关。

在建设策略型共同体之初，可经师生共同备课后由学生上课——师生搭台学生唱。当学生掌握了备课的流程后，就应让学生独立备课，师生交流，逐步达到有效备课。最后，当学生能独立备出高质量“教学案”时，学生自己教自己就成为现实了。

4. 形成团队学习制度与文化氛围，保障学习共同体可持续发展

通过对小组发展的指导与规范，使各学习小组建立自己的小组公约与制度，形成学习文化氛围，使学习小组持续发展。

（1）培训。培训方式包括班集体培训、小组长培训、学科小组长培训、各小组优生培训、个体培训等，通过培训促进学生理解“三段教学”模式，让负责人明确自己的职责和工作方式，提升个体交流的信心与技能。

成员间的相互帮助与信赖是学习小组成为学习共同体的基础，在进行“三段教学”的前两周，应当完成对他们的指导和培养。

（2）制度管理。建立小组成员学习、卫生、作息、纪律的量化管

理，以小组为单位建立考核与激励机制，形成《学习小组管理制度》、《小组长与学科小组长职责》、《学习共同体量化评价》，并以此为依据，每周张榜公布各组学习与卫生纪律等情况，每月一次表彰。对学习小组实行“双元管理”，每个组员受到双重管理。小组长总负责本组学习纪律及卫生，统计并公示每个成员每周的量化考核结果，班长及团支部书记管理小组长，督察小组长的执行情况并向班主任汇报；学科小组长负责成员在各个学习环节的学习方法与学习质量的管理，具体内容在上面“分工板块”已说明，学科小组长由学科长（科代表）管理，学习委员督察学科长的执行情况。

学习共同体量化项目包括：合作学习、展示交流、作业评改、两本（总结本及纠错本）检查、卫生纪律、每周总结等，具体的评价措施就不详述了。

（3）文化管理。在各种活动中小组成员的思想、性格及行为，会逐渐发展成为小组的性格与行为模式，从而沉淀为小组文化。要挖掘优秀学生的行为方式，使之在全组产生辐射效应。主要包括通过班会活动激发个体提高自己交流能力与自学能力的内动力，进行交流技能训练。引导学习共同体发展自己的行为模式并使之成为小组习惯与性格，树立小组发展目标与发展计划。

总之，在学习共同体的建设中，只要有共同的发展愿景，坚持以榜样引领发展，以制度规范行为，以激励评价强化养成习惯，持之以恒地做好学生的思想与量化评价工作，一定可以将学习小组建设成为优秀的学习共同体，为成员的全面与和谐发展提供良好的条件，为实施新课程理念下的教学方式提供平台。

参考文献：

韩立福. 有效上课［M］. 长春：东北师范大学出版社，2009.

“三段教学”中的“学困生”评价策略

棠湖中学数学组 文革

一、从传统教学评价视角看“学困生”

对学生的传统评价主要是以甄别和鉴定为主的，又是以学生的学习成绩为评价准则的。而这些准则主要是对学生的语言和数理逻辑能力进行考察，考察方法也自然落在了以标准化纸笔测验为主的形式上。而这种评价方法对学生的情感态度、学习探究能力、问题解决能力以及价值观等无能为力。在这种评价标准下，学生被分为几大类：“优等生”、“中等生”和“学困生”。凡学业成绩不良、学习困难的学生，都被归入“学困生”这一类中。“学困生”的存在源于两个方面：一是学生的内在原因。学生没有养成良好的学习习惯，导致学生的学习过程、学习定力不到位。二是传授式教育方式。一些教师习惯于单一的传授式教学方式，抹杀了学生的积极性和创造性，使学生无法形成系统的自主学习方式。学生的学法得不到完善，学习成绩自然就得不到提高。所以，传授式教学制约了优生的跳跃性的思维、顿悟、创新、想象等优秀品质，而“学困生”因为跟不上教师的进度，也逐渐失去了学习的兴趣。因此，教师只有通过改变传统的评价观念，让“学困生”转化，才能促进学生全面发展。

二、从多元智能理论视角看“学困生”

多元智能理论最早是由美国教育心理学家霍华德·加德纳教授在研究了不同对象人脑与智能的基础上提出的，他认为每个正常的人都或多或少具有言语语言、数理逻辑、视觉空间、肢体动觉、音乐韵律、人际沟通、自我认识、自然观察等八种智能。加德纳认为，因为每个人的智能都有独特的表现方式，每一种智能又都有多种表现形式，所以，我们很难找到一个适用于任何人的统一的评价标准，来评价一个人的聪明和成功与否。因为我们不能说上述八种智能哪一种重要、哪一种不重要。它们在个体智能结构中都占有重要的位置，处于同等重要的地位，只不过表现的程度和方面不一样而已。

多元智能理论所倡导的学生观是一种积极的学生观。每个人都或多或少具有八种智能，只是其组合和发挥程度不同。每个学生都有自己的优势智能领域，有自己的学习类型和方法，学校里不存在“学困生”，全体学生都是具有自己的智能特点、学习类型和发展方向的可造人才。学生的问题不再是聪明与否的问题，而是在哪些方面聪明和怎样聪明的问题。我们应该树立这样一种信念：每个学生都具有在某一方面的发展潜力，只要为他们提供了合适的教育，每个学生都能成才。

由于传统教育评价观的影响，“学困生”容易出现自卑情绪。这种自卑情绪起因于成绩差。作为教师，一方面应使他们认识到一个人的智能有多种，每一种智能在生活中都是必需的；另一方面，还应使“学困生”认识到，人的潜能是无限的，人的智能是可以通过培训得到提高的，从而使他们对自我有一个新的认识和评估，重树信心。

三、“三段教学”模式中的“学困生”评价策略

在“三段教学”模式中，教师应该加强情境化评价。教师不必刻意进行单独的评价活动，“学困生”也不用把考试、测验看做可怕的负担。教师应从多视角、多维度观察、分析和评价“学困生”，使评价真正成为促进每一个学生充分、主动、和谐发展的有效手段。

1. 设置低目标，及时进行评价

在“三段教学”的师生合作与交流中，教师要让“学困生”选择能够达到的低目标、小任务，降低标高，采用适合他们发展及满足特殊需要的多元方法、多元方式，在不同的实际生活和学习情景下，从多元的角度进行及时评价。要抓住任何一次可能的机会，让“差生”体验成功，其中课堂上的口头评价是最快捷、最直接、最有影响力的，我们一定要充分利用它的优势。

2. 勤于肯定，实行赏识性评价

由于“差生”对于知识理解不够深刻，知识记忆不够牢固，学习过程中出现错误在所难免，当学生出错或表达错误时，教师要用博大的情怀给予赏识性评价。教师要在对话中帮助“学困生”克服自卑和厌学心理，给予个别指导、心理暗示以及适当的精神激励。实行赏识评价时，应注意以

下几点：第一，要端正评价的态度。“差生”的转化是一个过程，要克服心理定势，使评价具有动态性。第二，评价要恰当。赏识并不等于廉价的表扬，适当的否定评价能够使“学困生”认识到差距。第三，根据不同学生的特点，寻找“闪光点”，以此为切入点转化“学困生”。要掌握学生发展的关键资料，如成长记录等，发现学生各方面的潜能，使“学困生”也得到应有的发展。教师要根据多元智力理论，发现“学困生”的优势，肯定“学困生”在某个智能方面的优秀表现，为他们提供展示优势智能的各种舞台。很可能就会发现以前曾被贴上“学困生”标签的学生，在其他方面有着较好的潜能。

3. 抓住教育契机，加强情感交流

在“三段教学”中，教师要保持平常的心态，善待每位学生，注重情感交流，抓住教育契机，以自己智慧性的微笑面对每一个学生。所谓教育契机，是指教育学生的最佳时机，此时教育学生最容易为学生接受，教育效果最佳。在问题发现、小组合作讨论、学生展示中，要热情地关心和帮助“学困生”，加强情感交流，让微笑走进“学困生”的心田，让“学困生”感受以前从未体会到的亲切。对一些曾经受过冷遇、心灵受到过创伤的“学困生”，他们会因感受到安慰和鼓励而再次振作。

4. 注重过程与方法的评价

传统教学评价过于重结果、重成绩、重甄别与淘汰。这样，“差生”为成绩低而感到焦虑、自卑和自责，学习的自信心也会受到严重打击，甚至会“谈考色变”。在“三段教学”中，要注重对学生学习过程与方法的评价，让学生积极发现问题，加强对问题解决的课堂训练，提高他们的学习能力。让他们认识到考试也是一种在特定时间内有效分析问题、解决问题的学习过程。这种训练是以自主学习、兴趣激发为前提的训练，也是真实情境下的评价。通过这种训练，让学生喜欢考试，喜欢挑战自我。

5. 以小组为单位评价，维护“学困生”尊严

“三段教学”要求小组合作学习，对每位小组成员的学习有同伴评价、学科长评价、小组长评价、学科代表评价、学科教师评价的“五级”学习评价，来监督和保障每位学生的学习效果。以小组为单位进行评价，可以维护“学困生”的尊严，发扬他们合作学习的精神。小组评价不仅应包括对小组合作结果的评价，更应包括对小组合作过程的评价。对于小组内的“学困生”，教师要精心呵护和格外关注，要采用个性化指导方案，

与他们建立朋友式关系，在适当时机与他们签订学习“契约”，让他们在有限时间内补上所缺知识内容，让他们树立信心。

总之，在“三段教学”中，教师应该对“学困生”进行积极的评价，使评价真正成为促进每一个学生充分发展的有效手段。

参考文献：

［1］林宪生. 多元智能理论在教学中的运用［M］. 北京：开明出版社，2003.

［2］张晓峰. 多元智能视野中的教育评价［J］. 中小学管理，2002（2）.

［3］韩峰，吴俊明. 多元智能理论在化学教学中的应用［J］. 化学教学，2005（6）.

［4］韩立福. 当代国际教育理论基础导读［M］. 北京：首都师范大学出版社，2006.

“三段教学”中如何指导学生建立错题集

棠湖中学数学组　刘永兰　周怀友

笛卡尔说：“没有正确的方法，即使有眼睛的博学者也会像瞎子一样盲目摸索。”我国古人也说：“工欲善其事，必先利其器。”对于学生而言，适宜的学习方法就是“利器”，它可以帮助我们更顺利、更有效地完成学习任务。魏书生认为，我国高中生面对应考和升学压力，往往要通过大量做题来加强对知识的理解、提升解题能力。中学生因受年龄特征、学习基础、生活习惯等条件的影响，常犯一些典型错误。“人不该在一个位置上跌两次跤”，意思是应及时吸取失败的教训，及时分析失误的原因，及时改正，不在一个问题上犯两次错误。而事实上，“人常常在一个位置上跌两次或更多次跤”。因此，在我校“三段教学”实施过程中，熊校长在谈到“引导学生行为转变的细节”时曾强调：要让错误不再成为错误——利用错误，并规定每个学生必有一个错题集。

那么，我校学生对错题集的收集整理情况怎样呢？我们自制了《棠湖中学“三段教学”中关于错题集的使用情况调查问卷》，对我校高一、高二、高三各年级不同层次学生的错题管理行为进行了抽样调查。此次调查，共发出问卷800份，回收760余份，结果显示如下：

在对错题的认识方面，81.4%的学生认为“错题反映知识上的缺陷，可有效提高学习效果”，38.25%的学生认为“想不通会难受”，认为没有必要整理的只占3.3%；87.89%的学生认为有必要建立错题集，现阶段的错题不搞懂，对以后的学习会有很大影响，74.21%的学生有专门的错题集。

在被问及“你是否有时间整理错题集”时，只有12.28%的学生选择“当天挤时间及时处理错题”，68.07%的学生选择“隔一段时间整理一次”，还有22.28%的学生认为“我没有时间整理历次考试的错题”。

在“对错题的处理方法”一项，47.72%的学生只在试卷上订正，然后装订试卷；9%的学生试卷乱放，已不知所踪；28.06%的学生把错题一股脑儿地抄在错题集上；37.02%的学生把错题进行适当分类，用多种色笔进行批注；16.49%的学生有时用剪切、粘贴等方式收集错题。

由此可见我校学生普遍认识到了错题对于学习的影响，从情感上不回避错题。但是，他们对错题的价值认识不足，尤其缺乏良好的错题管理的意识与系统的错题管理策略。另外学优生在错题管理观念与态度上显著优于普通生。

下面，结合我校“三段教学”，浅谈一下如何指导学生建立错题集。

一、建立错题集的必要性

学习，是一个不断纠错的过程。在平时的练习和每次的单元检测时，学生每一次所出现的错误可以说是因人而异，各不相同。一个班有多少人，卷面上的错误就可能有多少种情况。教师在讲析试卷时，不可能完全照顾到每一位同学试卷上的错题情况，这就使建立错题集有了必要性。

近几年的高考状元在做经验总结的时候都会说到学习诀窍之一就是：“强力纠错，不在同一个地方摔倒两次”。比如，2009年四川省文科状元叶思雨学好数学的绝招就是“错题本”，自己错过的数学题抄在本子上，有时间便会拿出来翻翻，熟悉一下。她说：“有一次做错的一道题，很久之后翻看错题本时才发觉曾经抄过这道错题，错题本的作用就是保证以后再遇到类似题就不会犯错。”

首先，错题集是梳理知识、复习知识、巩固知识的重要参考，是对自身错误的系统汇总。很多同学会说，这些错误就让它放在卷子上不也一样吗？复习时看卷子就是了。这样做看似节省时间，但其实是事倍功半的，一方面，拿着一大沓试卷翻看错误，注意力容易分散，复习效果会大打折扣；另一方面，这其实是一个关于统计的问题，现实生活中统计的作用是相当重要的。由于每一部分知识的掌握程度不一样，所犯的错误肯定不同，这一点在错题集上也会有所反映，记载下来的错误越多，说明对这一部分的掌握还存在很大的不足，也需要投入更多的精力。通过错题集，学会及时调整学习计划，加大相应知识的复习力度，使成绩有所提高。

其次，很多学习态度比较浮躁的同学满足于知道自己这道题错了，但是，认识往往不是很深。有时，即使让他马上重新做一遍原来的题目，可能还是拿不到满分，其关键是步骤和过程。这时，建立错题本，将错题抄录下来，并重新分步解出就显得很有检验效果了，而且有很大的巩固作用。

有些学生做过的题目再做还是错，为什么？要改变人的思想惯性是有难度的。像汽车刹车一样，如果刹车的效果不太好，我们只有一个办法，就是不断地踩刹车，直到汽车停止。错题集就像是一个刹车，它可以一次又一次地告诉它的主人以前犯的错，让它的主人自己判读“车”是否已经刹住了。

二、错题集内容与形式

1. 内容

作为错题集的笔记本要有一定的厚度，方便长期使用，最好采用活页装订，便于将“错题集”按自己的风格进行装订，并在一段时间后进行分类调整。具体做法参考如下：

（1）记录原始资料。记录原始题目并用红笔标出自己做错的过程。这一阶段，可采用抄题、复印剪切等形式，从而节省宝贵的时间。同时，第一遍整理不要写得密密麻麻的，建议只写一面，从而为后续的整理带来方便。一段时间后，可把原来错题集的典型题、本阶段错误率较高的试题剪下来贴在新的错题集上进行再整理，省下更多的时间进行新一轮的复习。

（2）记录正确的解题过程、方法。正确的过程和方法是目标，只有错误没有正确，就会让人越看越糊涂。

（3）用简明语言归纳出错误类型与原因。

2. 错题集的类型

错题集有三种常见的类型：一是订正型，即将所有做错的题目都抄下来，并做出订正；二是汇总型，将所有做错题按课本的章节顺序进行分类整理；三是纠错型，即将所有做错的题目按错误的原因进行分类整理。格式如下：

×年×月×日 ××考试／×章×节	考查范围及错因分析
本次考试总体情况分析： 总分 目标分 自改后分数 目标达成（或未达成）原因： 下一步措施：	
题目1……黑笔	离子浓度大小比较
错误解答：蓝笔	解题思路不清晰，……
正确解答：红笔	

或者

小专题 离子浓度大小比较	题型特点与解题思路
题目1……黑笔	解此类题注意……
正确解答：红笔	

错题集还可以采取其他的形式，如记下哪本参考书、哪一份试卷中的哪一题是值得注意的。或分类记下自己曾做错的、有多种解法的、题目比较新颖的题。这样，复习时以此为索引，从而提高复习效率。也可以说，这类纠错侧重于思维的纠错。

三、如何建立错题集

1. 及时改错，不让错误陪我过夜

一位高考状元说，对于错题，我是一个绝对的急性子，如果知道有什么错误，我不会把它放到第二天再去解决。在及时改错的时候，我注意做到：一是不绕过，二是不拖拉。不绕过，就是正视自己的错误，不讳疾忌医，不为自己的错误找借口；不拖拉，意思是遇到错题，当场解决，因为经过一段时间的间隔，很可能造成遗忘，让你想不起自己当初怎样犯的错，因此及时改错很有必要。最好养成每天在做当日作业前，先把昨天的错题解决后再开始新的作业的习惯。

2. 错题的分析、总结与反思

（1）针对错题先进行自我反思，分析出错的原因。一道试题答错了，原因是错综复杂的。调查显示，各种错题可以归为三类：第一类是题目非常简单，而做题的那一刻表现得特别愚蠢，这是粗心大意。第二类是拿到题目，两眼茫然，一点思路都没有，这是学艺不精，或者题目本身较难。第三类就是题目难度适中，其实完全有能力做对，但却做错了。其出错原因是多方面的，可能是知识记忆不牢；可能是读题、审题不仔细，忽略了关键字、句，误解了题意；也可能是由于表达不准确、计算失误；还可能是考试过程中的心理焦虑等不良习惯造成的，导致不少学生应得分与实得分之间存在较大差距。明确失误原因，是建立错题集最为关键的步骤环节。

（2）听讲评。要随着老师的讲解，用红色笔在原题下面空白处记下自己没有做出来或做错的原因分析，要注意对错题的分析讲解，分析该题的背景材料、解题的切入点、思路突破方法、思维逻辑顺序、解题的技巧、规范步骤及小结等。

（3）按正确思路，一步一步地把原题做一遍，以加深印象并逐步提高解题能力。写出自己解题时的思维过程，找出自己思维障碍产生的原因。如果此题有多种解题思路，可以在旁边用另一色笔把几种解法的简要思路写上。

3. 定期归类、整理

每学月结束时，将所有的错题分类整理，在错题本上完善几个功能，就像模块一样，让“错”变得非常清晰。比如，标注出审题错误、记忆错误、概念错误、思路错误等错误原因，概念模糊类、粗心大意类、顾此失彼类、图型类、技巧类等，并将各题注明属于某一章某一节，标注出“错误知识点”，标注出“同类错误”第几页第几题等等，并写清预防类似错误出现的方法。这样分类的优点在于既能按错因查找，又能按各章节易错知识点查找，给今后的复习带来方便，另外也简化了“错题集”，整理时同一类型问题可只记录典型的问题，不一定每个错题都记。高三阶段也可以按照考纲和典型模拟题涉及的知识点为依据，分类整理。这样既可以帮助我们熟悉高考知识点，也可以帮助我们总结出该知识点出题的方式、命题的角度、命题的变化，从而加深对该知识点的理解，把握命题的思路，掌握解题的技巧，提高解题的能力。

这个过程是学生再学习、再认识、再总结、再提高的过程，是一个自身逐渐学习和修正的过程，会让自己对这一类错题的认识逐步加深，从而对知识的理解掌握更加牢固，采取有效措施防止错误，克服缺点，走向成功。

4. 注意选题

学科的特殊性决定其内容的纷繁复杂。如错题集容量太大，则费时费力；反之，容量太小，就起不到应有的作用。所以要根据本人的具体学习情况而定，不同的学生，选题有所不同，甚至差别很大。一般是从自己做错的习题中选择，但也有一些不一定是自己做错的习题。总之，选题量不一定要多，选题要尽量具有代表性，类型尽量不要重复。

对不同学生也要区别对待。比如后进学生每次考试丢分多，“错题集”量太大，他想都改，结果顾此失彼，每况愈下。这时可引导他们每次只将有可能改正的错题编入“错题集”。如某同学的化学，100分只得了50分，丢掉50分。如果他把错的50分都编入“错题集”，下次也不可能都改正，还加重了他的烦躁心理。我引导他只挑自己觉得不服气的，觉得下次能改的15分编入“错题集”，这样，他能超过及格线，再认真些，就能达到70分。他就越学越有信心，形式上“错题集”编少了，实质上他多学了知识。

5. 错题改编

这一工作的难度较大，解题经验丰富的同学可能做起来比较顺利。因为每道试题都是老师编出来的，既然老师能编，作为学生也可以尝试去编，这是弥补知识漏洞的最佳方法。初始阶段，同学们只需对题目条件做一点改动。

另外，可以考虑运用出题法，针对自己的常犯错误，给自己出几道题目，考察自己对概念掌握、条件运用和知识结合的理解程度。

四、如何利用错题集

调查表明，尽管许多学生开始建立了错题集，但47.72%的学生把错题抄在错题集上就再也不管了，52.63%的学生整理后偶尔回头复习，11.58%的学生考试前一定会拿出错题集进行专门复习。孔子说：“温故而知新，可以为师也!”做好了错题集，仅是迈向成功的第一步，还需要学生在以后的学习过程中不断完善，有了新的体会、新的发现应及时补充。

1. 经常阅读

错题集不是把做错的习题记下来就完了。同学们要经常地拿出错题集浏览一下，最好养成每周或每两周回顾一次的习惯，对还不会做的错题不妨再做一遍，这样就使每一道题都发挥出最大效果。尤其在复习的过程中，利用错题集，不仅能有的放矢，巩固自己薄弱的地方，更重要的是培养学生反思自己、主动学习的意识。天长日久，自然会感到进步明显，收获颇丰。这样学生能养成不断反思自己学习的习惯，不仅对学习有益，对将来的人生态度也有深远的影响。

2. 相互交流

由于基础不同，每位同学所建立的错题集也不同。学生之间互相借阅“错题集”，可以从别人的错误中吸取教训，得到启发，以此警示自己不犯同样的错误，提高练习的准确性。同时，我还让同学们评出班级中的“错题集”之星，供大家学习。

五、教师的有效监控

1. 明确目的，热心鼓励

我明确告诉学生，建立错题集，目的是培养良好的学习习惯，减少错题。在整理错题集时，不能为完成差事而搞花架子，整理时不要在乎时间的多少，对于相关错误知识点的整理与总结，虽然工作繁杂，但其作用绝不仅仅是明白了一道错题是怎样求解这么简单，更重要的是通过整理“错题集”，将学会如何学习、如何研究学习，掌握哪些知识点在将来的学习中会犯错误，表面上看是增加了麻烦，以后就可以减少麻烦，还可以促使自己认真学习、认真作业、不做错题。明确目的，知道好处后，学生的自觉性就有了提高。一段时间以后，学生能够利用错题集归类、简化、举一反三，并把老师不知道的错题都抄上，订正好，分析好。

2. 坚持要求，培养习惯

建立错题集之初，可能看不到立竿见影的效果，也可能出现很多不尽如人意之处，比如不加筛选，不加分类，一股脑儿地全抄下来，或者只有题和答案，没有分析，或者出现半途而废的情况。这需要家长和学生统一认识，需要教师有足够的耐心，同时给学生以必要的指导和鼓励，帮助学生树立正确的态度。每天每个学生的作业、测验等，每错必登，多错多登，少错少登，无错不登。刚开始这样无疑给有错题的学生增加了负担，尤其是学习习惯差、成绩差的学生错题多，困难本来就多，怕做作业，偏偏错题多，对他们来说思想上有抵触，时间上难安排。但是只要坚持下来，善待错误，你很快将会欣喜地发现，错误会变得越来越少，你也很快会从烦琐的错题整理过程中感受到快乐和信心。例如，在高考中看到一道类似的题，你可能会联想到曾经犯过的错误，及时搜寻到正确的答题方向，形成正确的答题思路。

3. 指导方法，训练思维

根据不同错题的特点，应采用不同的方法。错题大致可以分为三类：一是尚未理解、掌握的。这类习题往往具有一定难度，需要学生弄清题意，找到解题关键、理清解题思路、原则、方法等。然后在习题旁注明简要解题过程或关键步骤。但更为重要的是从解题过程中得出的解题规律，也应收录在集，以达到举一反三的效果。二是特别易错题。做这类题的关键是如何抓住关键、要点进行分析、归纳、总结。更为重要的是，要从学生心理上来分析产生错误的原因，如急躁心理、恐惧心理、失落心理、标尺心理等，在以后的学习中如何避免这些不正常的心理状态，逐步培养良好的心理素质。三是难记题。这类题型往往需要学生及时总结并不断补充。教师首先教会学生如何从外界获得信息、整理信息，其次要指导学生把看似乱如麻的知识整理成一定的知识体系，有效地发展能力。

4. 教师示范，引领督促

学生的时间比较有限，再要求他们分类整理可能勉为其难。如果老师能把错题进行分类整理，自己也建立一本错题集，同时指导学生按相同的分类方法进行错题积累，并在适当的时候对学生进行专题的错题训练，效果会很好。

现在高一、高二的学生实行双休，可将整理错题集列入双休作业，命名为“一周错题集”。如同周记，每周必查。还可将学生中的优秀错题集推荐出来进行展评，鼓励学生积极向上，开展比、学、赶、帮的学习活动，使学习风气大为改观。

六、错题集的作用

对两个班中的学生作抽样调查，得出下列数据。

	做错题集	不做错题集
人数	30	25
效果（高一第一学期末）	A5，B11，C11，D3	A3，B6，C11，D5
效果（高一第二学期末）	A7，B15，C7，D1	A3，B5，C10，D7

续表

	做错题集	不做错题集
效果（高二第一学期中）	A7，B17，C6，D0	A1，B5，C13，D6
效果（高二第一学期末）	A10，B15，C3，D2	A2，B5，C10，D8

（注：A、B、C、D指的是成绩的等级，A为优秀，B为良好，C为中等，D为及格）

分析：从表格中可以看出，做错题集的同学的成绩有明显的上升，特别是从C提升至A或B级的，D级人数变化不大；不做错题集的同学的成绩则有较明显的下降，特别是D级人数变多。

结论：结合学生实际和调查结果显示错题集可以使那些比较聪明但平时学习不是很用功的学生从中等为优秀，使那些平时学习认真但基础中等的学生从中等变到良好甚至优秀，但是对于基础较差的学生来说，效果并不太好，总体来说效果还是非常明显的。

一段时间下来，学生已自觉养成了记错题的习惯，还能针对自己错得比较多的地方进行自我诊断，制定改进的措施。有的同学说道："我这次测验中计算题失分太多，说明我不够仔细，我一定要吸取教训，认真地打好草稿。"有的同学这样反思："我发现概念部分是我比较薄弱的地方，以后要在这方面多练习。"还有的同学总结为自己的审题习惯不好。

建立了错题集，就像建立了一个杀毒软件的"病毒库"，对各种"陷阱"了如指掌，广泛杀毒，威力无穷。学习是一点一滴的积累和汇总，有了错题集，我们就有了一个有力的武器。"错题本"是提高学习效率的办法，是减轻学习负担的作业。通过"错题本"的使用，学生可以提高解题能力，可以更准确地把握知识点及概念点，可以有效地改善粗心的现象，可以迅速地提高学习成绩。

结束语

古希腊学者说过："人脑不是一个可以灌注知识的容器，而是一个可以点燃的火把。"在新课程标准的学习与实施过程中，让我们每一个老师都能在教学实践中点燃这根火把。

错误是一种财富。聪明的人总是在失败之后总结经验教训"吃一堑，长一智"的。作为老师，既要教好书，更要育好人。因此我还告诫学生：

别放弃错误，它和成功一样重要，是我们人生宝贵的经验。让人惋惜的是许多人不善于利用错误，而白白浪费了错误资源。我们每次做错事或犯了错误，都要认真反思一番，把它牢记起来。漫漫人生路，谁都会遇到一些自己做错的事。如果我们能记住所犯的错，在心里建立人生的“错题集”作为特殊的人生参照，时刻告诫自己，使自己终身受益。

中学政治在“三段教学”中的拓展延伸方法

棠湖中学政治组　黄文娅

一、拓展延伸的重要性

古人在谈到行文时说：“起句如爆竹，骤响易彻；结句如撞钟，清音有余。”行文如此，教学亦如此，不仅要有引人入胜的导入，也要有余音绕梁式的结尾。对于中学教育，拓展延伸是实现知识与能力、过程与方法、情感态度价值观“三维目标”的关键环节。理论的拓展，有助于知识的系统梳理与辨析；向现实的延展，有助于运用理论解决现实问题能力的提升；向艺术的延伸，有助于人文素养和道德品质的提高。

对于政治教学，科学有效的拓展延伸尤为必要。传统的政治教学枯燥无味，套话连篇，常给人以脱离实际、高处不胜寒的感觉。这正是拓展延伸不足、理论与现实脱节严重造成的。我在教学实践中，按照课前“学生主动发现问题”、课中“师生互动解决问题”、课后“反思升华拓展问题”的思路，以问题为主线，引导学生围绕问题开展自主创造性学习，特别是在拓展延伸环节，总结出多种延伸方法，并根据学生具体情况加以应用，较好地实现了政治与其他学科的互动融合、理论水平与实践能力的共同提升、知识与情感价值观的和谐共生。

二、拓展延伸的几种方法

1. 情境表演法

捷克教育家夸美纽斯曾说“一切知识都是从感官开始的”，“在可能的范围内，一切事物应尽量地放在感官的眼前，一切看得见的东西尽量地放在视官的跟前……假如有一个东西能够同时在几个感官上面留下印象，它便应当用几个感官去接触”。通过情境再现，可以使抽象的理论具体化、形象化，进而实现知识的内化。在高中政治教学中，完成课前“学生主动发现问题”、课中“师生互动解决问题”这两个阶段后，我会引导学生通过情景剧表演、影视片段赏析等形象化的方式再现相关内容，让学生在对知识的重现中深化理解。比如，在《价值规律的内容与表现形式》一课中，在拓展延伸环节，我引导学生表演“夏天卖棉袄、冬天卖雪糕”的情景喜剧，在轻松娱乐的氛围中，学生深刻体会到“市场活动必须遵循价值规律”的道理。

2. 跨学科延伸法

复合型教育是社会发展的必然方向，也是培育有用人才的必然要求。对于政治学科而言，不仅因为考试中经常有综合运用古文、数学等学科知识的考题，需要我们拓展延伸；更重要的是，政治学本身与历史、地理、文学、宗教等有着千丝万缕的联系，要深入理解相关内容，必须适度引入其他学科知识。比如，在学习国家关系有关内容时，在拓展应用环节，我结合正在上演的巴以冲突，引导学生联想世界古代史上犹太民族的迁徙和两河文明的发展，联系地理上约旦河的战略位置，分析犹太教和伊斯兰教的教旨。通过多方面的了解和综合分析，学生深刻领会到国家关系的复杂性和维护国家利益的重要性。

3. 分组辩论法

教师不是复印机或留声机，而是引导学生独立思考和自主学习的导师，从这个层面上讲，有效的提问是课堂上必不可少且行之有效的组织形式。因此，在拓展应用环节，我会有意抛出似是而非的论断，引导学生进行辨析，以强化学生对知识的深入理解。例如：在讲解人生价值观有关内容时，我故意抛出“学校培育人才为先”的论断引导学生辩论，正方引出了牛顿、爱因斯坦、钱学森等一大批科学家的事例来证明才能就是生产力，反方则引用希特勒、雷锋等人的事例来说明品行的优劣更重要。最终，双方深刻体会到：有才无德，可能是祸害；有德无才，往往是庸人；只有德才兼备，方能实现人生价值的大提升。

4. 现实剖析法

政治理论源于现实又高于现实，但最终必须回归于现实。因此，在拓展应用环节，引导学生联系现实，并运用理论解决现实问题，是政治教学的必然方向。比如，在《矛盾在事物发展中的作用》一课中，学生掌握了内外因的知识点之后，我结合刚刚发生的世界金融危机，引导学生分析“为什么许多亿万富翁接二连三自杀”？许多学生回答道“是因为金融危机令其倾家荡产”。我马上又抛出一个事例，“为什么索罗斯管理的资产管理基金却在金融危机中增长了40%”？通过事例的对比分析，学生更深刻地理解到：事物的发展是内因和外因共同作用的结果。最后，我又引导学生运用内外因的理论为学校的发展建言献策，并提出几条切实可行的建议投进校长信箱，引起了有关方面的重视和好评，学生对政治的学习兴趣和信心也大大增强。

5. 社会调研法

最佳的拓展延伸不单单是指课堂上知识的延伸，更重要的是为学生课后自主学习打开一扇门。因此，授课结束后，我会在必要的情况下留下调研课题，引导学生运用政治理论去调研社会中相关现象，切实提高学生的综合能力。比如，在传授了市场经济有关理论后，我让学生分成两个小组，分别调研双流县国有企业、民营企业的发展情况。通过调研，学生把课堂延伸到了校外，把学习延伸到了课外。

6. 情感升华法

著名学者朱小蔓教授说：“离开情感层面，不能铸造人的精神世界。”前苏联教育学家赞可夫说“如果照着教学法的指示办事，做得冷冰冰的、干巴巴的，缺乏激昂的热情，那是未必会有什么效果的”，这是因为“未经人的积极情感强化和加温的知识，将使人变得冷漠”。对于政治教学而言，成功的拓展应用往往能调动学生情感，并让学生在潜移默化中受到价值观、人生观、世界观教育。比如，在了解了人生价值相关知识后，我又引导学生思考我们自己的价值，“万物皆有价，人亦如此，究竟价值几何？关键在于他对社会的贡献。有的人死了，如草芥枯萎一般无声无息；有的人死了，却是民族的巨大损失”，说到这里，我播放了周恩来去世后十里长街送总理、任长霞去世后上万群众自发追悼的电影片段，令无数学生热泪盈眶。

三、拓展延伸应注意的几个问题

1. 拓展延伸应符合学生特点

拓展延伸方式方法和具体内容的选择，要注意学生的实际状况和年龄特征。现在的中学生绝大部分是独生子女，生活条件比较优越，他们接触面广，知识面宽，在选择材料和方式时要根据学生的生理、心理发展的实际状况，选取的材料既要有吸引力和新鲜感，又要有思想性和教育性，还必须注意教学对象的认知水平，以及他们在心理和接受能力上的适应性。

2. 拓展延伸应尊重学生个性

当代学生思想活跃，求知欲强，勇于发表自己的见解，并具有较强的自尊心，这就要求教师在情境创设中要充分尊重学生个性，建立起一种平等、信任、理解和互相尊重的师生关系，创造民主和谐的课堂教学环境。在这样的环境中，学生消除了胆怯和依赖心理，就能无拘无束地表达自己的思想、认识和情感，提出不同见解，勇敢地进行思考、追求，最大限度地发挥创新能力。

3. 拓展延伸应符合教学目标

拓展延伸的内容应紧扣教学内容，富有针对性，能有效地促进教学目标的顺利实现。如果拓展延伸的内容没有反映教学内容和教学问题的实质，学生就会“丈二和尚摸不着头脑”，不知道要思考什么问题，也不知道该从何处入手解决问题，教学效果自然也将大打折扣。

4. 拓展延伸应紧扣现实

现实是知识的源泉，也是知识最终的落脚之处。学生在掌握理论知识后，要真正使之内化为解决问题的能力，就必须延伸至现实领域。如果始终就理论谈理论，学生将无法走出书本，无法实现理论与实践的结合。

“纸上得来终觉浅，绝知此事要躬行。”无论采取何种方法，都应坚持学生主体原则，以理论联系实际为重点，以促进学生自主学习和思考为基础，以提高学生能力和道德修养为目的，努力把枯燥、空洞的中学政治教育转变为学生成长、成才的乐园。

参考文献：

［1］夸美纽斯. 大教学论［M］. 北京：人民教育出版社，1984.

［2］陶行知. 陶行知全集［M］. 长沙：湖南教育出版社，1985.

［3］叶澜. 让课堂教育焕发生命活力［J］. 教育研究，1979（9）.

［4］李国华. 创设情景教学应注意“八个统一”［J］. 中学政治教学参考，2008（9）.

《五四爱国运动》教学设计

棠湖中学历史组 刘宜俊

一、教学分析

1. 教学内容分析

《五四爱国运动》是人教版《中国近代现代史》（上）第五章第二节内容，上承《新文化运动》之民主科学，下启《中国共产党诞生》之奋斗探索，是中国新旧民主主义的分界点，也是“中华民族的觉醒”的重点篇章。教师如果能在备课时巧妙引入多媒体技术对教材内容恰当处理，在学习过程中又能对学生思维进行有效的引导和开启，就能够很好地进行爱国主义情感教育，帮助学生形成科学的人生观和价值观。

2. 教学对象分析

本课的授课对象是G2012级的学生，是典型的“90后”。他们生长在经济全球化的时代，备受父母的呵护和宠爱；有强烈的好奇心，接受新生事物能力强；但缺少理想和信仰，功利欲望强烈，过分注重自我和追求个性。经过以前的学习和“预习生成”，他们了解了事件的基本概况，初步掌握了分析问题的方法和能力，但普遍对五四运动的“爱国性”表现淡漠，不能正确地把握“五四精神”，甚至有人生成了这样的问题：“怎样学五四？难道大家都去示威游行？”因此在这堂问题解决课程中，我注重解决他们思想上的“问题”，引导他们正确地认识和科学地宏扬“五四精神”。

3. 教学环境分析

为了更好地达到教学效果，我选择了多媒体教室环境，制作了PPT课件，引入3D创设了一个“五四运动数字展览馆”的教学情境。

二、教学目标

1. 知识与能力

通过本课的“参观”和学习，使学生了解五四爱国运动爆发的国际、国内背景，知道“五四运动的爆发是历史的必然”；掌握五四运动的导火线、时间、地点、口号、领导者、主力、结果；感知和了解“五四精神”。

2. 过程与方法

（1）通过担当“导游（主持人）”，培养学生筛选和甄别历史知识的能力，通过写“导游词”并进行解说，培养学生小组合作、共同探究的意识和语言表达能力。

（2）通过“参观”、“游览”、“写口号，呼标语”、“做书记员”这些活动，培养学生抓住关键信息正确地比较和分析问题的能力。

（3）通过观看图片、观摩影片、分析表格，培养学生学会从史料中获取有效信息，提高运用所学知识解决问题的能力。

3. 情感态度和价值观

通过这次“参观”学习，使学生认识到：90年前，面对着国家和民族所遭受的巨大屈辱，爱国学生和热血青年奋起反抗，掀起了五四运动，促进了中华民族的伟大觉醒，宏扬了“爱国、民主、科学、进步”的“五四精神”。

三、教学重点、难点

1. 教学重点

五四运动的背景（五四运动的爆发是历史的必然）；“五四精神”的正确含义。

2. 教学难点

在今天如何正确认识和弘扬“五四精神”。

四、教学过程

1. 教学流程

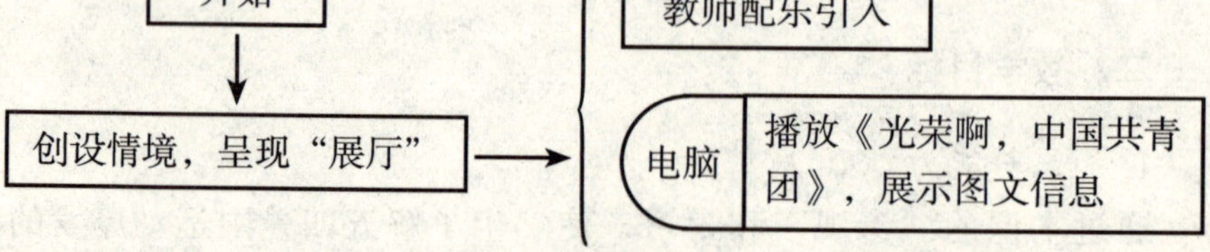

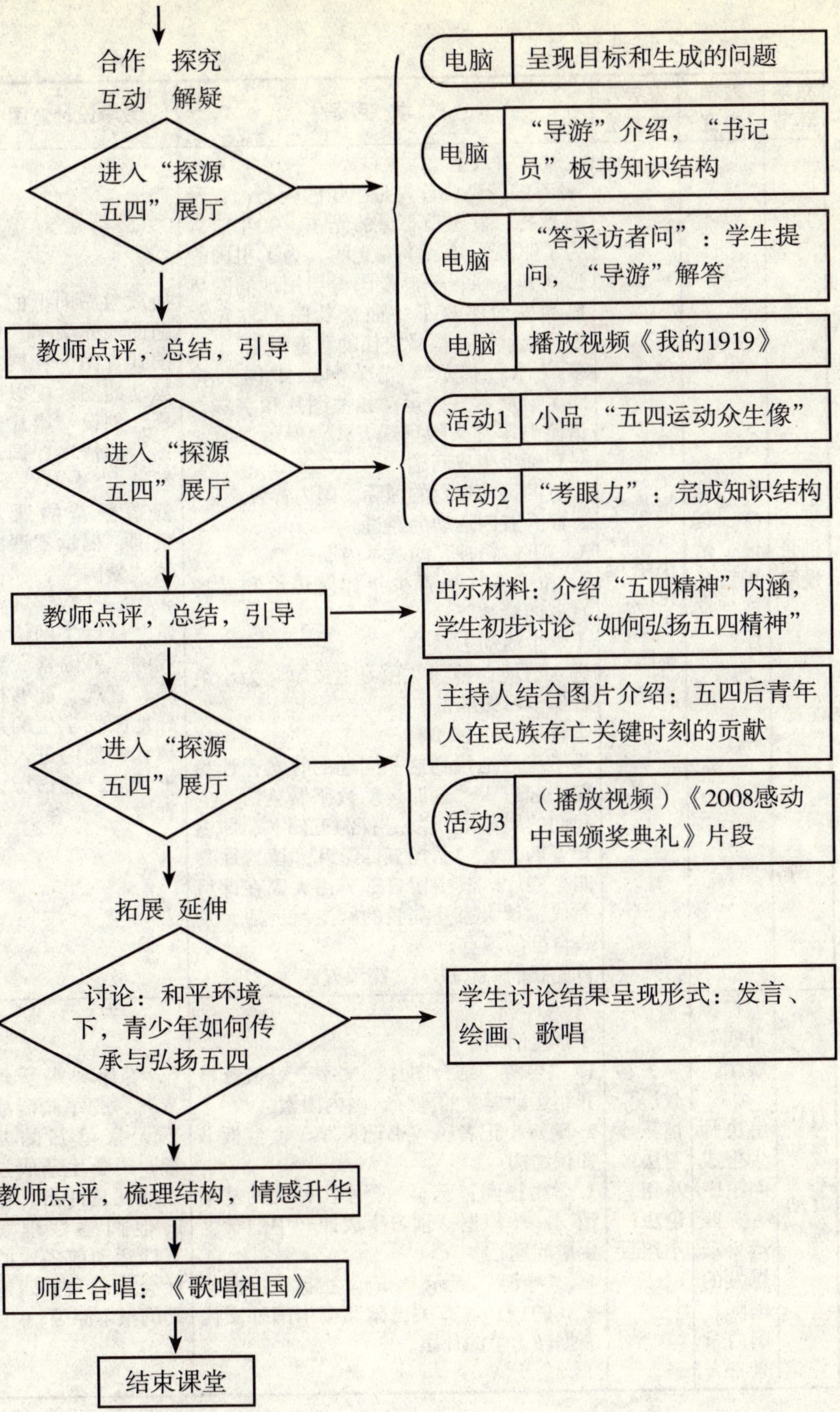
合作 探究
互动 解疑
进入“探源五四”展厅
电脑
呈现目标和生成的问题
电脑
“导游”介绍，“书记员”板书知识结构
电脑
“答采访者问”：学生提问，“导游”解答
电脑
播放视频《我的1919》
教师点评，总结，引导
进入“探源五四”展厅
活动1
小品“五四运动众生像”
活动2
“考眼力”：完成知识结构
教师点评，总结，引导
出示材料：介绍“五四精神”内涵，学生初步讨论“如何弘扬五四精神”
进入“探源五四”展厅
主持人结合图片介绍：五四后青年人在民族存亡关键时刻的贡献
活动3
（播放视频）《2008感动中国颁奖典礼》片段
拓展 延伸
讨论：和平环境下，青少年如何传承与弘扬五四
学生讨论结果呈现形式：发言、绘画、歌唱
教师点评，梳理结构，情感升华
师生合唱：《歌唱祖国》
结束课堂

2. 教学过程设计

教学环节	教学内容	教学方式方法	教学手段	教学设计意图
创景设问	引入课堂，创设情景，呈现“展厅”。	“三段教学”；情景学习法；小组讨论法；小组展示法。	【教师引入】 青春的闪亮，首先是思想的闪亮；青春的光芒，首先是心灵的光芒。90年前，为了驱逐黑暗、争取光明，为了祖国的独立和富强，一群爱国青年用他们的热血和生命谱写了一曲最壮丽的青春之歌，绘就了一幅最宏伟的青春图画。 多媒体：播放《光荣啊，中国共青团》，展示五四运动相关图片和字幕，借鉴电影片头的呈现方式；展示课题，呈现师生生成问题： 1. 五四运动爆发的国际、国内背景。 2. 简介五四运动的经过。 3. “五四精神”的基本内涵。 4. 和平年代，青少年如何传承和弘扬“五四精神”？ 【学生活动】 进入情境，整理“预习生成单”为小组合作学习做准备。 【教师引导】 为了更好地找到这些问题的答案，让我们一起进入“五四运动数字展览馆”。我们的展览馆分为“探源五四”、“感知五四”、“弘扬五四”和“留言厅”四个展厅。其中留言部分由大家在课后完成，请大家登陆我的网上留言簿，发表自己的观点。 首先我们一起进入“探源五四”。	播放激昂向上的主题曲《光荣啊，中国共青团》；展示运动的图片配以字幕，创设“影片开始”的情境，调动学生“士气”，营造振奋的课堂氛围，揭示本课主题“爱国”、“奋斗”。“数字展览馆”借鉴了网络游戏的一些因素，新颖、直观，能够很好地激发学生的兴趣，使他们进入历史情境，感悟历史真谛。
合作探究 互动解疑	“探源五四”展厅。 解决师生生成问题1：五四运动爆发的国际、国内背景。	“三段教学”；情景学习法；小组讨论法；小组展示法。	【学生活动】 1. “导游”结合图片、文字、表格资料介绍运动爆发的国际、国内因素。 2. 随行小记者（“书记员”）上台板书知识结构。 3. 学生提问：巴黎和会中国外交的基本情况。（根据“预习生成课”中的学生生成问题1） 4. “导游”展示“镇馆之宝”：视频《我的1919》有关巴黎和会中国外交代表据理力争的片段。	1. 图片“蝎子政策”、“军阀混战下无家可归的儿童”给学生造成强烈的视觉冲击，帮助他们感性理解五四运动前尖锐的社会矛盾和五四运动的根本原因。

教学环节	教学内容	教学方式方法	教学手段	教学设计意图
			【教师活动】 （总结导游、书记员的表现，评价影片）引入第二展厅“感知五四”。	2. 引入视频《我的1919》（顾维钧在巴黎和会上据理力争，捍卫民族尊严，却被列强无情拒绝）片段，让学生深刻感知“弱国无外交”、“落后就要挨打”的民族命运，逐渐培养他们把个人的命运和民族尊严紧密联系的意识，课堂氛围达第一个高潮。
合作探究 互动解疑	“感知五四”展厅。 解决师生生成问题2：简介五四运动的经过。	“三段教学”；情景学习法；小组讨论法；小组展示法。	【学生活动】 1. “主持人”开场白。 2. 学生表演小品“五四运动众生像”。 3. “主持人”展示“运动经过简表”，学生根据教材完成表格内容。 【教师活动】 总结学生表演、梳理结构。 【教师引入】 五四运动是一场彻底的反帝反封建的革命运动，对以后的历史影响深远。今天我们仍然以各种方式纪念这个伟大的日子和它带给我们的“五四精神”。那么究竟什么是“五四精神”呢?	1. 运动的经过在高中阶段不做重点掌握，只需要把握关键信息。 2. 小品交代了运动的基本概况。 3. 多媒体表格概括了运动的基本信息。学生参照教材完成表格，掌握基础知识。
	解决师生生成问题3:“五四精神”的基本内涵。	“三段教学”；教师引导法。	【教师活动】 多媒体展示问题：五四精神的内涵；展示三段相关材料。 【学生活动】 思考，讨论，回答，笔记。 【教师活动】 今天我们该怎样传承和弘扬“五四精神”呢? 【学生活动】 讨论：和平时期如何传承和弘扬“五四精神”? 教师引导进入“弘扬五四”展厅。	这是第一次讨论“和平时期如何传承和弘扬‘五四’”，由于学生缺乏相关材料和背景知识，他们的结论比较空泛，有的甚至将《中学生守则》拿出来念。教师和“导游”需要用多媒体呈现各种材料对他们的思维与认识进行有效的梳理和升华。

续表

教学环节	教学内容	教学方式方法	教学手段	教学设计意图
拓展延伸 情感升华	“弘扬五四”展厅。 解决师生生成问题4：在和平年代，青少年如何传承和弘扬“五四精神”？	“三段教学”；情景学习法；小组讨论法；小组展示法。	【学生活动】 1. 主持人开场白。 2. 学生配乐诗朗诵《年青的中国》。 3. 主持人充满情感地介绍五四后，青年人在民族关键时刻（中国共产党诞生、抗日战争和解放战争期间，新中国成立后、第一次恢复高考）的努力和贡献。 4. 播放视频《2008感动中国》片段，展示社会主义现代化建设新时期中国人（年轻人）的奋斗和努力。（视频简介：中国人在2008年克服了灾难和贫苦，坚守着忠贞和大义，用坚韧、勇敢、智慧向中国和世界交出了满意的答卷，感动了并将一直感动着中国和世界）	1. 学生声情并茂的朗诵，配上《感动中国》动人的旋律和韩红低沉的嗓音，营造了一种欲罢不能的课堂氛围，使学生深刻地体会了先辈的爱国精神。学生和前人在思想上形成共鸣，课堂氛围进入第二个高潮。 2. 主持人选择初升的红日作为这一展厅的背景图片，烘托一种积极向上的氛围。 3. 这段视频深深地触动了学生的心灵，唤起了他们太多的感慨和回忆。同学们有的落下了真诚的眼泪，有的发自内心地喊出：“中国加油！”课堂氛围进入第三个高潮。
			【教师引导】 一代代的中国人和中国青年战胜了灾难和强权，坚守着忠贞和大义，用坚韧、勇敢、智慧改写了国家和民族的命运，感动了中国，也感动了世界。 现在请同学们思考一下：作为新时代的年轻人，我们该如何传承和弘扬“五四精神”？ 【学生活动】 根据弘扬五四展厅的见闻，展开深入的讨论，并以各种形式汇报讨论结果。	在这里，教师利用信息技术对学生的思维进行了有效的引导和梳理。学生在“弘扬五四”展厅中的所见所闻所感，使他们对五四精神有了具体和深刻的感知，接下来他们的第二次讨论和发言也上升到了一个崭新的高度。

教学环节	教学内容	教学方式方法	教 学 手 段	教学设计意图
结束课程	梳理知识结构，情感升华。	师生共同学习法。	【教师活动】 总结同学们的发言，梳理知识结构。引导：最后我想用一首歌来表达我此刻的心情。 【师生活动】 共唱《歌唱祖国》，结束课程。	师生共唱《歌唱祖国》结束课堂，再一次呼应本课主题“爱国”，课堂氛围达到最高潮。

《认识论知识回归复习》教学设计

棠湖中学政治组　张雪梅

一、教学分析

1. 教学内容分析

“认识论”是马克思主义哲学辩证唯物主义部分一个非常重要的板块，这一板块知识分布在《哲学常识》下册第五课和第八课，所以，在完成第八课内容的学习之后，学生应该对整个“认识论”部分的知识有一个梳理和总结，构建完整的板块知识体系，以便更好地利用该部分知识分析和解决问题。

2. 教学对象分析

本班学生是高二文科实验班的学生，综合素质好，善于思考、善于交流，表达展示能力很强。通过高二上期一学期《哲学常识》的学习，学生已经具备一定的哲学思维和哲学知识的学习方法，学生可以在自主复习中生成新的问题，进一步加深对知识的理解运用，同时构建板块知识体系。课堂教学完全可以是“师生搭台学生唱”，课堂教学形式上可以是“学生支持型课堂”。

3. 教学环境分析

本课的学习容量虽然很大，学生的交流讨论展示多，但是由于通过前一节课的结构化预习，基本问题已经解决，知识体系已经建立，只需在展示交流中落实重点问题和对知识体系进行完善，因而在教学中主要运用前后两块黑板和展台展示小组学习的成果，可以方便小组间、师生间、生生间进行评价和学生有效地做好笔记。

二、教学目标

1. 知识与技能

（1）仔细阅读《透过现象看本质》、《自觉投身社会实践》两课内容，总结出认识论的基本概念、重要观点、主要原理。

（2）能够运用认识论的知识说明在中国特色社会主义的发展过程中，我们既要坚持“中国特色社会主义理论”的指导，又要在实践中不断发展和完善“中国特色社会主义理论”。

2. 过程与方法

（1）小组交流、讨论对生成问题的看法和理解。

（2）展示小组整理的认识论知识体系。

（3）进行课堂练习，运用认识论的有关知识说明我们在中国社会的发展过程中要充分、正确地发挥主观能动性；要处理好实践与认识的辩证关系。

3. 情感态度与价值观

（1）要想在认识和改造世界的活动中有所建树，就必须充分发挥主观能动性。

（2）积极参与社会实践，与人民群众的实践相结合，在实践中锻炼成才；运用科学理论指导自己的实践活动，并在实践中不断发展和完善理论。

三、教学重点、难点

1. 教学重点

（1）为什么人的认识具有反复性、无限性、上升性？

（2）直接经验与间接经验的关系是怎样的？能否说直接经验是感性认识，间接经验是理性认识？

（3）实践是认识的来源，只要人们参与实践就可以获得理性认识。

（4）实践是认识发展的唯一动力吗？

（5）实践是人们改造客观世界的一切活动，人们的实践活动的结果是否都是积极的？

（6）英雄人物是历史的创造者吗？

2. 教学难点

（1）如何认识和理解科学理论的指导作用？

（2）实践是认识发展的唯一动力吗？

（3）实践是人们改造客观世界的一切活动，人们的实践活动的结果是否都是积极的？

四、教学过程

程序要素	时间	创设情境	教师行为	期望的学生行为
学科助理宣布上课开始； 呈现该堂课的学习目标（用展台呈现要解决的问题）	5分钟	各小组把自己讨论的问题的结果写在前后黑板上，准备进行展示和交流。	1. 目标呈现：由学科助理呈现课堂需要解决的问题。（展台展示） 2. 指导学生完成对问题的讨论，并将结论书写在前后黑板上，供小组间合作交流。	1. 明确本节课学习目标，把握学习要点。 2. 学生在小组讨论时能做好充分的准备，展示交流时能做到表述流畅、语言动人，掌握关键点。
小组交流互动解疑	25分钟	学科助理组织小组学生按问题序号将自己小组思考的问题与其他小组进行交流。	针对难点问题： 1. 根据小组学生的回答，提醒、引导其他学生质疑。 难点（1）：“认识”类问题的回答要从“是什么、为什么、怎么办”三个角度思考才能体现思考的完整性。 难点（2）：注意区分“唯一”与“根本”。所谓“根本”，从哲学的角度说就是事物发展的内因，内因是事物发展的“动力”，但事物的发展除内因这个根本动力外，还需要一定的外部条件，任何事物的发展都是内外因共同作用的结果，认识的发展也是如此。 难点（3）：实践活动是一种有目的、有意识、能动性的活动，指导实践活动的认识有错误和正确之分，由此而产生的实践活动的结果也有积极和消极之分。所以我们特别强调要获得对事物的真理性的认识，要重视科学理论对实践的指导作用。 2.老师提出自己的疑问，引导学生对问题的深入思考。 3.指导学生根据同学的展示和交流及老师的点评记好笔记。	1. 在展示和交流中澄清一些错误的观点，深化自己对知识和问题的认识。 2. 完善自己对问题的思考，借助他人思考与自己思考的对比，不断提升和总结思考中的方法，提高自己解决问题的能力。 3. 善于根据问题整理笔记，特别是结合自己思考的笔记。这样的笔记比单纯整理教材的知识体系更有价值。它能更好地体现知识的问题化、问题的能力化。

续表

程序要素	时间	创设情境	教师行为	期望的学生行为
归纳拓展	10分钟	学科助理总结小组对问题的展示交流，在对点上的知识有深刻的认识后，还应对面上的知识有完整的归纳，构建板块知识体系。	教师做必要的方法指导，对学生的答案进行纠正和补充，也可以就学生展示的问题提出新的问题，引导学生的思维走向深入。	1.以主干知识为核心，从不同角度构建知识体系。 2.展示的同学在阐释知识体系的重点知识时向下面的同学提问，达到再一次的知识回归落实。 3.同学做好板块知识归纳整理的笔记。

“问题解决课”中教师的行为策略研究

棠湖中学语文组 朱元根

“三段教学”是我校在新的课程改革过程中创建的一种新的教学模式，它的显著特点就是变学生的被动接受学习为学生的主动探究学习。这种模式把学生的整个学习过程分为“课前——课中——课后”三个阶段。其中“课中”学习阶段又以“问题解决课”为主要形式，它要求我们教师在课堂上首先创设情境、激发学生学习探究问题的兴趣，然后让学生分组讨论，探讨问题的结论，并在学生的合作探究结束后，由每一个小组的学生派代表上台展示其小组探究的成果，同其他小组的同学发生思维和思想的碰撞。这种课型的精髓就是要以学生为本，充分调动学生的主动性、积极性，让学生动脑、动手、动口，从而使学生在不停地体验、实践和感悟中提高综合素质。既然这样的课堂以学生的活动为主体，教师退到了幕后，那么在课堂上我们教师又做什么呢？我在这一年的语文“问题解决课”中主要采取了以下一些行为策略。

一、启开学生嘴的“开门”策略

“问题解决课”以学生在台上的展示为主，通过学生在台上的展示，训练学生的语言表达能力，提高学生的综合素质，而且学生在展示的过程中也强化了对知识的理解和掌握。但是刚开始实施这种教学模式的时候，很多学生不愿意参与同学之间的讨论，更谈不上上台展示自己对某个问题的看法和观点，就是上台展示的同学在语言表达上也存在各种各样的问题。为了改变这种状况，我在语文课堂上，主要做了以下一些工作。

一是采取各种各样的激励措施。比如，对于敢于上台展示的小组和同学给予必要的物质和精神奖励，对于长期不愿发言的小组和学生给予一定的惩罚，从而逼迫学生张开自己的嘴，大胆地发表自己对问题的看法和见解。有时我也给小组分配展示的任务，小组成员轮流上台展示学习的成果，这样学生就不得不开启自己的嘴说话了。语言表达的闸门一旦打开，思想的泉水就会不断奔涌而出了。

二是教给学生必要的说话表达技能。比如，我代表我们小组来展示第一个问题的答案，回答结束时说“还有什么异议吗？”或者说“还有什么需要补充的吗？”这样的语言就容易引发其他小组同学的争论，引起思想观点的碰撞。

三是指导学生如何规范性地展示答案。比如，我们在分析郭橐驼是怎样的一个人时，要概括郭橐驼的思想性格特点，还要举例说明，要养成从文章当中找出具体的语句来说明自己提出的观点。有时候教师还要和学生一起归纳整理答案，注意答案的简洁性和完整性，训练学生准确的语言表达能力。

二、激活小组活动的“下水”策略

在合作讨论的过程中，有个别的小组因为小组合作学习的组织还存在一些问题，或学生对问题的理解太肤浅等多种多样的原因，往往不能很好地展开小组的活动，氛围显得非常沉闷，合作学习不能顺利地进行。教师这时候就要在教学过程中深入学习小组当中，参与学生的讨论，用自己的积极参与行为激活小组成员的活动热情。

比如，我在上《游褒禅山记》时，学生小组进行合作探究的过程中，有一个小组显得无事可做，小组成员都沉默以对。我发现后，就来到这个小组当中主动提出一个问题：“同学们想想，文中‘志’的含义是什么？”沉闷的气氛一下就活跃起来，有的同学认为这个“志”是“志向”的意思，有的同学认为是“毅力”的意思，小组同学之间争论不休。我也参与小组的讨论，告诉学生理解一个词的意思一定要把这个词放在具体的语言环境中去理解，因为不管这个词有多少个义项，只要它被放入具体的语言环境中，那么它的意思就是独一无二的，所以我们在理解这个词的意思的时候，最好的办法就是让这个词还原到具体的语言环境中去。最后经过同学们的讨论，确定这个词在文章中，既有“志向”的意思，又有“毅力、努力”的意思。

我们教师在“问题解决课”中如果能这样参与学生的小组合作学习，参与学生的探究活动，就会像一颗石子激活了一潭沉闷的死水，这种“下水”行为真正体现了有效教学的理念：教师是教学活动的参与者、组织者和推动者。

三、激发学生热情的评价策略

学生在学习过程中难免会出现各种各样的消极情绪，这时如果老师不闻不问，学生的学习态度将会越来越消极，导致学习的兴趣越来越淡漠，长此下去，最终丧失学习的兴趣。所以，我们教师在上课过程中及时的鼓励评价能有效调动学生的学习积极性，激发学生学习的兴趣。这种鼓励性的评价会促进有效教学的顺利实施。比如，我经常在学生展示完后接着说，某某同学回答声音洪亮，铿锵有力；某某同学的思路非常独特，很有创新思维的特点。这种及时的鼓励性评价能很好地调动学生学习的积极性，当然这种做法也可以是多样的。

另外，在学生展示的过程中，老师应该不断地巡视、了解各个小组的探究情况，如果发现某个学生有比较独特的观点，就要鼓励学生上台表达自己的看法，甚至和展示的学生形成思想的交锋，从而碰撞出思想的火花。

四、点燃学生思维的“点灯”策略

学生在讨论展示的过程中，难免会出现一些基础知识、思维方法等方面的错误，有的学生对问题的理解比较肤浅。这时，我们老师的任务就是及时地纠正学生存在的知识性或者思维方法上的错误，也要及时插入问题，引导学生的思维向纵深发展，点燃学生的智慧之灯。

比如，我在上《石钟山记》这篇文章时，有一个学生在展示对苏轼“笑李勃之陋”的观点是否正确时，说是表达了苏轼因为自己长期被贬谪，而对士大夫的嘲笑和讥讽，并结合苏轼的生平来阐述。这个学生虽然掌握了理解文章应该结合作者的经历来理解文章的思维方法，但是把这种方法用于所有文章的理解上，这就有点太牵强了。这时我就立即引导学生思考讨论，最后得出结论：理解文章是否结合作者的经历，就要看文章的写作意图，如果是抒情性的文章，这种方法无疑是正确的，但是《石钟山记》这篇文章是为了探讨石钟山命名的真正原因，并由此得出自己的结论。并由此进一步探讨得出：真理往往也是有前提的，只有在特定的时间、特定的条件下真理才是真理，如果在另一个历史条件下可能就是谬误。有的学生更举出牛顿的三大定律在宏观环境下是真理但在微观世界里就不正确了这个例子来证明。

再如，学生在回答《种树郭橐驼传》里表达技巧是“类比”还是“对比”时，及时地问：这个句子是“对比”还是“类比”？这样的问题都能促使学生去认真思考“对比”和“类比”的区别，从而更好地掌握语文知识。并且借着这个问题继续问：“写作目的在谈治民，为什么先从种树谈起，好处是什么？”从而引起学生对类比作用的理解和思考，又准确地理解了文章的写作意图。

总之，我在实施了以上的一些行为策略以后，学生自主学习、合作学习的积极性、主动性终于被激发起来，一直沉闷的语文课堂上时时飘荡着学生激情昂扬的声音，处处闪现出学生智慧的火花。

高中语文动态生成性教学中教师的引领策略

棠湖中学语文组　唐静

动态生成的语文教学要求教师的角色从“知识的传授者”走向“学习的引领者”，在教学方向和教学模式上也要求教师进行改进，以激发学生的积极性，促进学生语文能力的生成和提高。教师只有正确处理好课前预设与课堂引领之间的关系，做到适时、适度引领，才能激发学生灵动的智慧，创设鲜活的课堂，探索出一条适合高中语文教学的道路。

一、两个课例的比较思考

1. 课堂再现

（1）一堂传统的高中语文课《祝福》的教学。

教师先导入，接着介绍时代背景；组织学生通读课文，以图标的方法理清思路；归结文章主旨，分析文章中主要人物的形象，破解以《祝福》为题的含义；对文章中的自然和社会环境描写进行分析；最后布置作业，课外要求学生进行拓展阅读，学习写作方法。

手段：运用多媒体，出示背景，列出相关的图例，有关问题的“标准答案”，辅佐学生理解。组织学生就上述问题进行讨论，教师归纳总结。

（2）一堂创新教学课《米洛斯的维纳斯》。

师：现在同学们看到的这个雕像（幻灯片）就是米洛斯的维纳斯，她美吗？从绘画专业的角度来看，她美在哪里？

……

师：维纳斯的断臂给人的无限遐想跟中国山水画中追求的“虚实相生”是不谋而合的。（投影几幅山水画，让学生体会“虚实相生”，如齐白石的《虾戏图》、《蛙声十里出山泉》）

师：宋徽宗有一次出题考画家，题目是“深山藏古寺”。如果你是考生，你怎么画？

……

师：很多文学作品在文章中或文末设置悬念，留给读者想象的空间。例如，莫泊桑《项链》中，当路瓦栽夫人告诉玛蒂尔德夫人项链是假的时，小说却结束了，这样的结尾把绝妙的东西和深刻的内涵留给阅读者去思考和想象，达到“言虽尽而意无穷”的效果。

……

师：“维纳斯”的“残缺美”、中国画的“虚实相生”和文学的“空白艺术”给了我们哪些启示？（分组讨论：两组从专业角度谈启示，两组从文学欣赏、写作角度谈启示）

2. 课堂思考

课例1：这堂课符合传统的语文课教学流程，能取得一定效益。但是从优化语文教学的角度分析，这堂课显然存在一定的弊端。首先，教师对课堂中的现象进行了提前的假设，将一些潜在问题的答案用多媒介的形式进行了固定，有意或无意地将学生的答案进行了规范和统一，没有给学生留下更多的想象、发挥的空间。其次，教师组织学生讨论，其思维同样围绕教师课前预设内容来展开，忽视了将祥林嫂这一旧社会的典型形象放到现实生活进行探讨的环节，对于学生生成性语文能力的培养造成了障碍。再次，这一堂课课堂教学最后的成果就是让学生走进了教师对文本解读的范畴，忽略了学生个体的差异，忽视了高中学生的特性，其可圈可点之处并不太多。

课例2：在学生完成了对“残缺美”的欣赏后，教师又机智地把这一艺术规律引到绘画专业的“虚实相生”原则，通过向学生展示两幅“虚实相生”的作品，再设计让学生参与画一画《深山藏古寺》，引导学生在绘画领域再欣赏，再从绘画领域拓展到文学作品，从而使他们既能从作品出发，又能把想象拓展到更广阔的领域，通过绘画与文学的交融体验，整合、生成新的审美观，使他们明白生活中处处能获得审美的愉悦感与成就感。这样，学生的知识、能力既来源于教材，又超越了教材，这样的教学方式既顺应了高中语文教学的方向，又符合高中语文教学的特点，是我们学习的范例。而在这一成功的教学案例中我们不难发现，除了教师课前的充分准备之外更得益于教师在课堂内出色的引领，正是有了教师出色的引领，才成就了这样精彩的课堂。

结论：对上述课例的分析，事实上是对现有高中语文教学模式的一种深刻反思，如何创造一种更加适合高中学生、更能体现教学成效的语文教学方式，值得我们努力探究。

二、教师引领所存在的误区分析

新课程下的课堂是动态生成的课堂，教学上强调“生成”，而不是按照原来的计划“复制”出来的。相应地，也就要求教师的角色要从“知识的传授者”走向“学习的引领者”。但是，审视当前的课堂，部分教师仍存在着认识上和操作上的误区，教师的引领只有其“形”，而无其“实”。典型误区如下：

1. 无效引领

一位教师在教《祝福》一文讲到祥林嫂这一人物的悲剧根源时问学生：“到底是什么导致了她的人生悲剧？”于是学生纷纷议论开了，有的说是性格悲剧，有的说是她婆婆害的，有的说是当时她的命不好，她太迷信，由于当时是一堂公开课，而这个班级的学生基础相对比较薄弱，授课老师看到学生的答案总是答不到他要的点子上，便开始引导：“祥林嫂是怎样的一个人物？”学生马上就跟上了：“她是一个悲惨的女人”“她是老六的妻子”“她是封建社会的牺牲品”。当一个学生说到她是一朵苦难的野百合时，这位教师竟然立刻接口，说起了野百合，令我没有想到的是，这位教师竟然利用多媒体放起了“野百合也有春天”这首歌，于是教室里面一片热闹，而本该是一个严肃的话题变成了一次轻松的音乐会。

在整个交流过程中，学生的有价值的发言没有得到教师的重视，教师和学生在“自说自话”，教师没有顺着学生的发现及时地引领，而是在等待学生讲出“有用”的答案之后，继续执行已设计好的教案，这样的引领，课堂似乎热闹了，但这样的教学有效吗？老师这样的引领达到学生学习的目标了吗？

2. 强加式引领

一位教师问《项链》主人公路瓦栽夫人的形象意义是什么。

生：“讽刺了她强烈的虚荣心，给我们以警示。”

师：“是什么样的虚荣心呢？”

生：“女人的虚荣心。”

师：“哪个阶级的女人呢？”

学生终于说道：“小资产阶级女人。”

教师此刻才满意地表扬学生答对了。

在我看来，虚荣心本是人类的共性，不为哪一个阶级所独有。路瓦栽夫人的虚荣心已经超越了她所在的阶级，为什么偏要说成是小资产阶级的呢？如是，则路瓦栽夫人的诚实、坚韧又是哪一个阶级的呢？教师把自己提前的预设牵拉出来，强加给学生，造成的结果只能是“强扭的瓜不甜”。

造成这些现象的深层次原因有：①教学预设内容单一、空泛，重知识，轻能力；重预设，轻生成。②预定的引领措施未作考虑或考虑不周，措施不力；引领的随意性较大；引领时空洞笼统，操作性不强，流于形式。③引领的时机选择不当，造成课堂时间、可利用课堂生成资源的浪费或失去价值。

三、优化教师引领的相关策略

苏霍姆林斯基曾说：“教育的技巧并不在于能预见到课堂的所有细节，而是在于根据当时的具体情况，巧妙地在学生不知不觉中做出相应的变动。”教师要把握教材的主旨，拓展教材的弹性空间，为师生留有选择和创造的空间；教师要提高课堂应变能力，时刻关注并及时捕捉课堂上师生、生生互动中产生的有探究价值的新信息、新问题，并能在亮点处引领，在冷场处引领，在迷茫处引领，在错误处引领，把师生互动和探索引向纵深，使课堂再产生新的思维碰撞和交锋，从而再有所发现，有所拓展，有所创新，促进教学的不断生成和发展。

1. 预设之内的生成，点拨引领

“预设”是预测与设计，是课前进行有目的、有计划的清晰理性的超时空的设想与安排，具有弹性和留白。“生成”是生长和建构，是课堂教学本身的进行状态而产生的动态形成的活动过程，具有丰富性和生成性。“预设”是“生成”的基础，“生成”是“预设”的提高，二者是相辅相成的，是矛盾的统一体。

（1）问题点拨引领。

在讲完《雷雨》第一课时之后，学生对该剧的人物关系已经理清，因此在准备分析人物形象的点上，我进行了充分的预设。课堂上，我让学生根据自己的理解自由谈论人物形象，很明显大家对周朴园对鲁侍萍是否有真感情特别感兴趣，对这一点我早有准备。于是我就接着大家争论不休的话题说道：“既然大家都有理由，那么我们就分成两方进行辩论好吗？”“好！”同学们的兴趣更高涨了。

生1：“我认为没感情，不然他不会那么无情。”

生2：“我认为有感情，不然他不会保留这以前的东西和生活习惯。”

生3：“你们说的不对。根本就没有道理。”

……

除了这些最直观的东西，学生说不出太多内容，当双方的争论快要变成争吵时，我出马了。

“当时是怎样的一个社会？”

“双方家庭关系又是怎样的呢？”

这之后的讨论大家显得理性而成熟了，同学们懂得深入地思考这个问题了，不管最后有没有一个定论，每个同学在这样的讨论中都有了全新的体验，对人物有了新的认识。

（2）情境设置引领。

①创设师生对话的情境。在新课标倡导的自主、合作、探究模式下，教师应更多地充当向导，成为学生的同读者，成为引路人，成为可亲、可信的朋友。通过设计对话的情境，以一种敞开的方式去面对学

生，以一种角色消解的方式走进学生，从而形成一个真正的“学习共同体”。与学生进行平等的心与心的对话。

在讲到《林黛玉进贾府》的典型环境时，我创设了师生对话情境：我首先让学生品读了文中有关写“贾府大门”、“荣禧堂”的文字，我又让学生观看了有关的图片，让学生直观感受了“贾府大门”、“荣禧堂”等地方的豪华、显贵，接着我便说道：“外婆家多么豪华呀，幼小的林黛玉从此将在这里生活，如果你是林黛玉，来到这样的地方你会有什么感受呢？你会喜欢这样的地方吗？”“为什么作者要把‘贾府大门’、‘荣禧堂’写得那么详细呢？”这一情境的创设，一方面再现了课文情境，一方面使学生体悟出了小说环境描写的作用，等等。

②创设生生对话的情境。“一千个读者便有一千个哈姆雷特”，读书如此，教学也如此。

在学完《林黛玉进贾府》后，我提出问题：“学习了这篇课文，你们喜欢林黛玉吗？”我充分尊重学生的个人独特体验，使语言文字在同学们的头脑中“活”起来，在创作中升华自身的情感体验。通过学生个体之间，学生个体与群体之间思维的碰撞和交融，来共享知识、共享经验、共享智慧、共享情感、共享语文世界的精彩与美妙。学生在交流与合作中学会倾听、学会接受、学会欣赏，从而实现知识、能力和情感的交流。

2. 意料之外的生成，选择引领

课堂教学是师生共同推进的。一方面，它不可能百分之百地按预定轨道行进，会生出一些意料之外的、有意义或无意义的、重要或不重要的新事物、新情况、新思维和新方法，尤其当师生的主动性、积极性都充分发挥时，实际的教育过程远远要比预定的、计划中的过程生动、活泼、丰富得多。另一方面，从教师设想、计划的教育过程到实际进行的过程，从教到学再到学生发展的过程本身就是一个动态变化和生成的过程。

（1）学生思维停顿时，教师以退求进引领。

正值深秋季节，我上完《故都的秋》，预设让学生写一篇关于故乡的季节的文章，于是我精心准备了一个作文教案。没想到跟学生说了要写一篇作文之后，听到的全是怨言。对学生的表现，我并未发作，而是微笑着放下教案本，说：“那你们想不想到外面去感受一下我们故乡的晚秋呢？”“想呀”，这下大家的精神一下就来了，“去哪里，老师？”“现在去吗？”“是的，现在去，但条件是，出去之后多看、多听、多想。”“没问题！”于是这堂本该在教室安静作文的课便在校外热闹地度过了。第二天，班级作文本全上交了，无论是写景的、议论的还是叙事的都写得很精彩，此刻看着教案的我却为自己的突然作出的决定感到骄傲。

（2）课堂脱离轨道时，教师借助积极面引领。

高中里的一部分后进生有时候是唯恐天下不乱，希望在上课时出现意外的事件，好看老师的洋相。此时，教师面对课堂出现的与教学内容完全无关、课前根本无法预设的突发事件时，可借助其积极的一面，有效启发，为促进课堂生成服务。

学生正津津有味地品读《我的空中楼阁》的景致时，突然从窗外飞进一只蜜蜂，顿时，教室里一片嘈杂声。面对此情此景，我提高嗓门正色地说：“同学们，刚才你们把空中楼阁读得实在太美了，瞧，把窗外的蜜蜂也吸引到‘我们的楼阁’中来了呢？愿意通过齐读让小蜜蜂也分享这美丽楼阁吗？”学生半信半疑地看着我，但学生毕竟又回到了文本的朗读中，读着读着眼神越来越专注，似乎忘记了蜜蜂在头顶上可能对他们构成威胁的担忧，原本不愿读书的学生，此刻竟然入情入境地品读着。

在教学中，时常可以碰到这样突发的状况，这些小插曲如果教师不去注意，也不会严重影响教学效果，但如果处理好了，却能成为突破教学难点的有效手段，成为无法预约的精彩。

总之，无论怎样组织教学，无论采取哪种手段引领，都要让问题产生在自然而然中，让课堂成为师生享受生命乐趣的地方，让学生体悟到人生的真谛、人情的意蕴、人世的沧桑。只有让学生感受到“登山则情满于山，观海则意溢于海”的语文学习热情，才能让学生通过语文的生成性学习，提高语文学习能力，促进自身的全面发展。

参考文献：

［1］余映潮.教案设计的艺术（之一）［J］. 中学语文教学参考，2004（10）.

［2］潘涌.语文教案创新与课堂教学价值转型［J］. 学科教育，2004（1）.

［3］张琼.语文教案设计的关注点［J］. 湖北教育（教学版），2004（6）.

［4］俞发亮.在课改中重新认识教案［J］. 语文建设，2002（11）.

［5］姜世扬.浅谈个性化教案的设计［J］. 当代教育论坛，2004（1）.

高中语文“学生支持型课堂”的流程及案例

棠湖中学语文组　王娟

一、什么是“学生支持型课堂”

“学生支持型课堂”是由学生自主选材、自行设计，学生代表主持课堂教学，全体学生按教学流程进行自主合作探究学习，共同实现教学目标的课堂模式。它要求教师转变角色，将课堂的主体地位还给学生，让学生代表主持课堂，让自己隐退，坐到学生中间，成为课堂上的观察者、参与者、指导者、服务者、研究者和评价者。“学生支持型课堂”需有1~2个学生主持人，由他们充当教师角色，组织同学们学习。但教师仍然要宏观把控课堂，在暗中发挥作用，在学生被问题难住不能解决时，或思维打不开时，或走入误区时，教师应当及时地站出来进行引导，但不宜用权威口吻来进行讲解，应该像学生一样发言，作为一个参与讨论者来提出自己的意见，或者由学生主持人向老师提问求助。

下面我结合我指导的一堂“学生支持型课”——《项链》（高中语文第四册），来介绍一下这种课型的流程与方法。

二、流程与方法

1. 指导学生结构化预习

设计《项链》一课的《预习导读单》，用一节课的时间让学生进行结构化预习。要求学生走进文本，反复阅读，完成《预习导读单》。在预习过程中要落实“查、划、写、记、练、思”，即查着工具书读、划着重点读、写着感想读、记着内容读、练着习题读、思着问题读。每一个学生都要生成自己的问题，然后各小组讨论，互动解疑，将组内不能解决的问题写在《问题生成单》上，交给老师。

2. 师生共同备课

中央教科所的韩立福教授提出，组织课堂教学要做到“设、导、上、说”，所谓“设”就是设计，包括对教学内容、教学流程、教学方式的设计；所谓“导”就是对课堂情景、课堂上师生的行为、课堂各个环节所需的氛围，甚至课堂在什么地方应该出现最高潮等进行导演；“上”指的就是上课；“说”指能够说课。对于教师来说，要提前设计好整个课，然后教会学生主持人作教学设计；对于学生主持人来说，要求其完全独立设计一堂课是不太容易的，但必须让其明白教学思路、上课流程、学习方法，让其做到“导”、“上”甚至是“说”。

教师事先不能把自己的思路告诉学生主持人，而要让其熟读课文、吃透课文，然后再与其交流，看其是否对课文有自己独到的理解。就《项链》这篇课文来说，学生曾在英语课上学过，但我仍然让两位学生主持人反复读，于是他们又将课文读了六七遍，并在书上写满了批注。这时我才与他们共同明确学习目标和学习重难点，教给他们上课的整个流程，并与他们共同将各组同学在结构化预习课上生成的问题整合为以下三个：①请围绕故事情节的展开设计一个结构图，并说说作者构思的巧妙之处；②造成玛蒂尔德十年苦难的根源是什么呢？③这篇小说带给你什么启示？

此外，还要从姿态动作、语言表达、临场应变、组织协调等方面对主持人进行培训，让他们能够在课堂上富有表现力，能够引导同学们共同学习。

3. 学生主持问题解决课

（1）创境导入。导入语可以是学生主持人设计或师生共同设计的，但课上的创境导入应该由学生主持人来完成，教师可以帮忙播放一下音乐视频等。

（2）呈现目标和问题。学生主持人用多媒体呈现《项链》一课的学习目标：体会小说精心的构思和巧妙的布局；个性化解读人物形象，多角度挖掘主题。

（3）自主思考，合作讨论。学生主持人在呈现问题后，先让同学们独立思考一下，然后再组织各组讨论。各组学科长应该站起来，手持本子，收集每个同学的答案，并进行整理。各组也可以边讨论边在前后黑板上板书自己的答案，这是一个很好的方法，既可以为本组争取发言的机会，又可在展讲时节约板书答案的时间。

（4）展示与交流。展示的过程同时也是交流的过程，在展示中交流，在交流中解疑，达成共识。

①各组展示，形式多样。各组代表展示本组对问题的看法和解答。要求讲解清楚、语言流畅、举止大方得体。展示方式可多样：可以一人展示，也可以两三人共同展示；可上台展示，也可站在座位上展示；可以用投影手写文本的形式，也可用黑板板书的形式。

另外，展示中还可适时加入表演，目的是借表演来将自己的观点表达得更清楚，更生动形象。比如，在解决本课第二个问题“造成玛蒂尔德十年苦难的根源是什么”的时候，“牛津组”的同学提出，女主人公玛蒂尔德的爱慕虚荣是根源。为了证明这一点，他们组的两位同学将玛蒂尔德接到请柬后与丈夫的一段对话改编成了一个短剧，并上台表演，赢得了大家的好评。这种表演的形式可以用于很多课文，可以训练学生有意识地去还原场景，并自编自导某些情节，尝试表演出来。这既能加深学生对课文的了解，又能使学生更加出色地展示。表演要注意以下几点：要脱稿；台词要生活化，要尊重课文，又要走出课文；注意表情；要有旁白；利用身边材料制作服装道具。

②引发争论，师生共评。在一组提出自己的观点后，其他组应该做出评价、进行补充或反驳，各组之间可以展开激烈的争论，从而摩擦出思想的火花。

学生主持人和教师也要适时评价，及时引导：学生主持人要抓住同学发言中的要点，给予及时而恰当的点评，还要在大家争执不下的时候进行解围。教师在此时对课堂的驾驭也很重要，一方面教师要放手，尽量让主持人引导同学解决问题，尽量让主持人作点评，让主持人去发现和纠正偏差；另一方面，在学生思维打不开，讨论进入误区时，学生主持人又不能化解僵局，教师就应该适时地果断地站出来，阐述观点，作正确的引导。例如，在本课中探讨造成玛蒂尔德十年苦难的根源时，学生老是在女主人公的爱慕虚荣、社会风气、社会制度上纠缠，思维拓展不开，于是我举手发言：“我们能否从另一个角度分析根源，请问文章前面几段为什么要用这么多笔墨写女主人公的七个梦想？”在我的引导下，学生发现可以从梦想与现实的差距这个角度来解读悲剧的根源。“斯坦福”组的同学谈道：“女主人公盲目地脱离现实追求梦想，导致十年的苦难，但这十年的劳作又让她终于能正视现实生活，调整梦想与现实之间的距离，她变得坦然，变得成熟。这告诉我们追求梦想时一定不要忘记脚踏坚实的大地。”他的发言博得满堂喝彩，掀起了课堂的高潮。

③全面关注，激励督促。学生主持人和教师要关注每一个学生，特别是后进生，要鼓励和督促每个学生发言，不断地从旁“挑拨”、“煽风点火”，营造激烈争辩的氛围，让每个学生都积极表现自己、参与讨论。

（5）归纳总结。学生、主持人、教师都要在课尾对本课所学内容进行总结。主持人先让各组同学讨论1分钟，再请1~2组的代表总结本课内容。然后是主持人与教师进行总结，两者的总结要有高度的概括性，要谈到情感、态度、价值观上去，还应对本堂课上大家的表现进行激励性的评价。例如，学生主持人总结说：“各组同学都能积极思考，热烈讨论，对《项链》的主题，对女主人公的形象进行了个性化的解读，也带给我很多新的启示。《项链》这篇小说向我们展现了一场梦想与现实之间的矛盾冲突。其实我们每个人的人生中都存在梦想与现实的差距，面对差距，我们不能好高骛远，也不能消极退避，应该找准人生坐标，不懈奋斗，创造属于自己的幸福。”

以上是“学生支持型课堂”主要的流程与环节、方法与策略。在具体实施时还要注意安排好各环节所用的时间，特别要注意展示交流环节的时间。

三、收获与启示

通过指导《项链》这一堂“学生支持型课”，我感到这是对传统课堂模式的颠覆，是语文课堂教学的一次革新，它彻底摆脱了教师的“一言堂”、学生被动接受的局面，提高了课堂的效率。这种教学方式具有以下几个作用。

一是真正发挥了学生的积极性。让全体学生人人参与，人人都能够通过自主合作探究学习达到学习目标。

二是将对课堂的主持交给学生，教师便有更多的精力去关注每个学生尤其是后进学生，关注面扩大了，监督力度提高了。

三是师生之间真正建立起“师生共备——师生共学——师生共评”的学习共同体，凸显了以学生为主体的自由、开放、和谐、民主的教学氛围。

四是学生主持人得到极大锻炼，受益最深。通过与老师一起备课，学生主持人对课文的理解会非常深刻；通过组织大家学习、指导互动解疑、尝试点评总结，主持人的组织能力、应变能力、表达能力都得到提高。学生的潜力是无限的，只要经过培养，每一个学生都可以成为主持人，在我执教的班上，已有15%的学生成为主持人的后备人选，同学们都觉得这种方式让他们获益匪浅，应长期坚持下去。

四、不足与展望

在《项链》这一堂“学生支持型课”中的展示交流阶段，教师介入的度很难把握：介入太多，容易出现抢话题的情况，使教师的“出镜率”太高，淹没了主持人；介入太少，放手给学生的太多，在出现偏差时往往很难及时纠正，耽误了时间。因此，对于教师如何在“学生支持型课”上正确发挥作用、从容驾驭，还需要深入研究。

“学生支持型课堂”是较高层次的课堂模式，对学生主持人、教师的要求都很高，师生共同备课所花的时间也很多。学生的学业压力重，不可能经常上这种模式的课，因此这种课型应该与其他课型轮换运用。而哪种类型的课文适合用这种模式上，也成了值得探讨的问题。

参考文献：

［1］ 熊伟，廖勤生，唐静. 构建“三段教学”模式的实践与研究［J］. 教育科学论坛，2009（11）.

［2］ 韩立福. 有效备课［M］. 长春:东北师范大学出版社，2008.

［3］ 韩立福. 有效上课［M］. 长春:东北师范大学出版社，2009.

［4］ 韩立福. 有效评课［M］. 长春:东北师范大学出版社，2009.

［5］ 陈爱苾. 课程改革与问题解决教学［M］. 北京：首都师范大学出版社，2004.

［6］杨久俊. 新课程教学评价方法与设计［M］. 北京：教育科学出版社，2004.

［7］张向葵，吴晓义. 课堂教学监控［M］. 北京：人民教育出版社，2004.

［8］ （美）加里·D. 鲍里奇. 有效的教学方法［M］. 易东平，译. 南京：江苏教育科学出版社，2002.

提高高三语文试卷讲评课效率之我见

棠湖中学语文组　付民

高三语文复习课主要围绕两个方面展开，一是对旧知的全面系统的整理归纳，即板块复习；二是围绕各类各级试卷的讲评。后者在我们的高三复习特别是后期占了很大的比重。作为高考冲刺阶段的语文复习教学的主要内容，它的主要功能是矫正学生在答题过程中暴露的问题，深化对知识的理解，提高以思维为核心的各种能力。讲评课质量的高低会直接影响到学生的高考成绩和高考复习的质量。所以说，高质量的讲评课，不但是教学活动有效展开的重要环节，更是学生快速提高应答技巧的重要方法。

那么，什么是讲评课呢？讲评课是指在考完和练习之后对试卷和习题进行分析、讲解和点评的课。试卷讲评课，是一种特别的复习课，它是课本教学的有效延续，是知识综合的有效形式，是把握学生认知与运用能力的重要途径，它对我们的教学起着检测、归正、巩固并完善的重要作用，上好讲评课对巩固双基、规范解题、熟练技巧、开阔思路、提高学生解决问题的能力、培养学生的创新意识等都有着特殊意义。

一、高三语文试卷评讲课之现状

的确，没有一位老师不重视考试，因为考试的目的在于检查、完善、巩固和提高。在经验丰富的老师眼里，考试是对其教学目标实现得如何的价值判断，是衡量学生学的质量与效果的主要标准；而试题的评讲却是推动教与学进一步深化和提高教学质量的有效途径。所以，即使在提倡素质教育的今天，立足教学常规，努力提高试题评讲的质量和效率，仍不失为改变语文教学低效率的尴尬局面的有效途径和方法。

目前，高三试卷评讲存在很大的问题，具体表现在以下几个方面。

1. 试卷评讲的相对滞后性

有的老师由于改卷的难度大或者备课任务繁重而把试卷发放和讲评安排在考试过后一个星期甚至更后，而此时学生解题时产生的思维火花早已消失殆尽，能够刺激学生的也就只剩下分数了。因此，应及时将考试的结果和答案反馈给学生，趁着学生对试题还有印象、还有知道答案的欲望，及时进行评讲，学生的收效会更大。从完成后到讲评的时间不能太长，以一到两天为宜，如果第二天能讲评则最好。

2. 试卷评讲的相对单一性

还有许多老师在讲评课中采用直接对答案、就题讲题，搞“一言堂”，唱“独角戏”。尤其是高三几乎没有了新课教学，课堂教学集中在考试和讲评上，有周考、月考、模拟考和诊断考等，有课内考试练习和课外作业练习，平均每科每周至少考试一次。凭一支粉笔和一张嘴，复制一下所谓的标准答案，这种讲评观念落后、方法陈旧、手段单一，效果自然不佳。

3. 试卷评讲的相对轻视性

现在大多数老师重视考试，但不重视考后的讲评分析，认为已经考过，多总结分析也无济于事。内容和方法大同小异，缺乏新意，学生兴趣不大，课堂气氛沉闷，因为学生参与少，虽然有时也让“主体”回归学生，但毕竟是“有时”而不是“时时”，学生参与意识淡漠，消极被动地听课，收益甚微，难以激发学生的热情，削弱了学生知识的落实，遏制了学生能力的提高。

二、高效课堂的必备因素

那么，怎样的试题评讲才算是高质量、高效率的呢？这里套用叶圣陶先生的名言——教是为了不教，试题评讲的高质量、高效率实际也就体现为实现“评讲是为了不再评讲”的目的。也就是说，教师的评讲不应是一个核对与订正答案的简单过程，而应该是在评讲过程中以拓宽学生解题思路，增强学生的解题技巧能力，培养和提高学生的解题能力为目标的渗透着学法的有机过程。因此，试题评讲要做到高质量、高效率，依然必须要紧扣方法和能力这两个中心环节，遵循一定的原则。

三、试卷评讲课应遵循的原则

1. 针对性原则

高质量高效率的试题评讲，绝不是毫无目的的“见子打子”和漫无边际的平均用力地逐一评讲，而必须是根据考试要求和目标，以及学生知识的掌握情况，确立明确的评讲目标及恰当合理的评讲重难点。而评讲的重难点则应围绕教学目标，根据教学进程，立足学生掌握情况的反馈信息来确立。一般说来，评讲的重点应体现教学目标或测试目的。

比如，有的老师在讲评古诗鉴赏时，就先研究近几年高考的命题形式和答题思路，让学生了解高考古诗鉴赏有哪些命题要求和命题方式，首先让学生知道怎么考和怎么答，而后指导学生怎样按照命题要求来答题，如何找信息、如何概括、如何表达，老师都做了详细的说明和示范。学生按照老师的讲解再来审视自己的答案，明白了失分原因，找出了差距，知道了答题的要求和规范。老师还从不同的角度引导学生思考，设置不同的命题让学生来训练思维和表达。这样的讲评训练，既了解了命题要求，加强了复习的有效性和针对性，又提高了学生的多角度辨析和鉴赏表达的能力。

2. 渗透性原则

高质量、高效率的试题评讲绝不是简单的核对与订正答案，必须是在师生默契配合下找错因、拨思路、教方法、寻技巧的渗透着学法的有机过程。这首先就要求教师要有较强的渗透意识，要常常意识到自己的职责不仅仅是在公布答案，而是通过自己的“点拨艺术”将学法渗透于试题评讲之中，即不但要使学生知其然，还要使其知其所以然。只有这样，学生才会真正有所收获。

3. 入出性原则

朱熹说：“读书治学，唯‘入出’二字，入则晓义，出则悟道；入而不出，若井中观天，出入自如，则天地豁然。”可见，古人读书治学，极看重“入”“出”二字。语文教学应从中得到启示：入是理解，出是迁移运用。高质量、高效率的试题评讲绝不是带着试题答案走向学生的直线式或注入式，而应该是带着学生钻入试题而又跳出试题的“入出式”。评讲课中贯穿出入性原则，无非是教师善导，将学生引入试题，深入理解，形成基本能力；再善诱，将学生引出试题，使学生能举一反三，见点知面，形成迁移能力。

试卷讲评课对学生已学的知识起着矫正、巩固、充实、完善和深化的重要作用。这种课型是知识的再整理、再综合、再运用的过程，是师生共同探讨解题方法、寻找规律、提高解题能力的有效途径。所以，上好讲评课，能切实有效地提高高三学生的语文成绩。那么，如何才能上好高三语文试卷评讲课呢？据笔者实践思考，要抓好三个重要环节：课前精心备课，课堂精讲精练，课后精选练习。笔者认为要想提高试卷讲评课的质量，就要把握其特点。

四、讲评前的准备过程——一份试卷两手准备

讲评课程序多，工作量大，往往是薄弱的一环。那么，用怎样的教学模式、教学方法进行课堂教学，如何让学生将自己在考试练习中暴露的问题辨析清楚，最终得以解决、巩固，如何使讲评课的课堂教学效果更好、效率更高呢？教师讲评试卷时需要有针对性地讲解，否则从头到尾逐题讲解，既浪费时间，又功效甚微。而要有针对性地讲解，就必须广泛收集信息，仔细分析试卷。因此，讲评课的备课更显得重要，要从多方面做好试卷的评讲准备。

1. 试卷分析

要对试卷作全面系统的分析，分析试卷的结构、考查的范围、考查的重难点、对语文能力的要求，统计试卷所考知识点及分布情况，分析命题意图和干扰项的设置，把握命题考查的目标和方向；做到科学合理判断试卷的难易度以及语言点出题变化角度。哪些知识、方法、能力应该掌握得比较好，哪些方面存在较大的问题，哪些需要在后期进一步巩固、充实、完善等，将这种预测与对学生答卷分析的情况结合起来，我们才能更准确地把握班上学生数学水平的整体状况。

2. 答题分析

对学生答卷的分析应包括：数据统计分析、错误类型分析、解题新法分析。一方面，要注重“点”“面”结合：既要分析学生整体水平，又要留意成绩波动大的个别学生。另一方面，要找准“突破口”，详细做好正误统计，剖析学生解题中的错误思路，深入了解学生知识薄弱环节。为达到上述目的，利用学生成绩表，统计平均分、合格率、优秀率、各分数段人数，纵观学生整体水平及试卷难易度，检查学生进步情况。从大的方面看阅读部分和写作部分，从小的方面到对每一小题的测试结果进行科学的量化分析，可以对题目分类分析，如从认知能力题、信息筛选题、理解分析题、鉴赏评价题等题型的角度看学生的达成情况，了解学生在各个阶段的实际能力。此项分析可酌情作全体或部分抽样分析。如果掌握了第一手反馈资料，讲评时我们就能做到有的放矢。

学生答卷的反馈信息是了解学生语文水平和教师成效的重要依据，学生答卷中存在的问题也从一定程度上折射出我们教学中存在的问题。因

此，对学生答卷进行全面系统的分析，是我们准确诊断病因，改进教学方法，矫正、巩固、深化知识，提高教学质量的重要手段，是试卷讲评课备课的重要环节。

3. 学生分析

备学生的意思是针对学生的实际情况，有目的地进行讲评。要分析学生的得分、失分情况，了解学生的知识结构及解题技能存在的缺陷。这些缺陷的出现一方面暴露了学生本人的学习态度、学习习惯的不足和解题能力的低下，从而有针对性地引导学生改变、完善和提升；另一方面，教师也可检查自己在教学过程中有哪些地方处理不当，从而修正完善、精益求精。

4. 教师可以在课前引导学生自评

（1）看自己整份试卷各题型（包括基础知识、小阅读、文言文、诗歌鉴赏、大阅读、语言运用、作文）的得分情况，哪部分做得好，哪部分做得不够，做到充分地认识自己，以便今后可以有针对性地进行突破。

（2）分析各题型的失分情况，看自己是在基础知识部分失分，还是因解题技巧、解题能力不够而失分。有哪些是粗心大意造成失分，有哪些确实是因语言知识、能力技巧存在缺陷而失分，并做好记录，以备日后借鉴和提醒。

（3）对于学生理应抓住却未能得分的知识点要提醒学生自己分析原因；要突出在知识复习课中已多次接触、反复出现但学生仍未能实现灵活掌握的难点；对平时教学中忽视的、不常出现的一些盲点要及时清除，努力完善知识网络；开放题分析要指出学生思考角度和表达方面的误区，教给他们分析问题的方法和应对的技能。

学生的自我诊断往往能得到最真切、最具体的反馈信息，自我诊断具有自我反馈、自我导向功能，是学生改进学习方法、提高学习效率、培养自学能力的重要途径。

实践证明，只有在准备充分的前提下，才能把讲评课上得节奏明快、生动活泼。

五、课堂精讲精练

作为试卷讲评课，一要讲，讲考察知识点、讲解题策略、讲解题思路；二要评，评试卷、评学生、评教师；三要练，练“疑点”、练“误区”、练“提高”。

1. 讲评时知识与能力并重，善于联系，总结规律

讲评时不要只顾讲解语言知识而忽视解题技巧的培养。有些教师在讲评试卷时，只重视对语言基础知识的输入和讲解，盯着试卷中出现的几个知识点一讲就是一节课，学生记录了很多，也背下了很多，但到考试时还是束手无策，望题兴叹。这些教师重视知识固然是应该的，但技能也同等重要。近年来，高考的考查已经从传统的纯语法、纯知识考查转向对考生综合运用语言能力的考查，特别注重学生知识与能力的有机统一，考查掌握“双基”和学科思维能力、知识迁移能力以及实践能力，命题者设置了近乎真实的语言环境，考生如果死抠知识，势必一看就会一做就错。因此讲评课讲的不只是一道道题、一个个知识点，而是要帮助学生把握整体知识结构和知识体系，对于表面和隐含的知识都要牢牢抓住，弄清知识间内在的、本质的、必然的联系，将一根根线整理编织成牢固的知识大网。

2. 详略得当、重点突出、各个击破、有的放矢

讲评课中的精讲精练，就是在精心备课的基础上，抓住典型，择其要点，精讲精析，精心设疑，精心启发，精心诱导，精心点拨。精练的重点是练思考、练思维、练关键步骤，使学生养成探究性、反思性的学习习惯。

惯常的讲题方式是从第一题到最后一题逐题进行，四平八稳，要么是泛泛而谈，给人印象不深，要么题题精讲，学生会把握不住重点。根据讲评前对试卷考点和学生答题的情况分析，针对重要的知识点和学生答对率低的考点进行讲解，力求透彻，同时要配以相当量的练习加以拓宽、深化。切忌面面俱到，蜻蜓点水，盲目地评讲。有的是集体问题，有的只是个别问题，所以我们不能主次不分，搞一刀切。对于个别同学在考试中暴露出的个别问题，可选择单独辅导，不需要采用课堂上集体讲评的方式解决。我想，在有限的时间和精力条件下，清楚地把握学生答题情况、摸清难度大小、重点突出的讲评方式，一定会帮助学生树立起学习兴趣，让学生有比较理想的收获，达到师生共同预期的效果。

在讲评课具体实践中，还要注意“四讲”，即共性错误重点讲、典型试题发散讲、相同知识系统讲、同类方法辨析讲。基本知识和基本方法上的共性错误反映了学生在知识和思维方面普遍存在的薄弱环节，应针对导致错误的根本原因及解决问题的方法进行重点讲评，查“病情”，找“病

源”，提高学生的辨析能力。这类错误也是课后跟踪练习、查漏补缺的重点。针对试卷中具有较大灵活性和剖析余地的典型试题作进一步“借题发挥”，引起学生思维的发散，开拓思考的宽度。发挥试题本身纵横联系的作用，增强学生的应变能力。以方法为主线，适时引导，归纳方法。

同时还应注意“四忌”：一忌逐题评讲，二忌一言堂，三忌就题论题，四忌只评不练。上述情况产生的原因，究其根源，是课前准备不足，导致上课的随意性。讲评课作为一种复习课，不是对知识的简单重复，不是对方法的简单再现，不是对学生错误的简单点评，而是对学生已学知识的再整理、再综合、再运用的过程，是师生共同探讨解题方法、寻找解题规律、提高解题能力的过程，是对学生的知识网络体系强化和完善的过程。

3. 注重师生互动

在40分钟的课堂活动中，教师不要只做演说家，一说到底。与其他课型的教学相比较，评讲课教学其实更需要创造必要的教学情境，设置恰当的思维强度，让学生始终处于积极动脑、认真动手的参与状态中，而不是被动地被老师的评讲牵着鼻子走。老师精心设置疑问，在设疑时老师一定要找准错误的焦点，然后诱导学生讨论。在讨论中学生可以依问题分组讨论，让学生主动地动口、动手、动脑，各抒己见。当然，老师在设疑时要注意由易到难、由浅到深，循序渐进。人们常说曲高和寡，若开始题目太难，就会使许多学生望“难”兴叹、自愧不如而裹足不前，使讨论无法进行。同时，要不失时机地启发学生，诱导他们大胆地尝试。在尝试过程中有些问题学生“碰壁”、“涉险”后，老师要因势利导，把学生引入“心求通而未达，口欲言而未语”的境界。此时，学生注意力高度集中，思维高度紧张而活泼，这时老师稍加点拨，学生就会“心有灵犀一点通”，使之有“柳暗花明又一村”的欣喜，把课堂教学推向高潮。

在具体评讲的过程中，教师应该克服“选A还是选B”的无效提问，而应提倡“为什么选A，不选B”的提问；教师不宜一下子就说出答案和抬出理由，而是应该多引导、多点拨、多激疑。只有这样，才能促使学生深入试题，而非蜻蜓点水式的肤浅地甚至似是而非地理解。要想使学生进入“天地豁然”的境界，教师还必须经过点拨、引导，使学生从试题中走出来，对这种题型作解题思路、解题方法的总结归纳，从而使学生真正形成能力。要给予学生表述自己思维过程的机会，增加教师与学生、学生与学生讨论问题的时间，允许学生对试题“评价”做出“反评价”，学生通过积极主动参与，得到相互启迪，使整个讲评过程中学生情绪亢奋，容易接受大量的有关知识及解题的信息，有助于知识的掌握和解题能力的提高。

4. 培养学生的人文素养贯穿始终

评讲课往往容易出现两种情况，将最好的拿出来供大家欣赏，把最差的拿出来讥讽一番批评一顿。这种做法是极其不明智的。在讲评中坚持正面教育，保护学生的自尊心，充分调动学生的学习自觉性和主观能动性，促使成绩较好的学生看到差距，向更高的目标奋进；引导成绩较差的学生总结教训，鼓起勇气，树立信心。

教师可以补充大量的现实生活中的语言材料，也可以充分利用试卷中的原始阅读材料，来培养学生的听、说、读、写能力。教师要给学生创设氛围，提供机会训练自身的思维能力，从而提高语文综合素质。

5. 给学生留出消化时间

要科学地分配好时间，在进行必要的讲解和拓展后，把部分时间留给学生，让他们讨论，复习当堂课的内容，并趁机解决个别学生还存在的问题。这样才能真正做到点面结合、师生互动，活跃了课堂气氛，调动了学生参与的积极性，体现了以教师为主导、以学生为主体的教学理念。

六、课后精选练习

“教是为了不教”；“授之以鱼不如授之以渔”。教的重点在于指导、培养学法。讲评课的目标不只是弄清一次测试的得失，更重要的是让学生总结经验，吸取教训，掌握方法，力争以后不再发生失误。学生对从讲评课中获得的知识及方法印象深刻，需要有针对性地进行跟踪训练，以强化学生的应变能力。

1. 及时训练，强化巩固

评讲完试卷并不意味着评讲的结束，还应该有针对重点、疑点、难点、盲点、易混点而进行的针对性练习加以巩固，比如可以让学生利用以前训练的答题思路来处理新的试卷，可只给文本让学生从命题老师的角度模仿设题、变式设题、发散设题，让学生自己作答发现问题等。这样，可以验证讲评课的实际效果，是发挥学生自主性、提高课堂效率、开拓学生思维的有效途径。

2. 个别辅导，全面提高

课堂教学面对的是全体学生，尽管教师在课堂上已经讲得很细，但可能还会有一些学生对有些问题搞不清。因此，课后很有必要及时地进一步给予个别辅导，以帮助他们彻底弄清没有弄懂的问题，强化讲评效果，全面提高成绩。

同时还要做好错题、好题档案。讲评完毕后，教师不但要求学生做好档案，自己也应该把学生的主要错误收集成册，形成错题档案，在日后适当的时间拿出来重考，可以用原题，也可以变形、改编，以此加深学生印象，达到最终掌握的目的。同时还要做个有心人，把一些技巧题收集起来，不断复现，旨在训练学生的解题技巧和灵活性。

另外还要布置学生写好考试小结。小结内容包括本次考试的准备情况、答题情况、得分情况、出错的主要原因等。针对学生的小结教师可以帮助学习有困难的同学制订改进计划，确定可行的目标。

这样上讲评课教师工作量大，费时费力，但反馈给学生的信息多，针对性强，有助于学生知识的掌握和能力的提高，有助于提高教学质量。总之，一节高质量的讲评课，需要教师精心准备，要能在抓住典型、择其要点、精讲精析的同时，延伸发散，总结规律，巩固指导，这样才能真正达到提高评讲课教学效率的目的。

把诗歌还给学生

——“三段教学”模式下诗歌教学探究

棠湖中学语文组　刘颖

建构主义学习理论认为，学习的本质是学习者既有的经验与外部信息的冲突、转化、重组与优化，知识的本质是个人建构的，它来源于人与真实情景的互动。

“有效教学”是指在教师指导下创建学习共同体，使学生学会自主合作探究学习，关注单位时间内提高学习绩效，全面实现课程目标，有效促进学生全面发展和教师专业成长的学习过程。“有效教学”不仅是一个教学活动，更是一个持续发展的、高质量的合作学习过程。核心理念是“以学生为中心，先学后教，全面发展”。“有效教学”的最终衡量标准就是“学生成长”。

根据建构主义学习理论和新课改的精神，棠湖中学最终提出了“三段教学”，其课堂教学流程表现为创境设问、互动解疑、拓展延伸三个环节。

在新模式下的教学实践中，“创设情境——互动解疑——延伸升华”成为课堂的主体构架。这种建构主义模式下的新教学方式，旨在把知识问题化。因而生成问题、解决问题、评价问题成了学生学习的主要步骤。“先学后导”的课堂过程，是老师行课的主体框架。不可否认，这种学习理论，目的是培养“学习型”学生，对于学生的思维能力的提高、知识技巧的掌握是大有裨益的。但是在实践的过程中，学生的水平和语文学科的特点往往让某些课型难以达到有效教学的目的。比如诗歌教学，诗歌是语言高度凝练的艺术，它特定的时代背景和诗人独特的艺术风格，让学生既喜欢诗歌，又害怕诗歌。

诗歌的艺术特点，是我们教学的重中之重。诗歌犹如一块美玉，语言是美玉的外部形状，它勾勒出“形”；意象是美玉的颜色，它体现美玉色彩斑斓的内涵；意境则是玉形与神的结合，是光泽的神来之笔。而诵读和体悟则是人们反复把玩这块美玉的过程，我们需观观外形，看看颜色，摸摸文质，品品神采。所以意象和意境不可分，而诵读和体会也不能割裂，它们贯穿于诗歌审美的过程中。在诗歌学习的过程中，知人论世的方法、诵读的方法、联想想象的方法、情境再现的方法都是环环相扣的，而弄清“炼字”、“用典”、“手法”、“语言特色”也是诗歌教学中不可或缺的部分。总而言之，“读”、“悟”、“写”等教学模式的规则，都必须遵循。

在“知识建构型”教学理论之下，课堂是十分开放的，学生们的水平高低不齐，提出的问题也多种多样。语文课堂的工具性和人文性必须通过“三段”来体现。如果走人机械教条主义，不仅不能提高课堂效率，反而降低语文的趣味性、人文性和工具性。中国古典诗歌是我国文学史中的国粹，如何把诗歌和三段式教学有效结合，是本文将探讨的话题。

那么，要做到“有效课堂”，在三段教学模式中，如何既把知识问题化，又不割裂诗歌学习的整体性呢？

一、让学生生成问题有效

学生因水平差异，导致生成的问题杂乱无章，是课堂效率低下的重要原因。所以，首先要解决所提出问题的有效性。

首先，明确学习目标，引导学生构思有效问题。不同的诗歌，因其艺术特色不同，学习的目标不同。比如《雨霖铃》，其“虚实结合”的手法最突出;《梦游天姥吟留别》，其大开大合的章法和天马行空的想象最突出，杜甫的诗歌“沉郁顿挫”的风格和感情最突出。因此，学习的目标不同。这些学习的目标，虽是老师们预设的，不是学生生成的，但却能帮助学生体会诗歌的魅力，逐步引导他们学会独立鉴赏。

所以，在初期的诗歌鉴赏课上，有必要明确学习目标，引导学生针对目标生成自己的问题。这样既达到了学习目标，又培养了学生的思维能力，久而久之使其养成良好的鉴赏习惯，进而提高鉴赏能力，最终达到“自学”的目标。比如，在学习《山居秋暝》时，确定学习目标是体会王维“诗中有画，画中有诗”的特点。那么，学生在生成问题时，一定会去找“意象”，以及“意象”构成的画面，从而生成“诗中有哪些景物?他们有何特点？”等问题，这样就抓住了这首诗的主体。再如，在学习《登高》时，明确目标为“体会诗人悲凉、寂寥的感情”，那么学生就会提出“哪些诗句体现了作者这种情感?是如何体现的?为什么会有这种情感？”等问题，这样学生生成的问题既原汁原味，又十分有效。在生成问题的过程中，学生本身就在进行知识的分类和知识体系的建构，这对他们学习思维能力的提高大有帮助。而在整个过程中，学生更能体会学习的快乐，成就感会激发他们更加爱读诗。

其次，点拨诗歌鉴赏方法，让学生学以致用，生成有效问题。虽然新课程标准倡导学生自主学习，但并不等于放任自流。毕竟有些知识和获取知识的方法在学生已知的经验之外。所以，老师的重点讲授在新知识介入时，尤为重要。就诗歌来说，鉴赏方法不对，那么鉴赏能力自然很难提高。所以，教师有必要“告知”学生，这些间接经验不是娇纵学生，而是送给他们“劳动工具”。比如，王国维《人间词话》中说，“诗歌，要批文入景”，“一切景语皆情语”。这就是说，任何诗歌一定要抓住景物描写和感情。在学习《声声慢》时，告诉学生这种方法，学生会自己去理解意象选择的目的以及意象特点和情感的联系，从而提出与之相扣的问题来。再如，严羽《沧浪诗话》评价："非有苏轼和辛弃疾的胸襟，难成如此气势的词来。"这就告诉我们，学习"苏辛"的词，知人论世很有必要。那么学生自然而然会问："诗人有怎样的个人遭遇？诗歌创作背景如何？"这样，教学目标的完成就水到渠成了。

再次，明确学习目标要注意两点。一是"知识与能力"目标不能"大而全"，必须"少而精"。诗歌本身可挖掘的内容可深可浅，但对于学生学习品质的培养是个系统的过程，不能一蹴而就。所以，对于一首诗，完成一两个主要目标即可。二是目标的渐进化。这一点是建立在三年的诗歌学习过程中的。高一年级，感性认识为重，应多读多体会；高二年级，逐步学会理性认识，掌握恰当方法；高三年级，能深度把握诗歌的艺术特色，表达准确流利。因此，目标的难度不能单一，必须根据不同年级的同学，逐渐加大。

掌握了这三点，在"三段教学"诗歌教学中，学生就能大胆设问，有效设问。在"三段教学"中，学生就能不依赖老师而成为自己的"老师"。

二、让诗歌课堂的情景具有整体性

"三段教学"模式，把问题解决课划分成"创设情景——互动解疑——延伸升华"三部分。课堂的步骤清晰，目标明确。诗歌是块整玉，而学生的思维活动有时一触即发，有时又稍纵即逝。问题化后的知识，在形式上是割裂的。所以如何把学生动态的感情和理性的思考糅合在短短的一首诗中，控制在45分钟之内呢？办法就是让课堂始终处在学习目标预设下的课堂情景中。

首先，丰富的教学资源让学生"动情"。诗歌的典型特点是，画面感强烈，想象空间很大，情感丰富深沉。因此，如果没有办法让学生进入某种情境或意境的话，那么学生的感悟、思维活动就成了无源之水。多媒体的运用，极大地弥补了传统教学的不足，为情景创设提供了极大的方便。教师们应在恰当的环节中，插入一些影音资源，调动学生的感官，让他们迅速进入情境之中。

其次，反复诵读，让学生"生情"。这一点，往往被"三段教学"模式的机械利用者忽略。适时的诵读，会让诗歌学习有事半功倍的效果。可以在提问前反复读，帮助整体感知；可以在解决问题时反复读，可以在体会情感时反复读；可以全读，也可只读几句；可自由读，也可齐读。方式虽多样目的却只有一个，那就是让学生始终沉浸在诗歌语言营造的情境中，达到促进理解的作用。

再次，教师用优美、充满智慧的语言勾连所有环节，扣住主体情感。比如在学习《雨霖铃》时，教师勾连和评价的语言有意凄婉、哀伤一些；学习《念奴娇》时，有意豪放、潇洒一些。这样学生在与老师的互动中，也能不断强化对诗歌的感性认识。

三、尊重学生的个性化解读，引导其成为“有效误读”

诗歌作品犹如带着镣铐跳出的舞蹈，既有一定规律，又有无限空间。而读者的个体经验，决定了诗歌鉴赏活动完成的终端。所以“一千个读者，就有一千个哈姆雷特”，一点不奇怪。这一点，在阅读经验较浅的学生身上有突出体现。对一首诗，“公说公有理，婆说婆有理”的情况，屡见不鲜。那么一定要搞清楚“哈姆雷特”是谁吗？我个人认为，学生在学习过程中，产生对诗歌的“误读”是正常的。从某种角度上说，是值得高兴的。因为，学生不“亦步亦趋”、“拾人牙慧”，完全讲自己的真话，能独立思考，这是一个好现象。但是，“误读”并非时时有益，我们应把“误读”有效化，使之成为学生提高能力的重要契机。

在生成问题时，留心保存“有效误读”问题，让这些问题吸引同学们注意，引起他们的兴趣，在解决、纠正的过程中完成能力的提高。比如在学习《归园田居》时，有学生认为，诗人是“吃不到葡萄说葡萄酸”，写的诗歌全是假清高、假旷达。其他学生附和之词也不少。问题产生后，学生会自己“收集证据”，从“个人经历”到不同时期的作品，学生都拿来考证。虽然最后的结论不明朗，但在解决问题过程中，学生的积极性调动起来了，能力也提高了。

总而言之，在“三段教学”模式下的诗歌教学，先“尊重学生”，再“帮助学生”。把自我体验的感受还给学生，把方法实践的快乐还给学生，只有这样，诗歌才能真正种到学生心中并生根发芽。

参考文献：

［1］韩立福. 有效备课［M］. 长春：东北师范大学出版社，2008.

［2］韩立福. 新课程有效课堂教学行动策略［M］. 北京：首都师范大学出版社，2006.

如何在"三段教学"模式下的诗歌教学中更好地运用语言艺术

——以《我愿意是急流》课堂实录为例

棠湖中学语文组 曾宪雪

语文课堂的人文性和情感性是第一要素，诗歌和散文是最能体现作者情感的文体，诗歌以含蓄、凝练为主要特征，散文以抒情见长，高中学生由于认知水平的提高和情感的积累，逐渐有了自己的审美能力，在学习中更需要正确价值观的渗透。

一位教育家说："教育的就是用心灵去打动心灵，用生命点燃生命，用灵魂唤起灵魂，用智慧培植智慧。"如果语文教师毫无感情地走进课堂，就很难激发学生的学习兴趣。尤其是在诗歌、散文等情感性较强的文体的教学中，教师和学生不能产生强烈的情感共鸣，学生平淡地上完一节课而不能留下深刻的影响，学习就达不到预期的效果，更不用说实现学生语文素养的提升了。

因此，我在诗歌、散文等文章的教学中，尤其要注意感情引导，注重教学环节的设置，注重对学生的语言激励，通过一段时间的摸索，取得了很好的效果。下面以我本月上的一堂县级骨干教师研修班观摩研讨课《我愿意是急流》（高一上册诗歌单元）为例子做一个简要的阐述。

一、运用动情的语言"创境设问"

在课堂开始，我缓缓地用深情而华丽的开头语，让学生在不知不觉中内心涌起诗意的情感，从而更快地接近文本，激发学生学习的兴趣。《我愿意是急流》是一首爱情诗，学生在预习过程中对这个话题充满了好奇，我是这样来导入的。

爱情是什么？年轻的时候啊，爱情，代表着芬芳和甜美，希望和浪漫，海誓山盟，浓情蜜意。它可以是"青梅竹马，两小无猜"的清纯，也可以是"执子之手，与子偕老"的承诺。当我们在岁月中慢慢老去，爱情，就成为每个人心中最柔软、最隐秘、最不能触碰的地方，一怀愁绪，几年离索，也许偶尔想起，只剩一声叹息。今天，我们就一起来学习一位匈牙利诗人裴多菲献给他的未婚妻尤丽亚的一首情诗《我愿意是激流》（板书），裴多菲被誉为是在被奴隶的鲜血浸透了的、肥沃的黑土里生长出来的一朵带刺的玫瑰。我们接下来就要走近他的心灵，倾听他对爱人的呼唤。

学生听到这里，不由地发出了感叹，他们的表情告诉我，情境导入最重要的就是做到创情设境，以情动人，这个目的达到了，创境设问就成功了，于是我顺势展现出本堂课的教学目标。

学习内容：①反复诵读，学习鉴赏意象。②体会诗歌情感，理解诗人的爱情观。③尝试通过创作诗歌表达自己的情感。

学习重点：体会诗人蕴涵的深沉感情。

学习目标的设置要根据教学大纲，从学生的学情出发，争取一课一得，让学生迅速明确目标，教师在表述时不能拖泥带水，应尽量简洁地概括出本堂课的学习目标和重点。

二、运用睿智的语言“互动解疑”

1. 用幽默灵活的语言处理“意外状况”

在课堂中，往往会出现临时发生的、与教学设计预期不符合的突发情况，这时教师一定要临阵不乱，机智处理，不要让突然出现的意外打乱了整个课堂的节奏。另一方面，如果出现的问题是体现了学生的自主性和思维火花，教师也要把握好时机，因势利导，对这些宝贵的“星星之火”加以利用，引发学生更多的思考和探究。

比如，在展现了教学目标后，我设置了自读的环节，请同学们各自带着自己预习时候对诗歌的理解，先自己大声地读一遍课文。我预设在这个环节中能够体现学生独立预习中取得的不同的情感收获。但是，实际情况很意外，同学们在读的时候，不约而同地整齐地朗读起来，听课的教师都轻轻笑了。由于是借班上课，一定要首先取得学生心理上的信任，于是我面带微笑地表扬他们：我们班的同学们真是有集体意识呀。他们不好意思地笑了，用委婉的点评代替不留情面的责备，为整堂课奠定了和谐的基础。

比如，学生上台展示了小组的第二个问题：诗歌用什么修辞手法体现了诗人怎样的爱情观。我顺势提出了一个问题：舒婷的《致橡树》和裴多菲的《我愿意是急流》中体现出来的爱情观有什么不同。学生不好意思地说："老师，我们没有学过，不知道。"在那样的情况下，又没有时间让学生重新去翻阅，于是我临时应变，指导学生迅速勾画其中最重要的几个句子："我愿意是你近旁的一株木棉，作为树的形象和你站在一起……我们分担寒潮、风雷、霹雳；我们共享雾霭、流岚、虹霓……"学生很聪明，马上就体会了其中的意思，并进行了精彩的发言。我又及时引发学生对不同爱情观的争议，对他们的点滴观点进行总结和发挥，课堂的气氛达到了一个小的高潮，赢得了听课老师的赞赏。

2. 用环环相扣的语言过渡教学环节

一堂完整的语文课，不在于它要处理多少个"一、二、三"的教学环节，而在于教师能不能将整堂课和谐调控，就像厨师将各种调料调成鲜美的食品，要色香味俱佳才行。教师要让课堂行为参与者感觉到"一气呵成"、"行云流水"、"如沐春风"，而不是支离破碎，教师就要在处理教学环节的过渡上多思考、多积累、多锻炼。

教师在运用过渡性语言时要注意以下几点：

（1）在学生自读时，教师要深入浅出地扫清阅读障碍。当学生自己体会西方的诗人在表达心中爱意和中国诗人的不同的时候，我以风趣的语言、生动的例子，说明西方的抒情非常的直白、中国人抒情很含蓄的特点。"中国人说思念是'帘卷西风，人比黄花瘦'，约会是'月上柳梢头，人约黄昏后'，离别时'孤帆远影碧空尽，惟见长江天际流'，绝不可能是'我和你吻别，在无人的街'对吧？"学生笑起来，轻松进入下一个环节：学生认真听老师的朗读，自己揣摩并再次诵读出西方诗歌抒情大胆直白的特点。

（2）在提出问题时，教师用简洁凝练的语言发出正确指令。由于我面对的是艺体中学的学生，第一次上课，对他们的文化课基础没有把握，于是我这样启发学生："为了帮助大家进一步理解诗歌，老师设置了几个问题，请同学们先独立完成，再小组讨论，然后请各小组的优秀代表主动到黑板上来和大家分享小组的学习成果。"

第一个问题：作者选择了什么意象来代表自己和爱人？各自体现了怎样的人物形象？

我简单提示："诗歌用意象说话。意象，简言之，就是渗透着诗人情意的具体形象。咱们中国人往往用红豆表示相思，用杨柳表示送别，一拿起酒杯，我们就举头望明月，一说起明月，我们就低头思故乡。”

学生通过教师的描述，很快就能明白题干的指向，在小组合作时能迅速找到答案。

（3）在环节推进时，教师转换要不落痕迹。最后一个环节，我需要把学生引入“拓展练习”，但是如果生硬地说：“好，上一个环节完成了，下面我们来做作业。”整个课堂的和谐气氛就会被活生生地破坏掉，导致教师和学生都觉得“意兴阑珊”。因此，尤其要注意在环节的过渡上要不着痕迹，比如，在学生通过问题探究，学习了“通过解读意象体会诗歌的情感”的学习方法，并且激动地进行了第三次齐读课文后，我这样引入了下一个“实战”环节。

“其实在1845年，裴多菲还给尤丽亚写过一首情诗《我愿意是树》，请我们的女同学一起读一遍诗歌，男同学认真思考。这两首诗在情感上有何不同？”

学生们自然而然地开始用学到的方法去解决拓展的问题了，通过先学后导，技能积累，学生已经具备了用所学方法去解决问题的能力，教师就要引导他们主动积极地思考和行动起来。

3. 用机智生动的语言调控学生思维

当课堂出现的一些话题引发学生的争议时，我们应该留给学生足够的空间，启迪他们的发散性思维。但是有时候也要注意调节课堂节奏，避免出现“开口千言，离题万里，洋洋洒洒，不知所云”的情况。

比如在完成第二个问题的展示后，学生针对不同的爱情观的讨论十分热烈，我表扬了同学们的发言，鼓励他们大胆地表达自己的见解，随着讨论的热烈、话题的转移，又大有一发不可收拾的形势，于是我巧妙地过渡到“爱是什么”的问题，吸引了学生的注意力。

我总结道：“爱情观有这些不同，一方面是东西方文化的差异，另一方面也有我们社会发展所带来的思想转变。有兴趣的同学可以课后去研究一下。”

然后话锋一转：“那么，真正的爱是什么？我曾经和今天在座的各位老师一起，听一位专家给我们讲过：爱的繁体字是什么？愛，就是把心装在一个盘子里，用一个红绸子盖上，亲手献给你最喜欢的人，‘愛’里面的心没有了，还是爱吗？ 所以，我们诗歌中有两个词，注意到了吗？反复地出现来表达诗人的心意。”学生听到这里很激动，感觉很新鲜，同时也体会到了语文文字的象形美。

他们大声回答："我愿意"，"作者恨不得把心都掏出来，献给自己的爱人。"

我微笑点头："非常好，那么下面请我们班的男孩子们带着这份体会再一起读诗歌，想象诗的画面之美，要通过声音来表达诗歌中的深情。"

通过这些细节，我深刻地体会到，学生的思绪需要发散，但也需要老师用教学的智慧把发散的思维"拉"回到课堂的主旋律中来，才能高效地完成学习目标。

4. 用真诚亲切的语言化解学生的尴尬

我们所面对的高中生由于处于青春期，一方面敢于大胆地表达自己的思想，另一方面难免会出现各种意外的"尴尬"情况，尤其是当同学们对某一位学生的答案哗然的时候，这位发言的学生就会感到很羞愧或者无所适从，如果教师不注意解决这些问题，久而久之，会伤害学生的自尊心和学习的主动性。这堂课，我也遇到了类似的情况。

例如，对"奉献型"还是"平等型"的爱情观的讨论是我预设的环节，在我预期中学生的答案无外乎"我喜欢能为我奉献的爱人，因为我是女生，喜欢呵护"，或者"我喜欢平等独立的爱情，可以一起奋斗"诸如此类的答案，但是一个女孩子高高举手，说："我希望能为我的爱人奉献，让他感受到幸福。"班上一片哗然，女生也很不好意思地红了脸，毕竟是高一的学生，大家对这样的话题有些敏感。我马上面带赞赏地拍拍她的肩膀，大声说："真是一个好女孩，懂得无私地付出，我想，她平时一定是个珍惜身边的朋友、能为朋友排忧解难的人。"同学们鼓起掌来。

还有一个细节，我在将学生的情绪调动到最高点时，请一个男同学起来读自己最喜欢的一节，来体现学生通过前半部分的学习后情感上的领悟，但是，这个男孩子由于太紧张，读得不是太好，影响了课堂烘托的气氛，没有掌声，他也很尴尬。我于是说：我们班男孩子只有11个，但是人少力量大，请我们全体男生一起帮他营造读诗的情绪，一起来读他最喜欢的这一节，好吗？所有的男同学一下子情绪激动，和他一起完成了这个环节，后来在评课的时候，有几位老师提到了这一点，他们都认为在类似问题的处理上，尤其不要让学生有"丢脸丢大了"的感受，有利于保护学生的自尊心。

5. 用饱含激情的语言触动学生的心弦

激情，是语文老师必不可少的态度，它包括用心地阅读课文，深情地朗诵课文，激动地激发学生的情绪，在潜移默化中传递给学生一个信息："语文是有生命的。"

首先，在本堂课中，我反复运用了读的环节，来调动学生的情绪。

在课堂开始学生自读后，老师用配乐诗歌朗诵来调动学生的情绪。通常来说，朗诵课文是语文老师的看家功夫，也是基本技能，尤其在诗歌的朗诵中，不但需要有标准的普通话，更需要教师把对诗歌的理解通过声音的抑扬顿挫传递给学生。我认为一个语文老师，可以对同一篇课文的不同版本的朗读加以比较、揣摩、模仿，再加上自己的情感，才能读出富含自身情感的效果来。

本堂课中，我制作课件时，把"诗人"和"爱人"的描述分别通过黑白和彩色的图片的效果进行了详细的区分，在朗读的时候配以钢琴曲，深情地示范朗诵，朗诵的时候自己都感觉到血液冲向头顶，十分动情。学生非常投入，有的眼角都湿润了，响起了热烈的掌声，我趁机启发："同学们，此时此刻你们想不想再读一次，亲自把心中的感受表达出来。"学生群情激动，大声说："要！"在给他们简要说了朗诵的关键要"慢"之后，再让学生看着屏幕上的画面，配合音乐朗诵了诗歌，效果非常好。后来有位老师用"唯美"两个字来评价这个环节。

其次，随着课堂的推进，我还运用了这些语言：

"你看，上至广漠的天空，下至河流山谷；大至山崖废墟，小至一鸟一鱼，我们仿佛看到山山水水都代表着诗人自由、开朗、奔放的爱，都在和诗人一起大声地向爱人表白，多么热烈的爱情呀。"

"当爱人需要保护时，我就挺身而出，与狂风作战，与风雨搏击，哪怕毁灭也绝不退让，当爱人的生命步入辉煌时，我又默默退去，甘作陪衬。诗人的爱情在历经磨难中慢慢升华，多么伟大而深沉的爱呀。"

读到这里，我的脑海当中就反复地响起王菲的那首歌"我愿意为你，我愿意为你，我愿意为你忘记我姓名……"，眼前浮现出教堂里两位相爱的青年对着神甫许下庄严的承诺："Yes，I do."这样真诚而热烈的爱，是多么美好而又令人向往的情感呀。

三、运用理性的语言“归纳拓展”

我认为归纳拓展环节应该包括两个方面：一是知识点的归纳，看学生是否完成了本节课的学习目标，是否能将方法技能运用到解决问题的过程中去；二是情感的总结提升，尤其是在诗歌学习中，应该对本节课涉及的人生态度价值观进行归纳和提升。

我意识到，在本堂课中爱情是一个敏感的话题，学生稍不注意就会滑向“老鼠爱大米”之类的插科打诨，或者同学之间的相互笑话。更何况现在的学生早恋的不在少数，我对此的观念是：既然已经不能遏制，不如因势利导，抓住每一个可能的机会向学生灌输正确的价值取向和高尚的爱情观念，避免学生走向低俗的爱情泥潭。

当学生完成对“诗人不同时期写的爱情诗比较阅读”的拓展练习后，我提出了一个问题：“为什么一首诗歌显得欢快，一首诗歌显得凝重甚至悲壮呢？”学生陷入了思考。

我展示出裴多菲的生平事迹，特别强调了他领导了民族革命事业并为此光荣牺牲的事迹，年仅26岁，并带领学生一起朗诵了他“生命诚可贵，爱情价更高，若为自由故，两者皆可抛”的诗歌，学生惊叹并沉默了。

我随即充满感情地说：“写《我愿意是急流》的时候，爱情对诗人来说，它不仅有风花雪月的轻柔甜蜜，更饱含着诗人对理想、对民族的更广阔和凝重的责任。无独有偶，翻译《自由·爱情》的白莽也是一位执著的共产主义战士，译这首诗时他21岁，被国民党杀害时年仅22岁。不同时代，不同国籍的两个年轻人，为了坚定的信仰，为了自由的希望，不惜用年轻的生命，用沸腾的鲜血，实践了自己对理想的承诺！有一位名人说过：‘真正的爱情可以使一个人崇高。’我觉得说得非常好。”后来有一位老师对这个环节的设置给予了很高的评价，认为这个环节的处理，给了学生一个美好的愿景。

结束的时候，我这样说：“张爱玲有一句话：‘因为爱过，所以慈悲；因为懂得，所以宽容。’我想，爱人也好，亲人也好，只要我们对这个世界怀有一颗敬畏和感激的心，我们一定能创造并享受到真正的爱。”目的是让学生学会珍惜并感恩生活。值得庆幸的是，学生们深刻领悟了这层意思，爆发出热烈的掌声。

最后，我想补充一点，教师不要吝惜自己的表扬，并且一定要诚恳。

比如我常常说这样的话：

“同学们能体会到这一点，说明我们同学的感情是相当丰富的，不错。”

“读得很棒，很有激情。建议大家表扬一下自己。”

“你是一个很独立的女孩子，平时一定很少让父母为你操心。”

“很好，你很无私，具有博爱的精神，是值得做好朋友的人。”

“我从男孩子们的表情当中，看到了坚毅、责任和担当，所以建议女同学为了我们的男子汉们鼓鼓掌吧。”

总之，在“三段教学”模式中，因为我们更加注重了学生的自主学习，突出了学生的主体地位，所以教师一定要时刻注意“以人为本”。在语言的使用上，对学生多鼓励，多赞赏，多投入真情，多锤炼语言，同时不断提高自己的语言能力，让自己的语言拥有独具特色的魅力，才能在新课程改革中切实做到构建和谐的课堂，从而让语文教学成为一门真正的艺术！

构建“三段教学”中数学对话课堂

棠湖中学数学组　唐小文

在基础教育教学改革过程中，一个突出的理念就是体现对人的关怀，强调学习者的中心地位。所谓学习者的中心地位，其实质是帮助学习者建立面向未来发展的终身学习能力。学习者学习能力的提高，需要建立在教师的有效引导的基础之上。教师在教学实践过程中，如何能够做到既充分考虑到学习者的中心地位，不断提升学习者的综合素质，又能够充分展示教师自身的专业技能，已经成为当前教师在教学过程中需要考虑的核心内容。我校正在实践的“三段教学”模式给了我一个探索思考的平台和空间。但在一年多实践过程中我也有很多困惑和反思。比如：①结构化预习时老师如何引导？如何评价预习的效果？②在互动解疑过程中如何衡量学生掌握的程度？这其中有多少南郭先生？③在不平等的课堂对话中是否会出现更加严重的两极分化？④如何扬弃传统教学中的优缺点？

一、数学的学习与引导是一种对话

我们知道，数学不但具有语言的特质，而且数学真理也是相对的、多样的、具有层次性和等级结构性的，所以认识数学也就有了多样性和层次性，不同的认识之间必然存在着差异，这个过程就是一个对话的过程，所以数学的学习也必然是一种交流、解释、批驳的对话过程。为此，在高中数学改革的新浪潮中，我们势必要关注数学课堂的对话教学，让数学知识在与他人和自我的对话中得到拓展与完善。

但是，课堂对话在目前的高中数学的教与学中都有哪些主要的实践形式呢？我们在教学过程中哪些环节是在对话？有哪些成功或不足？这都是值得我们去研究探讨的问题。

二、数学课堂的主要对话形式

本文中的对话不仅指人与人之间透过语言进行的平等交流，也包括人与文本、人与自我等的理解或反思。在此意义上，我们认为，对话教学主要有言语性对话、理解性对话、反思性对话、评价性对话及情感性对话五种课堂具体实践形式。

1. 言语性对话

言语性对话，顾名思义，是指以言语为主要表现形式的教学对话形式。它是师生基于个体经验及人与文本对话而进行的合作性、建构性的意义生成过程，主要表现为师生对话和生生对话。

2. 理解性对话

人对文本（课程内容）的理解是对话教学的一个不可缺少的重要方面。理解是一种以问题为中心的对话，而对话是理解和了解世界的途径。基于此，我们把人与文本的对话称之为理解性对话。它有教师与文本的对话（师本对话）和学生与文本的对话（生本对话）两种形式。

3. 反思性对话

反思性对话是指个体对自身内在经验和外在世界的感知与回味、认识与探究。自我对话是人性的一种欲望和需求，“人是一种对自己的存在不断进行自我认识、自我探究的存在物”。自我对话揭示了对话教学的深层本质，“只有当对话成为反思性对话时，对话才真正具有它的深刻意义”。而教师与学生的自我对话就是他们通过对自身知识经验和外部世界的认识、考察和批判，进行自我评价、自我反思、自我提升，从而主动建构、生成新的意义，达到对话教学的升华。也只有完成了教师和学生的自我对话，才算真正意义上实施了对话教学。

在对话教学中，教师的自我对话常常表现为：我是否尊重了学生？我的教学方法是否合适？我是否很好地引导了课程内容？学生能否从我的引导中受到启发？等等。学生也常与自我对话：我真正理解课程内容了吗？在这个问题上为什么我和他们的看法不同？我的观点有哪些需要进一步修正？我该用何种方法去探究？等等。师生正是在这样持续的自我反思中悄无声息地建构着自我，并使自我不断走向完善、走向深刻。

4. 评价性对话

数学教学评价的主要目的是为了全面了解学生的数学学习过程，激励学生的学习和改进教师的教学；评价的本质功能在于促进发展。“评价对话”主要体现在教师对学生的适时评价及学生对评价的反馈中，比如课前的指导性评价、课中的激励性评价、课后的小结性评价等。例如教师在批改作业时就可以就学生的综合表现写出一定文字的评语，学生也可以用便签纸把要对老师说的话写上。在一来一往中，不但教师可以及时掌握学生的学习、思想情况，学生也可以在和老师一对一的对话中收获很多。不但如此，学生与学生之间也可以进行互相评价，实现评价对话。

5. 情感性对话

“情感性对话”包括师生、生生之间的感情交流、情感激荡、共鸣等形式的对话。我校的各种中学生社团、校团委组织的各种体育赛事以及全校师生对“5·12”地震灾区“安康家园”学生生活上的关心、心理上的辅导、学业上的指导等无不体现我校班级、学校作为情感交流、情感对话的平台作用。

值得一提的是，无论是言语性对话、理解性对话、反思性对话、情感性对话还是评价性对话，都并不是界限分明、互不相干的，而是你中有我、我中有你的有机地融入到了教育中的。言语性对话总是借助于师生与文本的理解性对话，而理解性对话又离不了言语性对话的引导，自我对话则贯穿于言语性对话和理解性对话的整个过程之中，评价性对话主要体现在师生、生生对话过程中，而情感性对话体现在我们对话的每时每刻。但是我们到底应该如何构建一个真正平等的课堂对话机制呢？下面就这个问题进行探讨。

三、如何构建“三段教学”中的对话课堂

1. 形成正确“对话”的自觉意识

我们必须在师生间树立起强烈的对话意识，“一个有对话意识的人所进行的对话，绝不是要消灭一切与我不一致的人的意识，更不能因为别人同我不一致就要千方百计地取消这种不一致”。教师和学生都是鲜明的个体，所以就有鲜明的差异，教师要懂得尊重这种差异的存在，正是这种差异的存在，我们的对话才有必要展开，才有可能在对话中生成新的东西。

2. 教师要更新教学观念

对话课堂要求教师与学生共同成为课堂的主角，教师更多的是对学生进行启发、引导，学生则要敢于质疑书本上说的和教师讲的。这对教师提出了更高的要求，因为课堂随时都有可能出现意外的情况，学生很可能有新的想法提出，这些想法可能是老师从未接触过的，超出老师的认知范围，因此教师在提高课堂驾驭能力的同时，要敢于向学生说“不知道”，而不是觉得羞愧或不置可否地把问题推掉。

3. 追求师生间“平等对话”

在对话课堂中存在多重对话，师生相互之间的对话是最主要的对话。首先，要保障师生的关系是互为主体的平等关系，对话承认师生都是教学过程中的主体，都是具有独立人格价值的人，两者在人格上完全平等。保罗·弗莱雷说：“通过对话，学生的教师和教师的学生不复存在，代之而起的是新的术语：教师式的学生、学生式的教师，教师不仅仅去教，而且通过对话被教，学生在被教的同时也在教。”其次，在师生之间的对话中，问答是对话的主要形式，一个恰当的、具有吸引力的问题，能启迪学生思维，调动学生动手、动脑的积极性，激发学生的学习兴趣。例如，提出“平面几何与立体几何有哪些区别和联系？”这样的问题太大，一定会让学生感到无所适从。教师的提问应当让学生能够理解，提问不仅要使学生再现已有的知识，而且应能引起学生的注意；不仅要求教师提出能够激起思考的问题，还要能激励学生自己提出问题；不仅要求学生会回答问题，更重要的是让他们学会对答案提出质疑。再次，在师生之间的对话中，教师要当好对话的引导者和倾听者。对话不能漫无边际，也不能在粗糙的或较低的思维层面上纠缠不休，教师要及时把对话拉回到主题上来。

教师要当好倾听者，要关注学生，倾听学生的声音，不干预学生发言，更不要急于对学生的发言做出评价。

4. 鼓励学生间“平等对话”

数学课上学生要能够提出自己的观点、意见和主张，并能够有效地与同学交流。学生之间的对话不能只停留于经验和观点的交流，还必须产生碰撞和引发问题，否则就不能引起思维上的变化。学生之间的对话是一种民主和平等的关系，是交流与合作的关系。首先，任何人都无权把自己视为唯一主体，把自己的意志强加给他人。学生既要表达自我，又要肯定他人。其次，学生个人观点的表达要真实和准确，要具有独立性。教师要鼓励每个学生表述自我观点。例如，“苹果是长在地上的，这是命题吗？”在对话中，学生可能谁也说服不了谁。但重要的是对话者要敢于独立地表达自我的真实观点，让学生感受到不同观点之间产生的心灵震撼。再次，在对话中，每一位学生除了注意倾听他人观点外，还要做出必要的回应，或辩驳，或赞同，或补充。倾听的时候要集中注意力，不要因为过于相信自己而忽略别人的表述，也不要因为急于辩驳而打断他人。

5. 师生与教材“平等对话”

数学文本大都将结论直接呈现给读者。教师在备课时，要认真与教材展开对话，弄清教材编写的意图，针对学生的认知水平和已有经验，科学地处理教材。要做好与文本的对话，首先，教师应积极地进行探索和研究，提高自身的数学专业素质和教育科学素养，提高驾驭数学课程的能力。其次，教师应根据不同的内容、目标以及学生的层次情况，对课题进行加工、改编、补充和完善，进行“深加工”。同样，学生也享有对文本知识自主建构的权利，学生对文本有自己的见解。由于学生的认知能力与文本呈现的既定结论之间存在差异，只有通过相互之间的“碰撞”才能产生认知的飞跃。对于文本中精练的数学语言，严谨的推理过程，学生需要认真领悟和思考。对不明问题要追问到底，大胆提出自己的想法，要敢于挑战文本的权威地位，质疑文本不足之处。通过与文本的对话，学生的数学学习活动不再仅限于记忆、模仿和接受，而是充分发挥和培养学生的独立性、创造力以及批判精神。

所以，教师既要学好教材，又要超越教材，从而实现教师与教材的平等对话，并引导学生实现自我超越，最终实现由“教师带着教材走向学生”向“教师引着学生走进教材”的观念转变。

6. 教师在自我对话的同时要激励学生与自我对话

布鲁纳声称："如果没有回归性，任何关于思想的理论都是无用的。"教育过程很大程度上包括一种能力，即通过自己不间断的反思来区分自身已知和未知的东西。其实，这也就是一种与自我对话的能力。在数学教学中，参与自我对话能够促进学生对自己原有知识基础和学习背景进行不断地检验和完善。如在解题活动中，与自我对话就是要对解题的全过程进行自觉、深入、反复的思考，再看一看、想一想，逻辑上有无漏洞？解题方法是否正确？有无其他方法？有无捷径？结论能否推广？能否变化条件得出新的命题？等等。又如，学生在学习向量时，通过阅读教材，"我们把既有大小又有方向的量叫做向量。长度为零的向量叫做零向量"，"零向量与任一向量平行"。经过自我对话，学生得到这样的想法"既然零向量也是向量，零向量就应该有方向"，"零向量与任一向量平行，那么零向量的方向是任意的"。如果这样的想法是合理的，又产生了疑问"在讨论两向量的夹角以及两向量的垂直时，为什么又把零向量排除在外？"这样，学生通过与自我对话后，既彷徨又兴奋，他们一般会积极翻阅资料，或是希望从同学和老师那里得到合理的解释。

四、结束语

正如有些学者所言："虽然对话教学成为普遍的教育现实为时尚早，但作为现代教学改革的方向和新的教学精神应是无可争议的"，"三段教学"在新的教学理念和精神下正向着现代教育改革的方向阔步前行。

参考文献：

[1] 钟启泉. 教学研究的转型及其课题 [J]. 教育研究，2008.

[2] 钟启泉，等. 基础教育课程改革纲要解读 [M]. 上海：华东师范大学出版社，2001.

[3] 辜筠芳. 课堂中师生对话的若干类型. 宁波教育学院.

[4] 野正晴. 走向对话教育——论学校教育中引进"对话"视点的意义 [J]. 全球教育展望，2008 (1).

[5] 简·韦拉 著. 如何倾听，怎样沟通 [M]. 涂义才，译. 北京：教育科学出版社，2007.

［6］保罗·弗莱雷. 被压迫者教育学［M］. 上海：华东师范大学出版社，2008.

［7］俞昕. 蓦然回首，那人却在灯火阑珊处——由一道简单的抽象函数对称轴问题引发的层层思考［J］. 中学数学研究，2007（2）.

［8］俞昕. 数学教学呼唤“对话”. 浙江省湖州市第二中学.

平行班高中数学“多层次教学”的探索

棠湖中学数学组　廖永胜

素质教育要求“全面贯彻党的教育方针，以提高国民素质为根本宗旨，以培养学生的创新精神和实践能力为重点”。然而全面推进素质教育，就要坚持面向全体学生，为每个学生的全面发展创造相适合的条件，尊重学生身心发展特点和教育规律，使学生积极主动地得到发展。教学是实施素质教育的有效手段，我们要面向全体学生，为学生的全面发展创造条件，因而必须探究行之有效的教学方法。

一、实施“分层次教学”的现状

目前，各地中学大都实施了分层教学的模式进行教学。这里的分层大都以成绩作为划分的标准，把学生分成快慢两个层次的实验班和平行班，或是分成快中慢三个层次的火箭班、实验班和平行班。这样的分层教学带来了很明显的教学效果，避免了在教学中采用“一刀切”，不顾学生基础和能力差异把学生聚在一起上课造成“优生吃不饱，差生吃不了”的现象。教学实践告诉我们：高中学生对数学的兴趣和爱好，对数学知识的接受能力的差异也是客观存在的。另外，我们按成绩划分班级层次是根据学生前一阶段—— 一般是一个学期或者是一个学年的某一次考试成绩或者是某几次的考试成绩来划分的。这样的划分本来就有缺陷存在，所以，我个人认为，分层次教学不仅仅是简单地按成绩划分班级进行教学，所谓的层次也不单单是以成绩高低来作为划分的标准，它还应该包含学生个体差异的更多方面，如生理和心理的差异、习惯和态度的区别等，就数学学科而言，还应考虑学生对数学的兴趣爱好和接受能力等各个方面的差异。那么在教学中，不论是实验班还是平行班，上述的差异都是存在的。面对这些实际情况，在普通高中数学教学中试行“多层次教学”的教改实验，就显得格外重要。

二、什么是“多层次教学”

“多层次教学”的指导思想是教师的教要适应学生的学，而学生是有差异的，所以，教学也应有一定的差异。根据差异，学生可以分为不同的层次，教学也可以针对不同层次的学生进行分层；多层次教学是一种重视学生间的差异，在教学中针对不同层次学生的实际，在教学目标、内容、途径、方法和评价上区别对待，使各层次学生都能在各自原有基础上得到较好较快发展的课堂教学策略。

这里的多层次教学包含有两方面的意思：一方面是学校从宏观上以某次或几次成绩综合划分班级层次。另一方面就是在同一个班级中教师注重发展每个学生的个体差异，如生理和心理的差异、习惯和态度的区别，对数学的兴趣爱好和接受能力以及行为习惯等各个方面的差异，以制订适合每个学生个性发展的手段进行教学。就数学学科的学习而言，我倾向于把平行班学生分成四部分：①又好学进步又快；②好学但进步缓慢；③数学素质与基础较好但不好学；④行为习惯较差且不好学。

三、实施“多层次教学”的理论和实践依据

实施“多层次教学”的依据主要有心理学研究依据、教育教学理论依据和教育教学实践依据。

1. 心理学研究依据

人的认识是一个由浅入深，由表及里，由具体到抽象，由简单到复杂的过程。数学教学中不同学生的认识能力存在着差异，因而必须遵循人的认识规律进行教学设计。

2. 教育教学理论依据

由于学生基础知识状况、兴趣爱好、智力水平、潜在能力、学习动机、学习方法等存在差异，接受教学信息的情况也就有所不同，所以教师必须从实际出发，因材施教，循序渐进，才能使不同层次的学生都能在原有程度上学有所得，逐步提高，最终取得预期的教学效果。

3. 教育教学实践依据

目前高中的平行班层次班级面对传统教学模式，有不少困难。首先，

现行高中数学教材理论性强，运算能力要求高，课本习题及复习题量大，但学生基础知识、基本技能普遍不过关，对大部分学生来说“学不进去”，“什么也不懂”，“学了也无用”，导致教与学陷入困境。其次，就目前的状况来说，若依《大纲》规定按部就班地完成授课，根本无法保证使全部学生“一步到位”地通过会考，于是教学中“掐头去尾烧中段”，极力压缩知识的形成过程，以达到及早进行会考、高考复习之目的。“生吞活塞”，“枯燥无味”，在这一切为了考试的指挥棒下使教与学陷入苦境。再次，以高考升学率的高低去衡量办学的成绩的观念至今未打破。

四、高中数学平行班“多层次教学”的实施

1. 了解你的学生

著名教育家王金战老师说：“学习数学有四个层次，一是听懂，二是会做，三是做对，四是做好。”我想上述分层的第一类学生介于做对与做好之间，第二类学生介于会做与做对之间，第三类学生应该介于听不懂与听懂之间的层次，那么第四类属于另外的一个层次，由于基础知识与基本技能不过关，是属于听不懂甚至是不想听的层次。

对第一类学生教师只需注重引导，让他们在掌握教材内容的情况下有总结，有提升，有反思，能不断地进步并缩小与本校实验班层次之间的差距。对第二类学生教师无须在态度与习惯上多费心思，关键是对他们学习的方法多加指导，让他们学会总结与提炼，同时还应该注重这部分学生对数学的兴趣，在平时对他们的亮点及时恰当地鼓励。对于第三类学生教师更多的是关心他们的心态与行为习惯，这部分学生或曾经很喜欢数学或认真地学习过数学，由于多种原因在进入高中后就对数学失去了信心，变得懒散。每次考试不高也不低，其实是因为原来基础较为扎实，再加上数学本来是一门前后联系紧密的学科，所以他们不会考太低的分数。但他们的这份优势不会持续太长的时间，若不及时调整，一学期之后就沦落为第四类学生的行列了。对于第四类学生来说，教师需要付出更多的是感情，就是去真正地关心他们、爱护他们。要树立在教师眼里“没有差生，只有差异”的观点，要知道，每位学生都有积极向上的一面，学困生更加渴望老师的关注与信任。事实上，每个班级，特别是平行班级，都会有几个这样的学生，他们聪明绝顶但就是各科内容都没有学好，究其原因不是学生学

不好，而是我们在教与学的过程中有了脱节。著名教育家王金战老师还说过“差生就是在一次次的打击中产生的”，诚然，对这部分学生我们要用爱唤回他们的信心，让他们知道，只有想不到的，没有做不到的，让他们找回属于自己的自信。所以，对每一个学生个体，除了要考察他的个体特征之外，还要考察他在全班表现的共性特征。只有这样，我们才能充分发挥每个学生的潜能，大幅度提高学习成绩，达到以“多层次教学”向课堂要高效的目的。

2. 创造良好的环境

实施分层次教学，师生之间的关系是一个重要条件。有和谐的师生关系，才能创造出和谐的学习环境，激发学生的学习兴趣，使学生的心理健康发展。

分层次教学中的分法是非常重要的环节，其指导思想是变传统的应试教育为素质教育，是差异的分层，而不是人格的分层。为了不给差生增加心理负担，必须做好分层前的思想工作，了解学生的心理特点，向他们讲清楚道理：多层次教学的目的不是人为地制造等级，而是在每个学生的最近发展区采用不同的方法帮助他们提高学习效率，让每个学生最大限度地发挥各自的潜力，以逐步缩小外在表现的差距，达到班级整体优化的目的，同时也是对学生完美人格的塑造的过程。

作为一名合格的教师必须有良好的心理素质，民主的教风，要敢于承认工作中的不足，在学生中树立威信，要注意师生感情的交流，注意信息反馈，不断纠正工作中的失误和偏差，并经常与各科教师进行信息交流。只有这样，才能真正创造出一个良好的学习环境。

3. 学生层次化——学生自选，因能划类，依类分层

在教学中，根据学生的数学基础、学习能力、学习态度、学习成绩以及行为习惯的差异和提高学习效率的要求，结合教材和学生的学习可能性水平，再结合高中阶段学生的生理、心理特点及性格特征，可将学生按1∶3∶4∶2的比例分为A、B、C、D四个层次：A层是不想听或是听不懂的学生；B层是介于听不懂与听懂之间的学生；C层是介于会做与做对之间的学生；D层是介于做对与做好之间的学生。

多层次教学的主体是班级教学为主，按层次教学为辅，层次分得是否合理直接影响到“多层次教学”的成功与否。为此，对学生进行分层要坚持尊重学生、师生磋商、动态分层的原则。首先，要向学生宣布上述分层

方案的设计，讲清分层的目的和意义，以统一师生认识。其次，教师应指导每位学生实事求是地估计自己，通过学生自我评估，完全由学生自己自愿选择适应自己的层次。最后，教师根据学生自愿选择的情况进行合理性分析，若有必要，在征得学生同意的基础上作个别调整之后，公布分层结果。这样使部分学生既分到了合适的层次上，又保留了“脸面”，自尊心也不至于受到伤害，也提高了学生学习数学的兴趣。但学生所处的层次也不是一成不变的，经过一段学习后，由学生自己提出要求，教师根据学生的变化情况，作必要的调整（一般是半个学期或一个学期为一次），最终达到A、B层逐步解体，C、D层不断壮大的目的。

4. 在教学环节中施行“多层次教学”

（1）教学目标层次化。分清学生层次后，要以“面向全体，多方兼顾”为原则，以教学大纲、考试说明为依据，根据教材的知识结构和学生的认识能力，将知识、能力和思想方法融为一体，合理地制订各层次学生的教学目标，并将层次目标贯穿于教学的各个环节。对于教学目标，可分五个层次：①识记；②领会；③简单应用；④简单综合应用；⑤较复杂综合应用。对于不同层次的学生，教学目标要求是不一样的：A组学生达到①~②；B组学生达到①~③；C组学生达到①~④；D组学生达到①~⑤。

（2）课前预习层次化。针对高中生阅读理解能力相对提高，学习的目的性、自觉性明显增强的特点，教师根据已定的教学目标，明确提出各层次的预习目标，指导学生掌握正确的看书预习方法，就会获得满意的预习效果。比如，让高一学生预习时，可要求A层学生主动复习旧知识，基本看懂预习内容，试着完成相应的练习题，不懂时主动求教于别组的学习伙伴，带着疑问听课；B层学生初步理解和掌握预习内容，会参照定理、公式、例题的推演自行论证，并据此完成练习题，遇到困难时，能自觉复习旧知识，能主动求教；C层学生理解和掌握预习内容，定理、公式要主动推导，例题要先行解答，能独立完成部分习题，力求在预习中解决大部分的问题，并能自觉帮助别组同学；D层学生则应该站在更高的角度，要求全面掌握教材的内容，深刻理解教材中公式、定理等的来龙去脉，理清教材的知识结构，力求从理论和方法上消化预习内容。

（3）课堂教学层次化。在安排课时的时候，必须以B、C层学生为基准，同时兼顾A、D两层，要注意调动他们参与教学活动的积极性，不至于受到冷落。一些比较难的问题，课堂上可以不讲，课后再给D层学生讲。课堂教学要始终遵守循序渐进、由易到难、由简到繁、逐步上升的规律，要求不宜过高，层次落差不宜太大。要保证D层在听课时不等待，A层基本听懂，得到及时辅导，即A层“吃得了”，B、C层“吃得好”，D层“吃得饱”。从旧知识到新知识的过渡尽量做到衔接自然，层次分明。

（4）布置作业层次化。根据不同层次学生的学习能力，布置不同的课后作业，一般可分为三个层次：A层是基础性作业（课后练习），B、C层以基础性为主，同时配有少量略有提高的题目（课后习题），D层是基础性作业和有一定灵活性、综合性的题目（课后复习题）各半。布置作业要精心安排，题量不宜过大，一般学生在20~30分钟内完成。

分层次布置作业要充分考虑到学生的能力，并由学生选择适应自己的作业题组，克服了“大一统”的做法，使每个学生的思维都处于“跳一跳，够得着”的境地，从而充分调动了学生的学习积极性，对A层的学生也没有过大的压力，可以减少抄袭作业的现象，减轻学生的课业负担，提高学生学习数学的兴趣。

（5）单元考核层次化。每一单元学完后或每一星期末，均安排一次过关考核，它以基础题为主，着重基本概念和基本技能，根据A、B、C、D四层次学生的实际水平，同一份试卷拟定出不同层次的单元测试题，提出不同的要求，供四个层次学生按规定要求自由选择完成，也可直接注明部分题只要求A层学生完成，部分题只要求D层学生完成（可用附加题形式）。就是在统考中，也可针对不同的学生提出不同的目标，如上次考50分的，这次考60分就算达标了。在每次考核后，每层次的人员应作适当的变动，事实上是培养方式的改变。这样一来，基础差的学生感到有信心，基础好的学生也不敢有丝毫放松。同时，为了不给A、B组学生心理上造成过大的压力，可以在班级管理和课外活动中给予更多的机会，让他们在这些方面先找到自信，也有助于学习成绩的提高。

（6）课外辅导层次化。教学实践告诉我们，一个班级中最该受到关注的是A、B层次的学生，而不是C、D层次的学生。这样做也体现了多层次教学的思想。对于学有余力的C、D层次学生，教师更多的还是指导他们如何真正地喜欢数学、爱上数学，完成从好学到乐学的转变。

五、“多层次教学”反思

在多层次教学的实施过程中还存在诸多不利因素，若得不到较好的处理，便会严重影响多层次教学的实施。

第一，多层次教学的目标，预习、课堂、作业、考核、辅导等层次化固然重要，但还有一些表面上看不见的因素影响着具体的实施。主要有以下几点：一是注重成绩水平，轻视能力培养；二是层次分得过死，加重两极分化；三是只重视部分优生，忽视全体学生；四是学生层次分明，教师教法单一；五是缺乏思想引导，学生心理负担过重；六是教学分层与考查不配套。对这些不利因素在教学实践中要注意克服。此外，课后做好学生的思想工作，与家长密切配合，与班主任的协调，教师的责任心、教态、语言、作风、人格等都会对分层次教学产生一定的影响。

第二，多层次教学是复杂的操作过程，工作量大，特别是在最初阶段更是如此，所以需要教师有强烈的责任心，求实、创新的工作作风。面对学生“参差不齐”的实际水平，在普通高中数学教学中正确地运用“多层次教学”，可使学生的学习目的性更明确、自觉性更强、学习兴趣更浓厚，达到缩小两极分化，大面积提高数学成绩的目的。多层次教学是一项新的操作难度大的工作，有待在今后的实践中探讨与改进。

参考文献：

［1］冯跃峰. 数学课堂教学中的层次设计［J］. 中学数学，1997（2）.

［2］付海峰. 在层次教学中培养学生的思维能力［J］. 中学数学教学参考，1997（10）.

［3］冯德雄，章明富. 数学“符号语言”教学的层次性［J］. 数学通报，1999（3）.

［4］朱德成. 高中数学“分层次教学”的理论和实践.

《三角函数式的化简》教学设计

棠湖中学数学组　邓天

一、学习目标

1. 熟记诱导公式；同角三角函数的基本关系式；两角和与差的正弦、余弦、正切公式；二倍角的正弦、余弦、正切公式。

2. 能熟记降幂公式和辅助角公式。

3. 掌握三角函数式化简的要求。

4. 能正确地运用这些三角公式进行三角函数式的化简。

5. 能利用小组合作学习、展示学习、相互探究等学习活动开发自已的的智商和情商，体验成功的快乐，进而培养自已的协调能力、沟通能力、语言表达能力。

二、重点难点

学习重点：能熟练地运用三角公式进行三角函数式的化简。

学习难点：在三角函数式的化简中能准确、恰当地选用三角公式。

三、整合问题

1.（口头展示）①问题1中你的解题思路是怎样的？②若将原题改成 $\cos^2\left(\frac{\pi}{3}-x\right)+\sin^2\left(\frac{\pi}{6}-x\right)$ 你会怎样解？③请帮助第9组同学解决：化简时是否应首先观察角与角之间的关系？从哪些方面观察？

2.（黑板展示）问题2第（2）题你是怎样解的？②请帮第8组同学解决：化简遇到三角函数种类较多时一般怎么处理？

3. ①你能观察出问题3第（2）题的结构特征吗？②（黑板展示）你是怎样解的？③当三角函数式是分式时该如何寻找解题的切入点？

4. 通过前面几个问题的共同探讨你有哪些收获？

5. 根据以上问题带给你的启发，你能解决拓展题的第5、6题吗？

四、设计意图

1. 问题1的设计是为了让学生体会三角函数式化简时最好先观察角的特点。涉及的角之间是否是“互余”、“互补”、“成倍”、“有特殊关联”等关系。

2. 问题2的设计是为了让学生体会“切割化弦”的方法以及其本质其实是统一函数名。

3. 问题3的设计是为了让学生体会三角函数式化简时多观察函数式的特点，从中寻求解题的突破口。

4. 问题4的设计是为了让学生学会提炼化简的方法和规律。

5. 问题5的设计是为了让学生在课后得到强化和提升。

五、学生活动

学生根据展示出来的问题进行小组合作探究，得出结果后派代表到黑板进行展示并简单地讲解。其他同学可以提出质疑或不同的解法，并从问题的解决中获取规律和方法。

六、教师点评

1. 化简三角函数式时，一般先观察式子结构特征，即注意“角、名、形”的特点，从中寻找切入点。

2. 统一“角”时常用到诱导公式、和差角公式、倍角公式或配角的方法。

3. 统一“名”时多用到同名的三角函数关系，如切割化弦、弦转切等。

4. 分析“形”时注意分式想法约分，根式想法开方或平方等常用思路。

七、教学反思

本节内容是三角函数公式的强化运用，更为重要的是如何合理选择公式进行化简，所以让学生自行体会并从中获取化简的常用方法是至关重要的。整堂课学生的参与比较充分，展现了学生良好的素质，但老师适时的点评更为重要。所以何时进行点评、如何进行点评是我在以后的教学中要不断探索的内容。

八、附本节《学与导》的内容

预习导读单

1. 在同角三角函数的基本关系中涉及切割化弦的公式有哪些？

2. 在六个三角函数中，不同的两个函数间弦与弦、切与切、割与割可通过哪些公式联系？

3. 在降幂公式中$\sin^2\alpha=$________；$\cos^2\alpha=$________。

4. 辅助角公式是指________。

5. 开方后 $=\sqrt{1\pm\sin\alpha}=$________；$\sqrt{1\pm\cos\alpha}=$________。

6. 化积后 $=1\pm\cos\alpha+\sin\alpha=$________。

预习自测

1. $\cos(\alpha+\beta)\sin(\frac{\pi}{2}-\beta)+\sin\beta\sin(\alpha+\beta)=$________。

2. $\frac{1+\cot15°}{1-\tan75°}=$________。

3. $3\sqrt{15}\sin x+3\sqrt{5}\cos x=$________。

4. 已知$f(x)=\sqrt{1-x}$，当$\alpha\in(\frac{5\pi}{4},\frac{3\pi}{2})$时，式子$f(\sin2\alpha)-f(-\sin2\alpha)$可化简为（　）。

A. $2\sin\alpha$　　B. $-2\cos\alpha$　　C. $-2\sin\alpha$　　D. $2\cos\alpha$

5. 若$\alpha\in(\frac{3\pi}{2},2\pi)$，则$\sqrt{\frac{1}{2}-\frac{1}{2}\sqrt{\frac{1}{2}+\frac{1}{2}\cos2\alpha}}=$________。

问题生成单

学生生成问题：

学导过程

1. 创境设问

在初中，为了处理与代数式相关的问题，我们学习过分式的化简以及二次根式的化简。在三角函数问题中，为了处理相关问题，我们也需要研究三角函数式的化简。今天我们就来研究三角函数式的化简。那么三角函数式化简的要求是什么？化简的方法有哪些？

2. 互动解疑

（1）展示预习中学生生成问题，先组内讨论，再组间展示，生生互评，老师点评。

（2）教师整合问题：

问题1. 已知$\cos 2x=\frac{1}{3}$，求$\cos^2(\frac{\pi}{3}-x)+\sin^2(\frac{5\pi}{6}+x)$ 的值。

解：因为$\cos^2(\frac{\pi}{3}-x)+\sin^2(\frac{5\pi}{6}+x)=\frac{1+\cos(\frac{2\pi}{3}-2x)}{2}+\frac{1-\cos(\frac{5\pi}{3}+2x)}{2}$

$$=1+\frac{\cos\frac{2\pi}{3}\cos 2x+\sin\frac{2\pi}{3}\sin 2x-\cos\frac{5\pi}{3}\cos 2x+\sin\frac{5\pi}{3}\sin 2x}{2}$$

$$=1+\frac{-\frac{1}{2}\cos 2x+\frac{\sqrt{3}}{2}\sin 2x-\frac{1}{2}\cos 2x-\frac{\sqrt{3}}{2}\sin 2x}{2}=1-\frac{1}{2}\cos 2x=\frac{5}{6}$$

点评：①异名化同名，异角化同角是三角函数式化简中的重要手段之一。

②对于正余弦的平方式，降幂公式的应用应该是首选。

问题2. 化简：（1）$\frac{\sqrt{3}\tan 12°-3}{\sin 12°(4\cos^2 12°-2)}$；（2）$(\cot\frac{\alpha}{2}-\tan\frac{\alpha}{2})(1+\tan\alpha\cdot\tan\frac{\alpha}{2})$；

解：

（1）原式$=\frac{\sqrt{3}\sin 12°-3\cos 12°}{2\sin 12°\cos 12°(2\cos^2 12°-1)}=\frac{2\sqrt{3}(\frac{1}{2}\sin 12°-\frac{\sqrt{3}}{2}\cos 12°)}{\sin 24°\cos 24°}$

$$=\frac{2\sqrt{3}\sin(12°-60°)}{\frac{1}{2}\sin 48°}=-4\sqrt{3}$$

（2）原式$=(\frac{1+\cos\alpha}{\sin\alpha}-\frac{1-\cos\alpha}{\sin\alpha})(1+\frac{\sin\alpha}{\cos\alpha}\cdot\frac{1-\cos\alpha}{\sin\alpha})$

$$=\frac{2\cos\alpha}{\sin\alpha}(1+\frac{1-\cos\alpha}{\cos\alpha})=2\cot\alpha(1+\frac{1}{\cos\alpha}-1)=2\cos\alpha$$

点评：①切割化弦是三角函数式化简中的重要手段。对于非特殊角的三角函数式的化简通常利用公式通过约分、抵消、转化为特殊角等方法来实现，它常涉及“1”的代换。

②对于形如$a\sin\alpha+b\cos\alpha$ 的式子必须用辅助角公式解决。

③ $\tan\frac{\alpha}{2}=\frac{1-\cos\alpha}{\sin\alpha}=\frac{\sin\alpha}{1+\cos\alpha}$ 要求学生记下来。

问题3. 化简（1）$\dfrac{\cos\theta}{1+\cos\theta}\cdot\dfrac{1-\cos2\theta}{\cos2\theta}\cdot\dfrac{\cos4\theta}{1-\cos4\theta}\cdot\dfrac{\sin8\theta}{1+\cos8\theta}$；

（2）$\dfrac{(1+\sin\theta+\cos\theta)(\sin\dfrac{\theta}{2}-\cos\dfrac{\theta}{2})}{\sqrt{2+2\cos\theta}}(0<\theta<\pi)$

解:

（1）原式$=\dfrac{\cos\theta}{1+\cos\theta}\cdot\dfrac{2\sin^2\theta}{\cos2\theta}\cdot\dfrac{\cos4\theta}{2\sin^2 2\theta}\cdot\dfrac{2\sin4\theta\cos4\theta}{2\sin^2 4\theta}=tan\dfrac{\theta}{2}$

（2）原式$=\dfrac{(2\cos^2\dfrac{\theta}{2}+2\cos\dfrac{\theta}{2}\sin\dfrac{\theta}{2})(\sin\dfrac{\theta}{2}-\cos\dfrac{\theta}{2})}{\sqrt{2(1+\cos\theta)}}$

$$=\frac{2\cos\frac{\theta}{2}(\cos\frac{\theta}{2}+\sin\frac{\theta}{2})(\sin\frac{\theta}{2}-\cos\frac{\theta}{2})}{\sqrt{2\cdot2\cos^2\frac{\theta}{2}}}$$

$$=\frac{2\cos\frac{\theta}{2}(\sin^2\frac{\theta}{2}-\cos^2\frac{\theta}{2})}{2\left|\cos\frac{\theta}{2}\right|}=\frac{\cos\frac{\theta}{2}(-\cos\theta)}{\left|\cos\frac{\theta}{2}\right|}$$

$\because 0<\theta<\pi$，$\therefore 0<\dfrac{\theta}{2}<\dfrac{\pi}{2}$，$\therefore\left|\cos\dfrac{\theta}{2}\right|=\cos\dfrac{\theta}{2}$，$\therefore$原式$=-\cos\theta$

点评：①若化简式中出现了二倍角关系或出现了$\sqrt{1\pm\sin\theta}$、$\sqrt{1\pm\cos\theta}$一定要思考二倍角公式的应用。

②特殊关系式 的应用也一定要思考二倍角公式的应用。

3. 归纳拓展（师生共同完成）

三角函数式的化简常用方法是：异名函数化为同名三角函数，异角化为同角，异次化为同次，切割化弦，特殊值与特殊角的三角函数互化。

拓展训练单

1. 必做题

（1）化简 $\dfrac{\cos2\alpha}{\tan(\dfrac{\pi}{4}-\alpha)}=$（　）

A. $\sin\alpha$　　B. $\cos\alpha$　　C. $1+\cos2\alpha$　　D. $1+\sin2\alpha$

（2）$\dfrac{2\sin2\alpha}{1+\cos2\alpha}\cdot\dfrac{\cos^2\alpha}{\cos2\alpha}=$（　）

A. $\tan\alpha$　　B. $\tan2\alpha$　　C. 1　　D. $\dfrac{1}{2}$

2. 选做题

(3) 化简：$\dfrac{\cos^2\alpha-\sin^2\alpha}{2\cot(\frac{\pi}{4}+\alpha)\cos^2(\frac{\pi}{4}-\alpha)}$

(4) 化简：$\dfrac{2\cos^4x-2\cos^2x+\frac{1}{2}}{2\tan(\frac{\pi}{4}-x)\sin^2(\frac{\pi}{4}+x)}$

3. 拓展题

(5) 已知$\tan\alpha$，$\tan\beta$是方程 $x^2+6x+4=0$ 的两根，化简 $\cos2\alpha\cdot\cos2\beta-\cos^2(\alpha-\beta)$

(6) 化简：$(1+\sin x)\left[\dfrac{3\cos x}{2\cos^2(\frac{\pi}{4}-\frac{x}{2})}-2\tan(\frac{\pi}{4}-\frac{x}{2})\right]$

《波的形成和传播》教学设计

棠湖中学物理组　张俊飞

一、教学目标

1. 知识与能力

理解机械波形成和传播的原理。

知道机械波的种类——横波和纵波。

明确机械波产生的条件和特点。

通过对波的学习，提高空间想象能力和思维能力。

2. 过程与方法

通过信息技术和物理实验的辅助作用，突破机械波形成和传播的原理这个教学难点和重点。

3. 情感态度和价值观

通过学生自主探究、生生讨论、师生讨论，培养学生自主学习的习惯和团结协作、勇于探索的精神。

二、教学重难点

机械波形成和传播的原理既是本节的重点，也是本节的难点。

三、学情分析

本班学生基础较好且已经有了机械振动的知识，但本节知识较为抽象，学生很难理解波的形成和传播的原理。所以选择了信息技术和实验为辅助来帮助学生化难为易。

四、教学方法

在网络教学环境下以信息技术和实验为辅助，在老师引导下，学生自主探究学习。通过学生自主探究、生生讨论、师生讨论、学生小结、课堂练习、课堂延伸这六个环节达到对知识更深刻认识的目的。

五、教学用具

计算机、投影仪、屏幕、绳、弹簧、红色标记、专题网站（http://wuli.tanghu.net）。

六、课前准备

让学生体会生活中的绳波、弹簧波、声波等各种机械波；在专题网站（http://wuli.tanghu.net）和其他相关网站上搜集有关波的文章、图片、动画、视频等，将其中优秀材料选作教学素材。

七、教学过程

设计	老 师	学 生	实 验	信息技术
创境设问	播放视频引导进入学习情景。 培养自主学习的习惯。	学生被视频吸引，进入观察、思考状态。		长绸舞视频 五星红旗飘扬视频
	1. 引导学生进入专题网（http://wuli.tanghu.net）学习。 2. 提出本节课四个重点问题： （1）绳波是怎么形成和传播的?	学生在专题网上围绕这四个问题自主探究。		

设计	老师	学生	实验	信息技术
创境设问	（2）什么是横波？ （3）什么是纵波？ （4）机械波产生的条件和特点是什么？ 要求学生围绕这四个问题自主探究。 3．给学生轮流答疑，使学生学习变被动为主动。			专题网 http://wuli.tanghu.net：充分利用网络上丰富多彩的文字、图片、动画、视频等
互动解疑	让学生带着自主探究中的疑问再分组讨论和论坛时时交流，总结出本组的观点，“对比看哪组同学对问题认识最深刻”——激发学生学习热情。 体现了团结协作的精神。	学生分组交流和论坛时时交流。		专题网论坛（http://wuli.tanghu.net/bbs/index.asp）
	再次提出本节课四个重点问题，逐一点评分组讨论的结果： 1. 绳波是怎么形成和传播的？ 2. 什么是横波？ 3.什么是纵波？	1. 绳波 （1）请各组代表总结他们本组的观点，再争论、补充、完善结论。 （2）请某组学生上来演示绳波，同时解释其原理。 （3）请课外活动小组的某同学用绳波flash解说自己通过课余探索后对绳波的认识。 （4）老师点评。 2. 横波 （1）学生回答。 （2）学生用网页丰富的动画信息等再次说明横波定义。 （3）老师点评。 3. 纵波 （1）学生回答。	1. 演示绳波实验 2. 演示弹簧波实验	1.flash演示绳波 2.flash演示弹簧波

续表

设计	老师	学生	实验	信息技术
互动解疑	4.机械波产生的条件和特点是什么？ 培养科学探究的方法和精神。	（2）请某组学生上来演示弹簧波,同时解释其原理。 （3）学生用网页丰富的动画信息等再次说明纵波定义。 （4）请课外活动小组的某同学在大屏幕前分析声波是横波还是纵波。 （5）老师点评。 4. 机械波 （1）学生回答。 （2）学生用网页丰富的动画信息等展示自然界常见的机械波，并从中自己总结出机械波产生的条件和主要特点。 （3）老师点评。		3．网页文字、图片、动画、视频等展示波的形成和传播 4.ppt板书总结
归纳拓展	提问：请大家回忆本节课学习了哪些内容？请一位同学来总结。 培养学生归纳总结的习惯。	学生回忆，总结出： 1. 绳波形成和传播的原理 （1）各质点间有相互作用力。 （2）后一质点比前一质点迟些振动。 2. 横波 3. 纵波 4. 机械波 （1）条件。 （2）特点。		ppt板书小结内容
	1. 引导学生应用所学的知识：专题网→机械波→课堂练习（http://wuli.tanghu.net/jixiebo/ktlx.asp） 2.在线做A组题，在线反馈答案，在线统计情况，在线评讲。B组题选做。	在线做A组题，在线反馈答案并先让学生自主分析情况，再相互讨论，最后听老师点评。B组题选做。		专题网→机械波→课堂练习（http://wuli.tanghu.net/jixiebo/ktlx.asp）

设计	老师	学生	实验	信息技术
归纳拓展	1. 引导学生课余继续学习：专题网→机械波→课堂延伸（http://wuli.tanghu.net/jixiebo/ktys.htm）和相关资料（http://wuli.tanghu.net/jixiebo/xgzl.htm） 2. 仍有疑问的同学可在疑难BBS（http://wuli.tanghu.net/bbs/index.asp）上发表自己的见解，和同学、老师一起讨论、解决自己存在的问题。 培养了学生的想象力、创造力，再次培养了学生自主学习的习惯。	学生带着对机械波的深刻理解和浓厚兴趣将在课后继续探究专题网上（http://wuli.tanghu.net）与下节课相关的“课堂延伸”栏内的内容；阅读与波相关的“相关资料”栏的内容。有疑问还可以在“疑难BBS”上发表他们的见解，师生共同讨论、解决他们存在的问题。		1. 专题网→机械波→课堂延伸（http://wuli.tanghu. net/jixiebo/ktys.htm）和相关资料（http://wuli.tanghu.net/jixiebo/xgzl.htm） 2. 疑难BBS论坛（http://wuli.tanghu.net/bbs/index.asp)

波的形成和传播

一、绳波是怎么形成和传播的

1. 绳各部分间存在着相互作用力，一端发生振动会引起相邻部分发生振动，并依次引起更远部分发生震动。

2. 沿波的传播方向上后一个质点总比前一个质点迟一些开始振动。

二、什么是横波

1. 横波：质点的振动方向跟波的传播方向垂直的波叫做横波。

2. 波峰：在横波中凸起的最高处叫做波峰。

3. 波谷：在横波中凹下的最低处叫做波谷。

三、什么是纵波

1. 纵波：质点振动方向跟波的传播方向在同一直线上的波叫纵波。

2. 密部：在纵波中质点分布最密的地方叫做密部。

3. 疏部：在纵波中质点分布最疏的地方叫做疏部。

4. 声波是纵波。

四、机械波产生条件和特点是什么

1. 机械波的定义：机械振动在介质中的传播。

2. 机械波产生的条件：同时存在振源和介质。

3. 机械波的特点：

（1）各质点均在自己的平衡位置附近振动而不随波迁移。

（2）波向外传播的是振动的形式和能量。

五、小结

1. 绳波形成和传播的原理。

2. 横波。

3. 纵波。

4. 机械波。

高中化学“三段教学”的思考

棠湖中学化学组　孙建

很长时期，我国传统教育在对“传道、授业、解惑”为教师职业内容理解的前提下，基本采用灌输式教学方法，而且“食不厌精，脍不厌细”，呈现一种教师“包办”的状态，教师不敢完全“放开”学生，学习者完全随着教师的指挥处理自己的学习行为，始终处于被动地位，学习者的热情、创造性、个性受到约束，其巨大学习潜能、创造潜能受到压抑。社会在发展，教育也在不断地发展。新课改要求各学科课程贯穿“以学生为本”、“以促进学生主动发展为本”的新理念。课程改革势在必行，新的观念必进课堂。教师应努力转变教学思想，充分利用现代教学手段，改革教学设计，构建民主平等、和谐合作的师生关系。为了适应新课改，打造学校特色，棠湖中学熊伟校长针对我校实际情况提出了“三段教学”模式。

“三段教学”是以“合作学习小组的学生”为主体，以评价为手段，以培养能力为核心，以“问题”为主线，通过课前“学生主动发现问题”，课中“师生互动解决问题”，课后“反思升华拓展问题”，“先学后导，巩固延伸”达到有效教学的目的。从形式上看，让学生有自主、合作、探究的过程，给予学生独立思考和小组交流的机会；从实质上看，是凭借自主、合作、探究的学习方式，培养学生良好的学习习惯。在“三段教学”课堂上，学生在合作中互动，在互动中创造，大大超越预期目标的要求。学生的积极发言和讨论是自由程度较高的活动，往往身心投入的程度也很高。学生将自己上升为学习的主人。学会在整个学习过程中与同学密切学习合作，实现知识资源共享及智力互激互促，以切实提高学习效率。因此，“三段教学”模式完全符合新课程改革精神要求，并成为深化教学改革的具体体现。

一、“三段教学”在化学教学中的实施

“三段教学”模式在高中化学教学中分为三大课型：问题生成课、问题解决课、拓展延伸课。

1. 问题生成课

问题生成的目的是培养学生自主学习、发现问题的能力，通过预习课，明确学习目标、学习方法及学习任务，解决本节课学习任务，尤其是解决基础知识问题，为展示提高打好基础。

问题生成课的具体步骤如下：

（1）确定预习目标和预习方法，布置学习任务。教师精心设计目标，分解学习任务、目标，可以采用多媒体、口述或者预习提纲等形式出现，目标应明确、清晰、层次性强，学习任务应具体，便于学生自学，由浅入深，层层递进，将学生容易出现的问题周密考虑，逐步分解，让学生在预习时能够顺畅、自然地解决好本节课的难点，完成预定的学习任务。

（2）自主预习，完成“预习导读单”内容。学生独立阅读教材，再根据“预习导读单”进行独立思考、独立解决问题的高效自主学习。教师

要关注后进生，对后进生在学习中遇到的困难进行及时辅导点拨。

（3）达标检测。完成教材课后针对本节课内容作业，填空、选择做在书上，问答、计算写在作业本上。教师及时掌握学生学习情况，并对其共性的错误进行及时校正，努力做到堂堂清。

（4）学生生成问题。通过预习、做作业将学生自己的问题写在《学与导》的“学生生成问题”栏。

课型	课堂流程	学生行为	教师行为
问题生成课	1. 结构化预习。 2. 完成书面作业。 3. 生成问题。	学生阅读教材、思考。 填写《学与导》的“预习导读单”；完成教材课后作业，填空题、选择题做在书上，问答题、计算题写在作业本上。 通过预习、做作业将学生自己的问题写在《学与导》的“学生生成问题”栏。	指明学生预习教材相关内容。 教师到各个小组进行巡视，督促、指导学生完成预习导读单、教材课后作业。 指导学生生成高质量问题，并全面了解学生情况。

2. 问题解决课

各小组明确任务后在学科组长的带领下，自主探究，合作交流，形成小组最佳答案，展示交流学习成果，使之对所学知识灵活运用，提升对其所学知识的感悟理解的能力。

具体步骤：

（1）明确目标和学习内容。教师展示课时学习目标、根据各小组的问题归纳总结出全班探究、讨论的问题。明确各小组分工情况及任务。

（2）合作学习与交流。各小组领到任务后在组长的带领下，进行小组内自主探究，合作交流，将学习中遇到的疑难在小组成员之间合作解决，形成学生或小组答案及最佳答案，梳理出最好或正确的答案，提倡一题多解。小组仍解决不了的问题，可以由小组长板书到黑板，由师生共同讨论解决。

（3）展示提升、互相评价。各小组根据组内讨论情况，对本组的学习任务进行讲解、分析、展示，以小组为单位，各小组派代表到黑板前展示讲解。其他小组的成员也可以谈自己的看法进行评价，并结合展示情况，对本组未能展现的学习任务进行巩固完善。教师可根据学生的理解进行适当的点拨与评价，以提升学生的学习效果。

（4）归纳总结、拓展提升。学生对本课所学知识进行归纳总结，教师补充梳理，由师生共同归纳本节课的重难点，及时归纳其知识结构，形成自己的知识链。教师安排相应课堂练习题，检查学生对学习任务的掌握情况。

课型	课堂流程	学生行为	教师行为
问题解决课	1. 创境设问： （1）创设情境。 （2）呈现目标。 （3）呈现问题。 2. 互动解疑： （1）合作探究。 （2）小组展示、互相评价。 3. 归纳总结、拓展提升。	学生听、看结合各自的生活体验，有所联想，产生求知欲。 学生能清楚地认识本课的学习目标、教学重点和难点。 在小组内学生提出在预习中的问题，经互评、讨论后生成代表小组的问题。 各小组展开讨论，发挥小组作用，合作探究解决问题。 各小组代表汇报小组的讨论结果。其他小组的成员也可以谈自己的看法进行评价。 学生对本课所学知识进行归纳总结，完善自己的知识内容。	教师有效利用多媒体创设情境，用精彩简洁的语言导入，激发学习兴趣。 教师投影展示学习目标。 老师根据各小组的问题归纳总结出全班探究、讨论的问题。展示出来。 指导小组合作学习情况，并在过程中及时地进行点拨和巡回指导学生。 引领学习小组展示，对学生的成果进行补充完善、点拨与评价，并用多媒体展示。 教师补充梳理，使之形成知识链。安排相应课堂练习题，检查学生对学习任务的掌握情况。

学生活动：合作探究——引发讨论——互相评价——收获展示。

教师活动：引导学生——全程掌控——指导点评——归纳总结。

3. 拓展延伸课

拓展延伸课的目的是对预设性目标进行回归性的检测，对检测中暴露出来的问题进行校正，师生共同总结反思，让学生熟悉题型、解题思路和解题方法。

实施拓展延伸课的具体步骤如下：

（1）明确目标，分配任务。

（2）完成拓展训练单。学生独立思考，自主解决“拓展训练单”上的习题。

（3）合作讨论、师生评价。学习小组根据答案进行讨论、互评，并将组内不能解决的问题交给老师，在老师的指导下进行组与组之间互评，在互评中生成的有价值的问题师生共同解决，即“兵教兵”、“兵练兵”、“兵强兵”。

（4）拓展延伸、反思总结。老师对题型、解题思路和方法进行归纳总结，学生找出错误原因，对所学内容进行总结反思。对出错率高的题目进行变式训练，保证使每一位同学都能够掌握好知识点。

课型	课堂流程	学生行为	教师行为
拓展延伸课	1. 完成训练单。	学生对学习的内容进行全面的回顾与深思，独自完成“拓展训练单”。	指明《学与导》上“拓展训练单”内容。观察学生完成的进度和情况。对学困生和共性问题进行规范指导。
	2. 合作讨论、师生评价。	学习小组根据答案进行讨论、互评，并将组内都不能解决的问题交给老师，在老师的指导下进行组与组之间互评。	老师提供答案，指导小组讨论。在组间互评时作适当的点评。在互评中生成的有价值的问题师生共同解决。教师进行激励评价。
	3. 拓展延伸、反思总结。	学生找出错误原因，对所学内容进行总结反思。对出错率高的题目进行变式训练，掌握好知识点，形成能力。	对题型、解题思路和方法进行归纳总结，对错因进行分析，指出解决的方法。

二、“三段教学”应注意的问题

“三段教学”作为一种探索性的新型教学方法，它顺应时代的潮流，对老师和学生的一些传统观念有触动作用。通过实施“三段教学”的不断反思总结，要真正使教学优质、高效，以下几个常见问题值得我们注意。

1. 避免小组讨论流于形式

在初期的“三段”教学课堂上，往往是老师一宣布讨论，小组内的学生便凑在一起，于是满教室都是嗡嗡的声音，每个人都在说，却谁也听不清别人在说什么。老师一喊“停”，学生立即安静，而发言的学生总是以“我认为……”，“我觉得……”来回答问题，出现了名为“集体”而实为“单干”的结果，出现这种现象的原因有以下几个：一是小组内各成员任务分工不明，尤其是没有对组内讨论意见记录下来；二是教师对讨论的指导和调控失利；三是没有让所有学生参与讨论。

为了改变这种现象，教师应在三方面下功夫：首先，深入研究分组的学问和艺术，为小组活动打好基础；其次，小组讨论时，教师应适当组织、促进和参与；再次，设法调动每一位学生参与的积极性，帮他们树立集体的观念。

2. 避免课堂教学容量小，影响教学进度

在“三段”教学课堂上，时常会出现学生为一两个问题纠缠不清，在相关内容上反复重复。在课时安排上原本一课时教学任务拖沓至两课时，致使课堂效率降低。这种问题的出现关键原因在老师：可能老师对“目标定向”不清，学生则没有明确认识，也自然不明任务的关键所在；也可能是老师点拨不到位，对讨论话题的深度把握得不够准确。要解决这一问题，教师课前一定要认真研读教材，做好充分备课，设计好施教方案，特别是对教学目标、讨论话题、学生状况一定要成竹在胸，并在讨论过程中注意提高和转换，不能让讨论失控。

3. 避免两极分化严重

小组合作中，优秀学生总能做到畅所欲言、操作积极，总能想出许多“怪点子”，用不同策略解决问题且说得有理有据，可是较差学生就成了被遗忘的角落，他们不想动脑筋，害怕由于说错了被别人耻笑而失去了发言的机会。结果会使状态好的学生积极性越来越高，而状态差的学生积极性越来越低，导致两极分化加剧。

为能让较差学生参与其中，则要严格督促学生按照小组合作的规则来讨论，让学生先独立思考，然后组内交流讨论，形成集体意见。这样一来，每个学生都有思考的机会和时间。在进行小组汇报时，改为“哪个小组来说说”的提议。经过集体性质的交流，学生更容易发现差异，在思维的碰撞中，学生对问题的认识也将更加深刻。

4. 避免课堂秩序混乱，教师手足无措

实施“三段教学”的初期，最容易出现的局面就是：讨论一开始，学生的表情各异，有的夸夸其谈，有的心不在焉，甚至还有的去扰乱别人……对于这样的情况，我在经过一段时间的尝试之后，主要从以下几个方面去解决：

（1）准确而具体地把握每一节课的学习目标、学习任务和学习策略，让每位同学明确自己的责任。

（2）针对个别学生对症下药，可以采用沟通、鼓励、宽容等手段把学生的注意力集中到教学活动中。

（3）尽量设计一些适应学生积极的心理需求的问题，使学生在学习中能满足内在心理需求，自觉去喜欢一些学习内容，逐渐在自我建构过程中达到自我实现。

（4）避免出现过重的学习任务。学生感到学习任务有困难时，思维会受到抑制，也不会积极参与到集体讨论中去，结果就消极应对或自得其乐。

三、结论

在高中化学教学中采用“三段教学”策略能有效地提高学生学习化学的兴趣，改善学习态度，增强学生的自信心，从而有效地提高学生化学课的整体学业成绩；同时也明显改善了同学之间及师生之间的关系，增强了学生的集体意识。“三段教学”最大的优点是激励评价方式的改变，它追求的不是个人间的竞争，不按个人成绩排队，而是注重大家共同达标，以小组整体成绩作为奖励依据，形成了“组内成员合作，组间成员竞争”的新格局。只要人人努力，都可以为小组争得荣誉。只要我们正确运用，合理调控，我相信师生之间、生生之间的竞争意识、团队精神、共事能力、交往艺术等现代人的合作品质都能得到长足的展示和提升。

参考文献：

［1］马宏佳．化学教学论［M］．南京：南京师范大学出版社，2000.

［2］韩立福．有效上课［M］．长春：东北师范大学出版社，2009.

［3］王坦．合作学习原理与策略［M］．北京：学苑出版社，2001.

［4］范杰．化学教育［M］．杭州：浙江教育出版社，1992.

［5］贺瑛．合作学习策略在中学化学教学中的尝试［J］．化学教学，2006（7）．

［6］张春．高中化学课堂合作学习的组织形式和模式构建［J］．化学教学，2006（4）．

“三段教学”模式下化学教师提问策略

棠湖中学化学组　叶书艳

一、“三段教学”模式

“三段教学”模式是我校在广泛学习调研后创造性提出来的一种教学模式，它以全人性、发展性为原则、以学生为中心和以学习为中心的原则，以自主学习、合作学习、探究性学习为理论指导；在教师指导下创建学习共同体，使学生学会自主合作探究学习，关注单位时间内提高学习绩效，全面实现课程目标，有效促进学生全面发展和教师专业成长。最终的衡量标准是：“学生积极参与”、“学生学有所获”、“学生全面发展”。

“三段教学”模式将学生的学习过程分为课前、课中、课后三段。课前三段：①独立预习：自主预习、独立思考、问题生成；②个别指导：目标任务、重点指导、学情了解；③铺垫课堂：勾画圈点、发现问题、疑问待解。课中三段：①创境设问：创设情境、呈现目标、问题展示；②互动解疑：合作探究、引发讨论、相互评价；③归纳拓展：归纳知识、收获展示、拓展应用。课后三段：①作业巩固：独立作业、质量评价、知识巩固；②复习记忆：及时复习、规律记忆、知识网络；③测评迁移：考试测评、查漏补缺、知识迁移。

该模式主要以问题为主线，以评价为手段，激活学生的学习动力，真正实现高效学习。在学生的学习过程中要不断出现“问题导读单”、“问题生成单”、“问题解决单”、“问题评价单”等与问题有关的单子。在课前，教师要精心备课，依据课标课大纲，把文本知识设计成符合学生已知、符合学生认知规律的问题，引导学生自主预习、独立思考。在预习课上，收集学生在独自预习时“产生的问题”；在上课前，教师要整理归类学生生成的问题，选择与课时目标有关的问题，再结合预习情况，在上课时先进行创境设问，呈现问题，然后小组讨论，解决问题。在课中，学生根据具体情况，如果有新的疑问，随时可以生成问题，再讨论、解决。在课后的拓展训练中，又会有新问题产生。如此循环，问题就成为推动学习的法宝，问题的质量高低就显得尤为重要。我根据化学教学的具体情况，对提问策略进行了以下几个方面的探究。

二、化学提问策略

1. 化学教师提问的原则

（1）遵循科学原则分层设置问题。提问要遵循科学的原则，即以课程标准和考纲为依据，以学生的已知为立足点，以学生的最近发展区为目标点。将课时目标的重难点设计成问题，重视教材内容的层次感，启发不同层次的学生思考；将学生易混、易错的内容设计成问题，通过对例题的剖析，达到解惑的目的。在预习课中的“问题导读单”中，可以将一些概念理论如物质的物理性质设计成填空形式的问题；在课堂“创境设问”中提出的问题要尽可能地联系生产生活实际，要新颖，力求激发学生兴趣，使学生提高注意力；在“互动解疑”中的问题要有梯度，层层递进，要有严密的逻辑主线；不能简单地用“是不是”、“对不对”、“好不好”之类来进行思维方面的浅层次提问，当然更不能不分主次，只管一味发问，这样会使学生始终处于消极被动的启动状态，而达不到自主学习的目的。

（2）依据难度系数合理设置提问。相关教育研究表明：课堂提问难度必须要符合学生的知识水平和接受能力，设问难度系数则用H表示，当难度系数H处于0.3~0.8之间，则可视为适中，其计算公式为$H=1-P/W$，（H表示难度，P表示通过人数，W表示全额人数），当提问难度系数$H>0.8$时，问题难度过大，则不能积极诱发学生去主动探究。当提问难度系数$H<0.3$时，那么课堂提问的深度就太过于浅显表白，课堂情绪表面上热闹非凡，却不能真正调动学生主动参与的探究激情，更谈不上拓宽学生的创新思维意识。

2. 化学教师提问的方式

问题设置能否达到以问促学的目的，在很大程度上取决于“如何问”、“怎么问”。提问的方式是多种多样的，在化学教学中常用到以下几种。

（1）层层递进式。层层递进式提问是指对有一定深度和难度的问题进行由浅入深的提问方法。通过一环扣一环、一层进一层的提问，引导学生思维向知识的深度和广度发展。经层层剖析、层层推进，最终解决问题。

在一些理论与实践相结合的问题设置中常用此法，尤其是一些实验探究问题。如在讲《钠》中，学生在分组实验探究了钠与水的反应，写出实验现象并分析实验原因之后，都一致认为有气体生成，我顺势提出问题，生成的是什么气体呢？学生小组讨论，大胆猜测，可以根据元素守恒，能形成气体的只能是氢气或氧气，所以钠与水反应生成的气体有三种情况：①氢气；②氧气；③氢气和氧气。我接着又引导学生提出问题，我们能不能再根据其他的基本理论来分析出具体是哪种气体呢？比如用氧化还原理论。一些同学在此引导下，恍然大悟，积极举手回答："钠与水反应一定是一个氧化还原反应，那反应中有元素化合价升高，必然有元素化合价降低。钠元素化合价升高了，只有氢元素的化合价能降低，所以气体只能是氢气。"话音刚一落，就博得全班同学的掌声。在热烈的氛围中，我继续引导："真的就是氢气吗？理论还得用实践来检验，我们有哪些方法来检验氢气呢？请同学们先独立思考在小组内讨论，设计检验钠与水反应生成的气体的方案，最好画出实验装置图。"课后有很多同学都高兴地对我说，老师我太喜欢化学了，这样的课堂真有趣，学得又很轻松。

化学课本中还有很多内容可以设计成层层递进式，如过氧化钠、二氧化硫、硫酸、硝酸、氯气、原电池等等。整堂课，以一个问题引发，层层递进，将所有的知识点串在问题上，在妙趣横生的实验中，使学生既学到了知识，又体会到了科学探究的乐趣，感悟到了化学的学科之美。

（2）比较分析式。比较分析式提问是指将一些具有相似性的物质通过比较的方式提出问题。它可以在同种事物或不同种事物之间进行，也可以在同一事物的不同部分、不同方面进行，或同中求异，或异中求同。这种提问有利于学生认清事物间的相同或不同点，从而达到加深理解、增强记忆、灵活运用的目的；有利于发展学生的求同思维或求异思维能力。

在概念的学习中可常用此法，如氧化与还原，氧化反应与还原反应，氧化剂与还原剂，氧化性与还原性；电解质和非电解质，强电解质和弱电解质；同位素，同素异形体，同系物等概念。

在一些具有相似性质的物质学习中也可用此法，如在学习过氧化钠的性质的时候，和氧化钠一起列表对比学习。

在实验学习中也可常用此法，如玻璃棒在不同实验中使用的目的有什么不同？常用干燥剂的相同点和不同点？温度计在实验室制乙烯，硝基苯和石油蒸馏实验中，使用方法有何不同？等等。

（3）问题分解式。问题分解式提问是指把整体性较强的内容分割成若干个并列的小问题来提问的方法。化学上有些知识的整体性较强，作为一个问题提出来，范围太大，学生不容易回答完整，或者根本不知道从何入手分析。这时教师可采用化整为零、各个击破的分解式提问，一个个小问题解决了，原来的大问题也就随之解决了。

如《离子反应》的《学与导》上有一个问题是：物质导电的本质是什么？教材中没有系统地讲过，学生只知道一些事实，根本不知道怎样去回答，我将问题重新设置。

问题1：金属单质都能导电，为什么呢？

问题2：盐酸、硫酸、氢氧化钠、氯化钠的水溶液能否导电？为什么呢？

问题3：你能否概括出以上两类物质导电的相似点？

通过这样的分解式提问，学生对物质导电的原因都有了比较深刻的认识。

（4）迂回求解式。迂回求解式提问是指先不直接提出所要解决的问题，而是提出与此有关的其他问题，最后再回到要解决的问题上。

在问题较难的时候常采用此法。如讲授“盐类的水解”一课时，演示了用硫酸铝溶液和小苏打溶液混合后进行泡沫灭火的实验。学生对这个实验很感兴趣，很想知道“为什么会有泡沫冲出”，如果直接让学生根据现象小组讨论分析原因，学生根本不知道从何讨论；教师如果设置以下问题就可以帮助学生讨论并最终解决问题。

①硫酸铝属哪种类型的盐？其溶液中存在怎样的平衡？

②碳酸氢钠属哪种类型的盐？其溶液中存在怎样的平衡？

③两种溶液混合后，原来的平衡是否受到影响？

④原平衡相互影响的结果怎样？

这种弃直就曲的提问能激发学生的求知欲，同时也将一个大问题分解为几个小问题，降低了问题的难度，符合学生的认知规律。

（5）逆向式。逆向提问法，就是利用事物都有正反两面，从反方面提问；相当于换个角度来思考问题。这样的提问方式，可以帮助学生全面地理解概念、定义以及物质的性质。同时，这样的提问方式，有利于引导学生作反向思维，突破习惯性思维的框架，摆脱习惯性思维的束缚；有利于培养学生的求异创新能力和想象力。

如讲到氧化物分类时，教师可以这样设置问题：酸性氧化物一般是非金属氧化物，那非金属氧化物是不是都是酸性氧化物呢？在讲《化学反应中的能量变化》一节时，为了使学生全面深刻地理解放热反应与吸热反应，可以这样设置问题：所有的燃烧反应都会放出热量，那电解水生成氢气与氧气的反应是放热反应还是吸热反应呢？在讲到过氧化钠的漂白性时，教师提问：为什么过氧化钠有漂白性？学生能认识到是因为它具有强氧化性；教师再追问：是不是具有强氧化性的物质都有漂白性呢？一正一反的提问，使学生深刻认识到漂白性与氧化性之间的关系。

如何正确地选择恰当的提问方式，需要化学教师深入研究教材，研究课程标准和考纲，全面了解学生的实际需求，并结合自己的教学特色，不断地尝试、反思、改进，要经过相当长的时间才可能达到游刃有余的境界。这也是我在“三段教学”模式指引下，要不断追求的目标。

3. 化学教师提问的语言

优美动听、饱含激情的语言，可以引起学生感情的共鸣，可以激发学生更专注地学习。虽然化学不像语文那样生动，教师也可以通过精心准备，开发和利用“化学谜语”、“化学故事”、“化学诺贝尔奖”等探究活动，将专业的化学语言进行形象生动的描述，将抽象的化学原理转化为具体的生活实例，将枯燥的化学概念转换成有趣的活动。

如果是在课堂中口头描述的问题，一定要用抑扬顿挫的声音，表达要清晰准确。能够既幽默风趣，又不失科学性与严谨性，是教师提问的最高境界了。

4. 问题呈现方式

在“三段教学”模式下，课前、课中、课后均有问题产生，呈现的方式各不相同，基本原则是：简便、易于操作、快速反馈。

预习课中，问题以导读单的形式呈现，在我们编的校本教材《学与导》上面有，学生预习产生的问题则以小组为单位，写在“课前、课中、课后问题生成单”上。

新授课中，教师创境设问，问题主要是以幻灯片的形式呈现。教师可以根据具体内容采取不同的内容呈现方式，如实验呈现、图表展示、文字材料呈现、多媒体等多种途径。问题要直观、鲜明，而且一次出现的问题不宜过多，最好一个问题一个问题地呈现、研究、解决。课中新生成的问题，小组代表口头提出，可以是单独向老师请教，也可以是教师组织全体同学，说说你们还有没有疑问；在选择有代表性的共同探讨时，个别问题课后单独解答。

课后生成的问题，每个小组依然写在“课前、课中、课后问题生成单”上，由课代表及时收集上交老师处。

经过一段时间的实践，我所教的四个班的学生逐渐养成了提问的习惯，提问的方法和技巧也在不断改进。有的学生从不知道问什么，或者写“我全都不懂，老师重讲”这样模棱两可的问题，到现在能够比较准确地描述出自己不懂的问题，如“怎样判断物质的氧化性、还原性的强弱？”“影响电解质溶液导电性强弱的因素有哪些？”“哪些物质在写离子方程式的时候要拆成离子形式？”“化学反应中的能量变化究竟是怎样变化的，能量守恒该怎样去描述？”“请老师讲讲《学与导》××页第××题”“化学方程式的计算不会，尤其是被氧化多少被还原的物质又是多少不会做”等等。

通过及时反馈，教师能够准确地掌握学生的实际情况，有针对性地调整教学内容，使教学更有实效，学生的主动性也被逐渐调动起来了。

当然化学提问策略还包括其他方面，比如，教师在课堂上怎样鼓励不爱发言的同学能有勇气代表全组发言，怎样引导暂时不会的同学去分析问题等等。这些都是我在“三段教学”模式实践下需要不断探究的问题。我深信，如果一名化学教师能够巧妙地提出问题，能够将化学的知识点和考点都设计成问题，引导学生分析问题、解决问题，最终全由学生提出问题，师生共同解决问题，那将能真正地实现以学生为主体的学习，能解决高考与素质教育的一些冲突。

参考文献：

［1］韩立福. 有效备课［M］. 长春：东北师范大学出版社，2009.

［2］David W Johnson，Roger T Johnson . 合作学习［M］. 北京：北京师范大学出版社，2004.

［3］（美）古德，布罗菲著. 透视课堂［M］. 陶志琼，王凤，邓晓芳等译. 北京：中国轻工业出版社，2009.

［4］熊校长文集. 棠湖中学.

［5］http://2009.cersp.com/article/browse/3507559.jsp .

《化学键第一课时》教学设计

棠湖中学化学组　叶书艳

【课题引入】

教师：请同学们先猜一则谜语，谜面：来自海洋地下，炼得洁白无暇，长期为人服务，美味离不开它。谜底：打一化学物质 。

学生：是氯化钠。

教师：这节课就有请我的学科助理郭小乔同学带领大家一起走进氯化钠，探究氯化钠的奥秘。

郭小乔：同学们好，接下来，我们先有请两位同学给我们演示实验，请同学们仔细观察。

刘成康和吴飞演示实验，一边操作，一边介绍操作步骤。

全班学生仔细观察实验现象，在火光四射的时候，都露出了惊讶的表情。

郭小乔：哪位同学帮我们描述一下实验现象?

一同学：钠在氯气中加热，剧烈燃烧，产生黄色火焰。

【呈现目标】

郭小乔：这节课，我们将以氯化钠的形成为例，共同完成以下的学习目标。

（幻灯片展示学习目标）

郭小乔：课前，我和叶老师一起整理了同学们提交的问题，结合本节课的教材要求，整合出以下问题，我们共同探讨完成。

幻灯片展示整合问题一：（1）以NaCl的形成过程说明什么是离子键？（2）离子键的成键微粒、成键本质是什么？（3）哪些元素之间易形成离子键？（4）离子键通常存在哪些类别的物质中?

【全班讨论】

各组同学在学科长的组织下，积极讨论，相互帮助。有的组的同学将讨论的结果直接写在黑板上，如1组、3组、6组、7组；有的组的同学将讨论结果写在预习单上或草稿本上。教师和郭小乔在各组观看，必要的时候提供帮助。

【展示交流】

各组代表交流展示结果，先由1组叶文琪同学代表发言，她是把原子结构示意图画在黑板上的，带领同学们分析了得失电子的过程。同时说明，钠离子带正电荷，氯离子带负电荷，正负电荷相互吸引，同时两原子核带相同电荷，相互排斥，当静电引力和静电斥力相当的时候，就形成了氯化钠。同学们还有没有不清楚的地方？

一同学：什么是静电作用？

叶文琪：就是静电引力和静电斥力呀！

提问的同学还是有点不清楚，这时，郭小乔同学说：关于静电作用，我们来看一个模拟的动画。（播放氯化钠的形成的动画视频，形象直观地说明了在氯化钠中存在的异性相吸、同性相斥的静电作用。）

向磊：我代表我们组，认为形成离子键的微粒是阴、阳离子，离子键的本质应该是静电作用，包括静电引力和静电斥力。

郭小乔：回答得很好。下面我们有请下一组的同学。

安斯禅：我们这组通过讨论一致认为，活泼的金属和活泼的非金属之间会形成离子键，活泼的金属包括ⅠA、ⅡA；活泼的非金属有ⅥA、ⅦA。还有没有不清楚的地方？

严浩：我们组有问题。我们想问：离子键的形成条件是什么？离子键的成键特点有哪些？

这个问题问得安斯禅同学一时不知道怎么回答，郭小乔也不知道了，朱嘉鑫同学直接站起来回答：关于离子键的形成条件，在第一个问题中已经回答了，离子键的成键特点，就是阴阳离子间通过静电作用形成的。他的解释获得一阵掌声。

郭小乔：下面有请下一组的同学分析下一个问题。

刘林：我们组认为离子键通常存在于强碱、大多数盐、活泼金属氧化物中，比如NaOH、Ca（OH）、NaCl、Na_2O等。

郭小乔：请问同学们还有没有不清楚的地方？没有了，那叶老师有没有要给我们补充的呢？

老师：刚才各组的同学都分析得很不错，我只是补充一点。关于化合物的分类，除了酸碱盐氧化物的分类外，我们还可以根据其含有的化学键来把它们划分为离子化合物和共价化合物。只要含有离子键的化合物就是离子化合物。从外观特征来看，就是有哪些离子呢？有的同学能回答出来，很好，就是有金属离子或者NH_4^+的化合物。清楚了没有？

郭小乔：既然同学们都没有了疑问，我们接下来检验一下。请同学们看下面的题。

【检测评价】

1. 根据原子序数，下列各组原子能以离子键结合的是（ ）。

A.10与19　　B.6与16　　C.11与17　　D.14与8

2. 下列叙述错误的是（ ）

A. 使阴、阳离子结合成化合物的静电作用叫离子键。

B. 金属元素与非金属元素化合时，不一定形成离子键。

C. 某元素的最外层只有一个电子，它跟卤素结合时所形成的化学键不一定是离子键。

D. 非金属原子之间不可能形成离子键。

郭小乔：哪组的同学来告诉我们你们的答案和分析过程。（学生分析解答，很完整。）

郭小乔：在前面的分析中，我们是用原子结构示意图来表示氯化钠的形成过程的，比较复杂，其实发生转移的电子都是原子的最外层电子，为了更方便地表示这一过程，科学家们引入了电子式。接下来我们一起来讨论有关电子式的书写。

【全班讨论】

1. 写出 Na 、Mg、 H、 O、Cl的电子式，归纳原子的电子式书写方法。

2. 写出Na^+、Mg^{2+}、Cl^-、O^{2-}的电子式，归纳离子的电子式书写方法。

3. 写出NaCl 、$MgCl_2$ 、Na_2O的电子式，归纳离子化合物的电子式书写方法。

4. 怎样用电子式表示离子化合物的形成过程？

【展示交流】

彭俊杰：我们组认为原子电子式的书写，在原子周围打上小黑点就可以了，上下左右四方都可以，点数应该等于原子的最外层电子数，如钠等。

张绿叶：离子的电子式书写，大家可以看我们写的这几种离子。阳离子就是离子符号，阴离子要用中括号括起来，注明电荷数，同时在元素符号周围点上8个点就可以了。

吴飞：离子化合物的电子式，就是把各离子的电子式写出，再挨在一起就可以了。

郑杰：我有问题，如果是Na_3N的电子式该怎么写？

吴飞：那就把氮离子写在中间，三个钠离子写在氮的左右和上方。

白思宇：我们组认为用电子式表示离子化合物的形成过程，左边写原子的电子式相加，中间是单箭头，右边是离子化合物的电子式，同时用箭头表示电子转移的方向就可以了。同学们可以看我们写的这两个例子。

郭小乔：接下来我们一起来检测一下对电子式的掌握情况。

【检测评价】

1. 写出下列微粒的电子式：氮原子、硫离子、钙离子、CaO 、$MgCl_2$、K_2O。

2. 用电子式表示下列离子化合物的形成过程：KF、Na_2S、 $CaCl_2$。

郭小乔：展示两位同学书写的，全班一起评价，发现了一些问题，如没有看清要求，将写离子的电子式写成了原子的电子式。

【归纳总结】

郭小乔：通过这节课的共同学习，相信同学们都有了不少的收获。哪位同学来谈谈自己的收获？

刘成康：对于我来说，知道了怎样去判断离子化合物，是一个很大的收获。

李孟奇：我知道了电子式的写法，在预习的时候有很多地方没有弄清楚。

郭小乔：由于时间关系，我们就不再进行知识的归纳总结了，请同学们在课后思考以下问题：①哪些因素会影响离子键的强弱？②通过哪些实验可以证明化合物中存在离子键？同时，梳理知识、完善笔记、完成课后作业。

必做题： 课本P104 “一、1”和“三、1”；选做题：《学与导》P40~41 的1~12；拓展题：《学与导》P42的1~9。

“多情”的历史课堂

——浅谈“三段教学”模式下历史课堂的情感调动

棠湖中学历史组　刘宜俊

“三段教学”在我校如火如荼地展开了，这种崭新的教学方式以小组合作为形式，以探究、解决问题为内容，把获取知识和提升能力作为终极目的。它把学习的主动权还给了学生，让他们在学习过程中自主学习，生成并解决问题。“三段教学”的全面开展有利于激发学生内动力，提高学习效率，促进他们全面均衡的发展。它也为我们的历史课堂注入了新的动力，添加了无限活力。

几年前上海市曾对中学课堂作过一次调查，结果显示：在学生最不感兴趣的课程里，历史课榜上有名且名次靠前，原因是它枯燥难记、干瘪乏味。相信每位历史老师对这个结果都会有很多感触：历史本来是一门饱含情感的学科，但为了成绩，我们丢掉“情”；历史本来是极富有哲理的一门学科，但为了所谓的“思维训练”我们把“理”又讲平庸和教条了。这样一门既“无情”又乏味的学科，我们还能指望学生对它感兴趣吗?

白居易曾说：“感人心者，莫先于情。”心理学研究表明：在影响学生学习效率的诸多因素中，首先起作用的是情感因素。我校推行的“三段教学”模式，尤其强调学生自主学习的精神，这就需要教师最大限度地调动学生情感，让他们融入历史课堂，进而开展学习，获取知识。在教学过程中，我们应以“情”调动他们的兴趣；用“情”开启他们的思维；借“情”提升他们的能力。以下是我在践行“三段教学”过程中，有关学生情感调动方面的一些探索和思考。

一、巧选知识切入，拨动“情”弦

历史教材的每一节内容基本上都有自己的主题和灵魂，它最能体现课堂教育的价值和课堂艺术的魅力，可谓课堂的点睛之笔。教师应该在课前深入挖掘这些主题，选择最佳的知识切入点，最大限度地调动学生的兴趣，启发他们的思维，为下一步的小组讨论、合作探究打好基础。

以《甲午中日战争》为例，课前，我在执教的高一年级做了一个调查：你对甲午战争有什么印象？你觉得战争对今天的中日有何影响？绝大部分的同学表示还记得黄海大战和《马关条约》，认为战争对今天没有任何影响，这让我既无奈又震惊。为了让他们更深入地理解战争及影响，我在课前做了大量的准备工作，将“民族命运”作为这一课的主题与切入点。

上课伊始，我用多媒体呈现文字资料 “冰心的遗憾”，佐以舒缓的音乐，配上同学深情并茂的朗读，营造了略带哀怨的教学情境。教室中立刻安静了下来，同学们静静地听着，用心感悟，仿佛回到了一百多年前那个悲壮的时刻。看到他们进入了教学情境，我适时引导和总结：冰心的遗憾是什么？痛，痛民族的屈辱；恨，恨侵略者的凶残。今天就让我们撩开历史厚重的面纱，回到那场改变民族命运，让每个炎黄子孙都痛惜不已的战争中。

在学习过程中，我紧扣“命运”主线，战前日本 “用国运相赌”，以北洋舰队为假想敌，疯狂扩军备战；战中，邓世昌等300人选择了“与舰同沉”，用生命捍卫自己和民族的尊严；战后，李鸿章远赴日本马关签约，蒙受种种屈辱。让学生深刻地感悟：个人的命运和民族的命运是紧密相连的，没有民族的强盛就谈不上个人的尊严！

在课堂的拓展延伸环节，我没有使用通常的“落后就要挨打”这一启示。而是用多媒体出具了“日本发展大事记”（ “大化革新”（8世纪，学习中国封建制度）；明治维新（19世纪，学习西方资本主义）；甲午战争（19世纪末，对外侵略扩张）；参加一战；确立法西斯并发动二战（20世纪中期）；战后重建（20世纪四五十年代）；飞速发展（20世纪60年代至今）），着重分析战争对日本经济、政治、教育、军事的巨大影响，尤其是《马关条约》2亿两白银对日本经济注入的强大动力，从此中日两国迎来了截然不同的命运。进而引导学生思考：面对如此凶残的敌人，如此强大的对手，除了仇恨我们还应有怎样的态度？我们该怎样做才能改变中华民族的命运，迎来中华民族的伟大复兴？同学们被深深地震撼了，表情凝重，眉头紧锁，或深思，或交流，情绪体验达到了最高潮。

课堂的观察和课后的调查证明了这堂课在学生心中产生了较大的心灵震动和情感共鸣。教师恰当的切入和充满情感的引导和讲述，不仅有效开启了学生的思维，达到“触一发而动全局”的效果，而且有利于学生个性发展和情感的开发，使学生获得一个开放的、丰满的、有血有肉的历史知识，并从中获得了自己的历史感悟。正如巴班斯基在《教学教育过程最优化》中说："显而易见，不能只凭历史、文学和艺术材料本身，而且还要教师在讲述这些材料时带有强烈的情感，才能使学生在情感上得到强烈的发展。"

在这一点上，教学情境的创设也是非常重要的。

二、巧创课堂情境，以"情""动"人

情境刺激在课堂教学中起着十分重要的促进作用，它能激活学生的学习活力，有效拓展课程视野，提升学习效率。"三段教学"中，教师不是唯一的情境刺激的创设者，学生也是创设多元情境刺激的主体①。在"师生共备"的过程中，通过多元化情境刺激，将教学有关的信息尽可能以多种方式展现给学生，让学生置身于历史的氛围中，从而激发学生的积极情感，拨动他们的情感之弦。让学生在情理交融之中领悟道理，完成由情入理的深化，实现真正的"动"起来。

高一的《中国民族资本主义的产生》理论性非常强，学生在学习过程中普遍感觉吃力。为了让他们更好地理解资本主义发展的各种条件，我和学生模拟《赢在中国》节目共同创设了"我是小小企业家"这一情境体验：用50万元作为启动资金，请他们制订"创业"方案，并阐述理由。同学们的方案精彩纷呈，有的打算做加盟，因为可以不用操心技术和产品质量；有的准备找供货商做代销，因为资金比较少；有的打算在学校旁边开个网吧或者超市，因为熟人多，大家会来照顾生意，肯定赚得多等等。我趁势引导：在制订方案时，你觉得哪些因素对你企业的发展尤其重要？他们根据自己的"创业"实践，总结出市场、设备、厂址、人才、与政府的关系等因素。看到时机差不多了，我把学生的讨论引到我们的正题上：你们知道19世纪的中国具备这些要素吗？中国资本主义诞生的条件又有哪些？引导他们从资金、技术、原料、设备、人才等方面对教材知识进行梳理整合。

同样，在学习《世界近代现代史》中《1787年美国宪法》的局限性这一艰涩概念时，我又创设了一个选举情境。请各小组分别组成黑人方

①韩立福：《有效上课——知识构建型视野下的上课问题与对策》，2009年。

阵、女子方阵、印第安方阵、白人男子方阵参加1789年的选举，首先宣读《1787宪法》有关选举权的规定，并按照宪法精神对他们的选举权进行逐层淘汰和筛选。经过层层选拔之后，只剩下五分之三的印第安人和白人男子方阵，两个方阵的同学满脸得意，大有当家做主之豪气。时机成熟，我抛出最后一项条件：凡是21岁以下的都没有选举权！全班顿时哗然，“过分”、“骗人”之声不绝于耳。不需老师提示，学生就轻而易举地理解了资产阶级民主的虚伪和局限性。

需要注意的是，情境应是“情”与“境”的有机统一。有“境”无“情”不仅会让课堂变得死水一潭、“无情无味”，也难以发挥情感在教学中的积极作用。因而一个好的教学情境不仅要能传递信息，制造困惑，还要“情”足“味”浓，以情感人，以情传情。①

三、借用“神入”，用“情”体验

何谓“神入历史”？就是使学生从历史人物的角度思考当时的情况，例如：假设你是生活在当时的人，你会怎么想和怎么做？②“神入”（Empathy）一词是从西方历史教学界传入我国，在历史教学过程中，学生应置身于历史发展的环境中去观察历史，站在历史人物的立场上去研究历史，从而把握历史人物的思想、情感、信仰、动机和意图等，并理解他们思想的发展变化，从而更好地感悟历史，从历史中获取乐趣和智慧。③在“三段教学”中，神入历史是一种很好的体验方式。

在学习《义和团运动》时，我请各学习小组分别从清朝官员、普通百姓、资产阶级和外国传教士等角度，思考当时人们对义和团运动的态度和可能采取的措施。经过充分的小组讨论，同学们纷纷从“自己”的立场提出了对义和团的看法和即将采取的行动。“清朝官员”认为：义和团不利于社会的稳定，威胁了大清江山，确实应该剿灭。但他们那么仇恨外国人，我们可以用他们来当“先锋”，把外国人打得差不多了就镇压，还可以向外国人请赏；“普通百姓”提到：义和团很威猛，支持他们，到处打听怎样才能“入团”；“资产阶级”说：这些人确实爱国，却不关注社会

①吴磊：《创设最佳的教学情境》，《中学历史教学参考》，2007年。
②叶小兵：《老师的提问》，《历史教学》，2005年第11期。
③刘强：《历史思维插上想象翅膀》，《中小学教学研究》，2006年第6期。

形势，把西洋先进的东西都端掉了。“外国传教士”纷纷表示在中国再也待不下去了，强烈要求回国。

同学们的发言虽然幼稚甚至略显偏颇，但经过“神入”，他们在教师的引导下穿越时空隧道，去同那些鲜活的生命进行亲密的接触，用心灵去体察、感悟和探究历史。就像赵亚夫在《历史课堂的有效教学》中所说的那样：“历史知识的获取其实就是学生与前人在思想上的交流、认知上的切磋、感情上的交融过程，也是学生思想塑造的过程。”在小组交流、合作探究的过程中，同学们成功实现了与古人的“对话”，古今共鸣，对历史有了新的感知和体验。

以上就是我在践行“三段教学”过程中，从课堂切入的选择，课堂情境创设和教学方式的选择等方面对情感调动方面的粗浅探索。课堂中的情感调动是教师对学生充满爱、寓情于理的教学，它将使学生在理智、情感、道德等方面受到良好的熏陶，对学生的健康成长具有十分重要的作用，同时对改变传统历史教学中的唯智现象，激发学生学习历史的兴趣，促进学生的自主探究意识，增强历史课堂的活力，提高历史教学的整体水平，都会产生更加积极的意义。

以学生为本，构建音乐教学模式

棠湖中学音乐组　张建华

高中新课程改革必须牢固树立“以人为本”的教育理念，转变教师的教学方式和学生的学习方式，建立学生综合素质评价体系，促进学生充分发展，全面实施素质教育。而音乐教育是素质教育的组成部分，也是实施素质教育的重要手段。

在新课程背景下，如何改变传统的课堂教学模式？如何体现新课程理念？如何开展学生课外活动？如何关注每一个学生的发展？作为一名音乐教师，应进行深入的思考和研究，并积极投身到音乐教育改革实践中去。

一、实现教师角色的转换

“教育应关心人，尊重人，发展人”，学生才是教育的主体。要树立学生主体地位，充分发挥教师的主导作用，必须转换教师角色，把原来课堂上以教师教为主转换成以学生学为主，教师不再是单纯的知识传授者，学生也不再是单纯的知识接受者，教师角色转换为学生学习活动的引导者、组织者、合作者、促进者，充分调动学生积极地参与课堂教学活动，激活学生学习的内动力，激发学生的创新思维，理解音乐知识。

二、音乐课堂教学结构要素研究

音乐课堂教学由“情境创设、激发兴趣、问题探究、方法掌握、技能训练、合作交流、师生互动、情感体验、创作欣赏、评价激励”等课堂结构要素组成，针对不同教学内容、不同课型，确定课堂结构要素，构建音乐课堂教学模式。

1. 情境创设

情境创设应为学生的学服务，围绕教学主题，运用多媒体展示图片、电影电视画面等，激发学生的情感和学习激情。

2. 激发兴趣

优美的视觉环境和优雅的艺术氛围是激发学生学习兴趣的首要条件，所以培养学生音乐兴趣应该为学生营造一个良好的音乐学习环境。教师是教学活动的主导者，音乐课是否吸引学生，教师起到决定性的作用。现代教育对音乐教师的人文素养、专业素养、职业素养提出了新的要求。只有激发起学生学习音乐的兴趣，才能更好地进行教学，从而培养学生的想象力和创造力，以及高尚的审美情趣。

3. 问题探究

新课标要求：“聆听音乐时，可设计具有探究性和启发性的问题，采用集体讨论的方式，引导学生感受与理解音乐作品。”所以，课堂教学中如何设计“问题”引起学生探究学习的欲望，如何环环紧扣将问题引向深入，如何与学生展开平等对话，是课堂教学中必不可少的要素。

4. 方法掌握

日本教育家铃木先生说过：“音乐教育的目的不是刻意地培养一些少数伟大、杰出的所谓‘天才’，而是希望通过音乐教育，把每个孩子都提高到拥有一颗高贵的心灵与完美的人格的优秀程度。”作为音乐教师，必须研究和探索学生学习音乐的方法和规律，才能解决教与学中所使用的技能、方法与手段问题，它是具有很强的工具性和实用性的。

5. 技能训练

传统教学中，往往注重音乐知识技能的灌输，却忽略了音乐所具有的审美特性。我以为淡化音乐教育的专业化倾向，回归音乐本身是犹为重要的。所以要正确处理音乐审美情感与传授音乐知识技能的关系。审美教育与音乐技术训练统一的教学在培养学生审美情趣、审美意识、审美能力的同时获得感受音乐、理解音乐、表现音乐、鉴赏音乐和创造音乐的能力。这两者具有一致的教学目的。

6. 合作交流

随着基础教育课程改革的逐步深入，“合作交流”这一学习方式由幕后的零碎操作演变为台前的规模实施。如何合理组织合作交流，防止合作交流流于形式，提高合作交流的质量和效果，音乐课堂教学中运用合作交流可以创设一个鼓励学生探索、发展、测试、讨论、交流和感受音乐的环境，在音乐课堂教学中实施合作交流。

7. 师生互动

以往传统的音乐教学，都是由老师在台上讲解、示范，学生被动地聆听。新课改要求我们改变这种模式，变成师生间、生生间的一种互动，一种交流、对话。课堂教学通过师生间共同努力实现“课堂生成”，构建“生命课堂”，让学生真正成为知识的建构者、探究者。

8. 情感体验

所谓情感体验，是指不同的人在欣赏同一艺术作品时，他们自身会对此作品产生不同的体验与感受。这些跟他们的文化水平、所接受的教育程度息息相关。不同的人群在欣赏同一音乐作品时也是如此，他们会将自己置身于不同的境界与环境中去感受音乐之美，从而达到自身情感的升华。高中音乐课程以欣赏为主，面对学生欣赏水平的参差不齐，音乐欣赏教学程度的提高不能一蹴而就，而是要经过一个由表及里、由浅入深的发展过程。

9. 实践创作

音乐创作不是为了培养作曲家，而是为了激发学生的创造性思维，培养想象力和创造能力，用这种学习作为一种途径、一种载体或一种手段。它是对音乐的基础理论及其基本知识最直接的一个学习通道。在教学过程中如何能以生动形象的教学材料诱发学生的想象力，着眼于学生创造性思维潜能的开发，使学生体验到音乐创作的乐趣，乐于尝试用音乐材料表达自己的情感和乐思，应该是教师在教学中首先要关注的。

三、构建音乐教学模式

1. 音乐欣赏课教学模式

一节成功的音乐欣赏课离不开创设情境、问题探究、师生互动、情感体验、实践创作五要素。创设情境是基础和前提，问题探究是过程，师生互动是手段，情感体验是关键，实践创作是升华。例如，《黄河大合唱》是人民音乐家冼星海、著名诗人光未然创作的大型声乐套曲。它旋律激昂，气势蓬勃，展示了黄河奔流不息的气势和中华民族的英雄气概。通过多媒体的展示创设情境，形象生动的画面、言简意赅的解说、悦耳动听的音乐，使学习内容图文并茂、栩栩如生，许多原本抽象的、难于理解的内容变得生动有趣，音乐教学自然也收到了事半功倍的效果。有了前面环节的铺垫，学生对音乐作品已经有了一定的认识，教师可以启发学生生成问题，引导学生讨论，师生共同交流，了解并熟悉《黄河大合唱》的歌词、曲作者和八大乐章，用恰当的术语描述欣赏范例中具体的音乐事件。分析各种欣赏作品中音乐基本要素的运用，如有关节拍、节奏、调性、音程及和声进行的基本原理的知识，并根据听到的音乐，说出自己的感受。也可根据时间拓展思维，让学生思考还知道哪些赞颂黄河的诗歌等，增强学生的主动参与意识。思维的拓展，审美的提升，从保卫黄河到开发黄河的信息交流，强化了环保意识和生态意识以及爱国主义情愫，使教学目标和效果有了新的升华。

2. 音乐活动课教学模式

音乐活动课应由激发兴趣、方法掌握、技能训练和实践创作四要素组成。高中音乐新课改的内容，把单一的音乐欣赏课程分为了六个模块：音乐鉴赏、歌唱、演奏、创作、音乐与舞蹈、音乐与戏剧表演。每一模块围绕某一特定内容形成同类教学内容或艺术形式的单元集合。六个模块既相互独立，从不同侧面发挥各自的教育功能和作用，又反映音乐学科不同教学内容之间的逻辑联系。六个模块的设立，体现了音乐课程结构的基础性、多样化和选择性的特点，除“音乐鉴赏”在普通音乐课程中首先得到突出和强调外，其余五个模块在有条件的学校都应鼓励实施。我认为这五个模块都可以归为音乐活动课。高中音乐活动课必须尽可能多地为学生提供表现音乐、表现自我的机会。歌唱、演奏、创作、音乐与舞蹈、音乐与戏剧表演具有很强的实践性，满足了学生的不同兴趣爱好和发展需求，为他们学习音乐提供了更大的选择空间。例如介绍民歌的单元，学生如果愿意吼一吼西北音乐的粗犷，或哼一哼江南小调的阴柔，都是值得鼓励的。也可小组合作搞一个歌曲创作比赛，并由学生用不同乐器演奏出来，有舞蹈特长的同学还可以增加气氛。这类活动课使学生的学习积极性充分调动起来了，也使学生的综合素质得到了充分的体现。

例如，音乐创作课的教学重点是培养学生把自己的感情用歌曲的方式表达出来，也就是让学生把自己的情感用音乐的形式表达出来。首先，在导入上，可以播放一些熟悉经典的歌曲，如《同一首歌》、《摇篮曲》，还可播放一些校园歌曲等，激发学生音乐创作的兴趣。教师再根据学生以往所学音乐知识，讲解歌曲的基本曲式结构、旋律的构成与旋律的进行方式等辅导学生尝试歌曲创作，可由教师提供音符、学生创作。教师为学生提供一段音符或给学生固定旋律的节奏，让学生创作成一段曲调，组成简单的旋律。通过创作使同学们的音乐知识及技能得到发挥，又培养了学生的艺术想象力和创造力，从而提高音乐教学的质量。

参考文献：

［1］普通高中．音乐课程标准．
［2］普通高中．艺术课程标准．
［3］中国音乐教育．

第五部分

“三段教学”的影响与推广

韩立福教授认为：棠湖中学在课堂教学改革、实施“三段教学”的实践中取得了突破性进展，真正实现了从高一到高三的全面推进，这是全国罕见的；推进力度大，成效显著，是全国高中课改的典范，堪称“西部高中课改先锋”，棠湖中学在课改方面探索出了一条有效途径和一个成功模式，取得的成绩是其他学校难以企及的，值得全国的学校借鉴和推广。

教育界对“三段教学”的评价

韩立福教授（中央教科所）谈“三段教学”

2009年12月5日至6日，中央教科所有效课堂教学研究专家韩立福教授亲临我校，具体指导老师们的“三段教学”课堂，指导老师们修改即将发表在国家级刊物上的教学论文，并高度评价学校“三段教学”取得的成果。

韩教授说：棠湖中学在课堂教学改革、实施“三段教学”的实践中取得了突破性进展，真正实现了从高一到高三的全面推进，这是全国罕见的；推进力度大，成效显著，是全国高中课改的典范，堪称“西部高中课改先锋”；棠湖中学在课改方面探索出了一条有效途径和一个成功模式，取得的成绩是其他学校难以企及的，值得全国的学校借鉴和推广。

韩教授特别指出：棠湖中学通过几年实践探索，“三段教学”已经成型，开发出了具有先进理念的学生学习工具《学与导》，高中课堂教学实现了全面转型，教师角色从过去的传授者、讲解者转型为引领者、合作者、指导者，教师素养大大提高，走向了专业化发展，很多同志将成长为专家型教师；学生由过去的消极被动学习走向了积极主动的自主、合作、探究性学习，学生的学习积极性、求知欲、学习能力和综合素质得到了极大提升。

韩教授希望老师们进一步转变理念、角色和行为，进一步处理好“课型”、“问题”、“目标”三者的关系，处理好“教材”、“学与导”、“笔记”三者的关系，进一步精心设计课堂教学流程和方法，进一步加强学生学习方法的指导和小组合作学习评价激励机制的建设。他还建议教学设计要逐步搞电子备课，教师要建立教育教学博客等等。

2010年3月9日至11日，中央教科所有效课堂教学研究专家韩立福教授再次亲临我校，为即将召开的“全国高中新课程有效教学专题研讨会”作指导工作。

在研讨会上，韩立福教授就“实施三段教学，教师有何改变？”“学生有何改变？”“三段教学模式的推广价值何在？”三个问题向与会老师提问，并结合实际提出“教师要加快观念转变和角色转变，不断提高自身专业素质，要主动积极地从传统讲授式教师走向智慧型教师”的要求。

紧接着，韩立福教授根据观课的情况，总结了本次课堂的进步之处：

（1）学校所有课堂教学正在体现素质教育思想和新课程理念，都能够按“三段教学”进行有效组织，教师的角色已发生本质性变化，已经成长为学生有效学习的组织者、指导者和评价者，师生共同创建了自主合作、和谐民主的人文课堂。

（2）学生学习方式发生重大转变，已经不同程度地学会了自主合作探究学习，学生课堂表现积极，踊跃发言，主动参与，积极思考，能够在老师的指导下进行有效学习，尤其是学生的表达能力、学科思维能力、展示学习能力得到明显提高。

（3）教师课堂行为有了巨大的变化，在问题指导、组织学习、情景刺激、评价激励方面处理得比较科学，能够根据学生需要组织学生共同解决问题，敢于退出主角，放手让学生进行自主学习和小组讨论，使问题解决有深度，确保了三段式课堂教学的质量。

紧接着，韩立福教授从八个角度提出了问题供全体教师思考：课堂教学效果和操作、教师既成角色、教学组织与《学与导》教学工具的融洽度、小组合作学习、小组讨论、展示交流程度、结构化预习、学习效果的评价落实与差生成长。韩教授和与会教师诚恳地交换了意见，解答了老师们提出的疑问和困难，指出了近期工作中的不足之处，并对老师们提出了殷切的希望。

中央教科所韩立福教授高度评价棠湖中学“三段教学”

棠湖中学“三段教学”被确定为省级骨干教师培训会重要内容

2009年11月24日，为期一周的2009年四川省省级化学骨干教师培训会议在棠湖中学举行，“三段教学”被确定为此次培训会的一项重要内容。与会领导和老师们对我校正在进行的教育教学改革的实践探索给予了极高的评价。

四川省教育厅和四川师范大学的领导出席了当天的开幕式。省教育厅李处长在讲话中指出，将省级骨干教师培训地点选定在高中学校现场，这是培训中心在培训模式上的一个创新和探索，省教育厅对此十分关注，希望学员能充分把握在棠湖中学的这次学习机会，为明年高中新课程改革做好准备。四川师范大学的领导也在讲话中谈到：棠湖中学在教育教学改革方面的成功经验，可以为骨干教师的学习交流提供更好的平台，以利于教师的专业化发展。

开幕式上，熊伟校长向来自全省各地的领导、专家和老师表示了最热烈的欢迎。熊伟校长指出，省教厅指定我校承办本次培训是对我校课改探索的肯定，也是对我校的鞭策和勉励，本周我校的课堂将向各位专家和老师敞开，接受大家的指导。随后，熊伟校长在大会上作了《解析“三段教学”，全方位实施素质教育》的报告，向专家和老师们详细介绍了我校实施“三格教育”和“三段教学”的基本情况，就我校的教育管理理念、办学特色、“三段教学”具体实施细节、师生们的可喜变化及取得的成绩等同大家进行了交流。

25日，我校化学教研组长肖光明老师在培训会上为老师们做了一堂题为《“三段教学”在化学教学中的实践》的专题讲座。肖老师的讲座扎根化学课堂，理论联系实际，内容充实，观点前瞻，在老师们中间引起了强烈的反响。大家一致认为，棠湖中学化学组在课堂教学改革方面的探索体现了新课程理念，有助于激发学生学习热情，提高学生学习主动性，具有极强的操作性，具有推广和示范价值。

从26日开始，部分专家通过现场教学课例进行培训。课堂上，我校同学积极思考，主动探索，展示出良好的综合素质和积极向上的精神风貌。我校青年教师叶书艳也为培训会献上了一节优质课。

此次培训，各地的老师们都深感不虚此行，收获颇丰。培训之余，老师们深入棠中校园参观考察，我校鲜明的办学特色、精细化的教育管理和浓厚的校园文化氛围给他们留下了深刻的印象。

成都市教科所肯定棠湖中学“三段教学”所获成果

2009年11月11日，成都市教科所钟楠副所长率领各学科教研员一行10人到我校调研“三段教学”取得的成果，高度评价了我校在新课程改革中做出的积极探索。

上午八点半，熊校长向市教科所的教研员们介绍了我校推进“三段教学”的背景、指导思想、教学思路、课前课中课后的教学环节和目前推进的情况。九点，在我校有关领导的陪同下，语文、数学、英语、物理、化学、生物、政治、历史、地理等学科教研员纷纷走进课堂，对我校不同年级不同层次的班级展开了深入的调研。在听课过程中，教研员们认真观察课堂教学情况，时而会意微笑，时而陷入沉思，时而欣然鼓掌，时而巡视学生活动情况，不时记录下生生互动、师生互动等课堂教学场景。课后，教研员们翻阅了《学与导》，并就本学科的相关内容和授课教师、学生进行了亲切的交谈。随后，各教研组长组织本组教师围绕“三段教学”研究实践过程中的具体问题，和教研员们展开了深入细致的评课交流活动；教师们认真聆听了教研员针对下一步如何更好地开展“三段教学”实践工作的指导意见。

下午，本次调研的总结交流会在我校三楼会议室召开，各位教研员对我校开展的“三段教学”纷纷给予了高度赞扬。教科所中学室罗主任和教研员们认为，“三段教学”是改变传统教学模式的积极实践，不仅提升了教学质量，更体现了以人为本的教育思想，真正落实了“以学生为主体、教师为主导”的教学理念。该模式激发了学生的学习热情，培养了学生良好的学习习惯，提高了学生学习的积极性、主动性，从“老师要我学”转变为“老师，我要学”，提高了学生自主学习、合作学习、探究学习的能力，增强了学生独立思考、合作共存、交流表达和创新实践的能力。同时，该模式的实践真正转变了教师的教学观念，改变了传统的教学方法，提高了教师的教育教学理论水平以及科研水平，促进了教师的专业化发展。他们还高度评价了棠湖中学教师敢于实践、勤于钻研的精神，认为我校教师在教学工作中表现出了极大的创造性和课改意识。钟所长还特别指出：高中课堂在变化，棠湖中学能够走在前面，营造全员积极参与的良好氛围，体现了学校领导班子的胆识。

会上，教研员们还对实践中的不足之处提出了中肯的意见和建议，鼓励我校全体教师在继续深化实施“三段教学”的过程中再接再厉，对不同学科不同类型的课堂教学展开更加深入的研究，争取在全市范围内起到更好的推广、示范作用。

棠湖中学“三段教学”在九龙开花

2009年10月25日至30日，双流县对口支援九龙县教育交流活动在九龙县隆重进行。棠湖中学刘凯副校长应邀向九龙县教育局各界作了题为《“三段教学”的实践与研究》的专题报告；棠湖中学张端午老师以《函数的单调性》为内容上了一堂示范课。

10月27日上午，张老师在九龙中学高一上示范课。张老师在课堂上熟练运用“三段教学”，通过“创境设问”和“互动解疑”，帮助学生打开了思路，将学生的积极性激发起来，各小组同学纷纷举手回答问题，气氛十分活跃。该堂示范课针对基础很差的学生，让大多学生学有所获，十分成功，得到了在座领导和老师们的高度赞扬，他们纷纷表示要好好学习和借鉴“三段教学”。

27日下午，刘凯副校长在九龙县教育局六楼会议室就我校“三段教学”作了一场精彩的讲座。整个讲座持续了两个多小时，其间不时响起阵阵热烈掌声。讲座结束后，到会老师纷纷要求延长讲座时间，以便他们能够更细致深入地了解和学习。他们表示，该讲座就像一场“及时雨”，为他们在新课改的背景下如何进行有效教学指明了方向，并希望棠湖中学的领导和老师能够多到九龙县讲座、献课，为他们指点迷津，争取早日把九龙教育推上一个新台阶。

重庆垫江实验中学到我校交流

2010年4月10日，垫江实验中学校长携其校行政领导及高三教师50余人莅临我校参观交流，观看了我校于2010年3月27日举行的“全国新课程有效教学专题研讨会”中“棠湖中学主题报告”视频。通过视频里熊校长及其所带团队的精彩讲话，以及观看视频后熊校长幽默、精练的讲话，垫江实验中学一行进一步了解了我校的“三格教育”和“三段教学”，垫江实验中学的皮校长当即表示，棠湖中学先进的教育理念和教学方法非常值得他们学习和借鉴，对其即将开始的新课程改革有着很好的启示和引导作用。

重庆市字水中学到我校参观考察

2010年7月12日下午，重庆市字水中学党委书记、校长李伟带领该校近200名老师到棠湖中学参观考察。棠湖中学校长熊伟、办公室主任熊波等与考察团一行进行了深入交流。

在参观校园时，熊校长向考察团一行介绍了棠湖中学“三格教育”理念以及作为这种理念载体之一的校园文化建设。熊校长认为，教育是一项科学化、系统化的工程，在教育过程中，学校应该以“管”为基础、“理”为方法，以专题德育课程为主线，班科密切配合，促进学生全面发展。对于具有潜移默化教育作用的校园文化环境，无论是种植花草树木，还是悬挂图片标语，学校都应该从审美的高度深入规划，以便挖掘其育人功能。基于此，棠湖中学高度重视校园文化建设，设计了校园显性文化建设方案，面向全校师生征求意见，为学校教学楼、学生公寓、园区和道路命名，并打造文化墙，实现校园文化强大的育人功能。考察团一行对“小而风雅，旧而和谐”的棠中校园及底蕴深厚的校园文化给予了高度赞扬。

考察团一行高度肯定“三段教学”在新课程改革中的引领推动作用，李伟校长对熊伟校长敏捷的思维、流畅的表达和深入浅出的说理表示钦佩，对熊校长坦诚无私的交流表示感谢，并邀请熊校长到字水中学做客讲学。

全国高中课堂教学改革实施策略专题研训会暨高中课改样本校经验交流观摩考察活动成功举办

2010年12月16日至18日，由中国教育学会教育机制研究分会主办、北京国基研教育科技研究院承办、棠湖中学协办的“全国高中课堂教学改革实施策略专题研训会暨高中课改样本校经验交流观摩考察活动”在成都新华饭店成功举办。来自全国各地的300多位教育专家、教育行政主管部门领导、高中学校校长与会。

下午两点半，与会人员走进棠湖中学，走进真实的“三段教学”课堂，感受“三格教育”和“三段教学”的魅力。为了向参观学习者展示“原生态”的高效课堂教学，并不断完善提升“三段教学”课堂，棠湖中学一贯坚持所有课堂全面开放，参观者可以自由选择到任意教室听课。同时，在第一阶梯教室，部分与会人员观摩了语文学科组（王娟）和历史学科组（江楠）的“三段教学”竞教课（为了促进“三段教学”的落实和完善，棠湖中学每周都有学科竞教课），中央教科所韩立福教授亲临课堂指导。两节课课型皆为“学生支持型课”，由学科代表组织课堂，教师从旁指导，全体同学积极合作讨论、展示交流，课堂气氛活跃，课堂目标圆满完成，充分体现了“三段教学”的高效性，展示了棠湖中学学生较高的素质和能力，也展示了棠湖中学教师先进的课改理念和高超的教学水平。

下午四点半，我与中央教科所韩立福教授以及献课的两位老师同参会代表进行了互动交流。我对大家提出的“‘三段教学’对提高升学率的作用”、“‘三段教学’下如何调动教师积极性”、“如何在保证课时的情况下推进‘三段教学’”、“学生支持型课怎样设计？学生主持人如何培训”等问题一一作答。最后，韩立福教授做了总结发言，对棠湖中学“三段教学”的不断完善给予高度评价，鼓励棠湖中学“更上一层楼”，继续引领和推动高中课程改革。

熊伟校长应邀在“四川名校校长高峰论坛”上畅谈高中新课改

“三段教学”领跑高中课改，四方行家一致称赞

由于“三段教学”有效培养了学生良好的行为习惯和学习习惯，增强了学生独立思考、合作共存、交流表达和创新实践的能力，提高了办学质量，实现了素质教育与应试教育的完美结合，被中央教科所专家誉为“课改先锋”，被四川省教育厅定为“四川省高中新课程改革教师培训学校”，对全省高中学校的教师进行示范和培训。

棠湖中学在高中新课改方面取得的成绩引起了教育界同仁的高度关注。仅2010年，棠湖中学就接待了全国各地前来参观学习的学校（团体）共380所2219人。其中，安岳县实验中学每周派8位教师到校学习一周，预计用一年时间将该校所有教师派到棠中轮训一遍；重庆市凤鸣山中学派教务处主任到棠中随岗学习一个月。

2011年2月25日至3月28日，棠湖中学先后接待了广东省崇雅中学（广东省第一所国家级示范高中，建校120多年，在校学生一万多人）、江苏省徐州市教育局、四川省广元市教育局等15个考察团计415人到校参观学习。

而棠湖中学校领导及部分教师也先后应邀到北京大学、河北鹿泉市、广东深圳市、广东惠州市、河南洛阳市、重庆市、四川成都市、广元市、遂宁市、资阳市、雅安市、攀枝花市、西昌市、阆中市、射洪县、安岳县等地做报告、献课70余次，得到了当地教育主管部门、教科所、学校的广泛好评。

棠湖中学校领导、教师应邀到阆中市讲授“三段教学”并献课

共享优质教育资源，力促区域教育均衡

为了实现优质教育资源的辐射和共享，促进课程改革目标的实现，棠湖中学积极推荐优秀教师参加全国各级赛课，应邀到其他学校开展献课和讲学活动。

我们还致力于探索区域交流新模式，力促区域教育均衡，在与县外兄弟学校的结对帮扶中，棠湖中学做了许多有益探索。

2010年7月15日，安岳县教育考察团到棠湖中学参观交流。从2010年10月24日起，安岳实验中学每周选派两名行政干部和六名教师（包括各学科教研组长、备课组长及优秀教师）到棠湖中学随岗全天候学习（计划送培十六期），全程全面学习棠湖中学的教育教学管理工作。在安岳实验中学编录的《加强教师培训，提升核心竞争力——赴棠中学习感想辑录》中，安实中刘凡仲校长对棠湖中学作出如下评价：管理方面，制度规范、考核落实、奖惩分明；教学方面，落实“三段教学”，贯彻课改精神，发挥学生主体作用，让各个层面的学生都学有所获、学有所用；学生方面，规范行为、张扬个性、丰富社团活动，学生精神风貌好，自信、乐学、积极向上；教师凝聚力强，以校为家，共同发展。

2011年3月6日，“普格县教育局——棠湖中学交流会”在普格县教育局会议室举行。会上，棠湖中学应邀帮扶普格中学。关于两校合作，我从“行政对接”、“教师培训”、“科研提升”、“高三资源共享”、“网络班建设”等五方面提出建设性意见，希望普格中学立足“自身发展为主，外部支援为辅”，加强自身造血功能，明确发展定位，着眼长远发展，实行错位发展。我的讲话得到普格县教育局巫局长及与会人员高度赞同。巫局长认为，我的建议关键有效，既有对普格县中学的近期帮扶，又有长远规划，对普格中学和普格县教育的发展具有极强的指导作用。他代表普格县教育局向棠湖中学领导及棠湖中学教职工表示真诚的感谢，邀请棠湖中学教师多到普格县交流指导。普格中学刘校长对棠湖中学毫无保留的帮扶表示衷心感谢，对我们“资源共享，共同发展”的大的教育观表示万分钦佩，期望并相信普格县中学乃至普格县教育都将在棠湖中学的帮扶下实现历史性的飞跃和发展。

（整理：熊波、任飞扬）

学生眼中的“三格教育”和“三段教学”

杨　瀚（复旦大学法学院，高2010届18班学生，2010年高考双流县文科亚军）——“三段教学”托起腾飞的梦想

上海的阳光总是来得太早，六点多钟便在窗台洒下，换来啁啾的鸟鸣。与同学走在往餐厅进发的林荫道上，看到阳光在两旁高大的不知走过了多少个春秋的梧桐树上上下跳跃，我突然想，即将20岁的母校里虽然没有这样笔直而参天的大树，但她有着独一无二的“三格教育”和“三段教学”，托起了每一个腾飞的梦想。

如果求知之路是漫长坎坷的，那么“三段教学”就是一场教学盛宴，知识不只是用手传递的火炬，更是用心绽放的烟花；如果求知之路是无边浩瀚的，那么“三段教学”就是一次飞翔演绎，课堂不再只是用目光拼凑的护航，更是用思维连接的翅膀。

一个个曾经沉默地顺着老师寻觅的足迹，进入幻想化作自信的舞姿，从容地渴望下一次展示的时刻，欣喜地把握每一次绽放的快感。原来属于青春那份最深的倔犟透过书本方可显出张力，洗涤出藏匿的自信。学习不正是褪去尘埃洗涤一点点塑造最美丽的过程吗？在学习这座围城里，“三段教学”让每一颗渴求知识的心都学会了飞扬。

黄丽娟（高2011届21班）——“三段教学”让高三生活充实、快乐

选择棠中是幸运的。她给了我希望，给了我自信，给了我生命的激情。

接受“三段教学”是幸福的。她让我的高三不再沉闷，不再无助，不再泪水飞扬。因为她，我的高三很快乐，很轻松，也很有收获。

“三段教学”让我学会了欣赏。有了欣赏的眼光，我发现学习变得很轻松。小组讨论中，我领悟到“三人行，必有我师焉”。我放开心情去学习，看天，天杰；看地，地灵；看人，人勤。有了这种心态，我就相信世界上不会有不亮的天，地球上不会有不通的路！同时，我也在欣赏别人中展现出自身的人格魅力。

“三段教学”让我学会了勇敢。曾经在困难面前，我止步不前，我泪洒被褥，我感觉无穷绝望……“三段教学”为我带来好多好多知心朋友，他们的理解与支持让我深深感动。慢慢地，我变得爱笑了。笑，是一种力量，是生命的能源，是一种最佳的生命状态，是一片永远灿烂的生命阳光，是一朵永远鲜艳的青春花朵！笑是一种武器，笑是勇敢和宣言！笑，是勇者另一种方式的呼吼！

现在，“三段教学”又给了我高三应有的状态——从容淡定。我不再担心有问题而无法解决，不再害怕考试，不再恐惧未来！我有坚定的信心，我能行！从从容容，平平静静，安心进考场！

王琼艺（高2011届20班）——“三段教学”让我学会主动学习

唯有充分培养创造性思维，主动掌握智慧之门的钥匙，我们才能在解决疑难杂症时，触类旁通，左右逢源，不认死理，多多选择。

这种以老师少讲为辅、学生主动探究为主的教育模式，让我们在学习过程中产生更多的兴趣。在学习探讨方面，总是意犹未尽，充满斗志。在学习中翻身为主，掌握主动权，更有利于提高我们的专业知识水平。不仅如此，“三段教学”还让我们在这种纯净的环境中养成了耐心、自信、宽容、大度、不轻言放弃的良好品格。这种从量变到质变的飞跃的过程，让我们更加坚强和快乐。

我坚信，我们终会在这种良好的教学模式中脱颖而出，成为卓尔不群的栋梁之才！

白桂桃（高2012届28班）——“三段教学”让我变得自信

从小学到初中，我一直都很胆小，极少与老师、同学交流，上课发言就更别说了。记得初三那一年，我就被老师点名抽答过两次。于是，本来就内向的我变得更加沉默寡言。

进入棠湖中学后，我们接触到了全新的教学模式——“三段教学”，我们的座位也由以前的排列式变成了小组围坐式。在小组内，我们每个人都会担任一门学科的学科长，并在这个学科课堂上组织小组其他同学交流探讨。对于这种方式，刚开始我既觉得新鲜，又略感不习惯，因为我不喜欢与人交流。慢慢地，我习惯并且喜欢上了这种模式，因为在这个平台上，我得到了展示和锻炼。渐渐地，我发现自己变了，变得活跃、自信了！高二上学期，我还担任了学校社团的社长，当我的初中老师和同学得知我现在的情况时，都不相信我有如此大的变化。

因此，我时常怀着无限的敬仰与钦佩，衷心感谢学校的领导和老师，感谢“开放、求实、民主、创新”的棠湖中学，感谢“三段教学”这个平台。

罗枭（高2013届24班，原九江初中学生，中考全县第九名，高一上学期期末统考全县第二名）——“三段教学”让我学会不断超越自我

进入棠湖中学的第一天，我们就知道了“超越自我，追求卓越”的棠中口号。棠湖中学在二十年的发展过程中，正是凭着这种永不满足、永争第一的精神，才得以不断发展，不断创造奇迹，而这种精神，也被每一个棠中学子传承并发展。我想，这应该就是棠中学生（不管学业成绩属于哪个层次）在进入大学和工作后能够快速、长足发展的主要原因之一吧。

我对于“三段教学”虽然仅有一个学期的接触，但她的好，我们都已经深深感受到——她教会我真正意义上的“预习”，教会我超前思考和独立思考，教会我对知识进行网络式整理和记忆，教会我与同学交流合作，我在帮助别人的同时也使自己的知识得到巩固和提升。同时，学校还安排了心理、礼仪、成长、特长等特色课程，既丰富了我们的校园生活，又培养了我们的综合素质和能力，使我们比其他学校的同学能更准确地找到人生的方向和目标，能更早适应社会的发展。

我想，这应该就是棠中“超越自我，追求卓越”的一个具体体现吧。

余焱（高2012届26班）

在充满书香气息的棠湖中学里，在鸟语花香的棠湖环境中，在“三格教育”的棠中教育下，作为棠中学生，生活在棠中、成长在棠中的我们深深地体会到了棠中带给我们各方面的变化。

“三格教育”使我们树立起了不卑不亢的国格、高尚理想的人格，还有健康完美的性格，为我们今后成为一个对社会和国家有用的人才奠定了坚实的基础。

现在的我们是作为华夏子孙生活在这一片辽阔的土地上，但何曾有人自问过是否拥有不卑不亢的人格。棠湖中学的“三格教育”正在这重要的时刻向我们敲响了警钟，让我们的脑海中时刻浮现“为中华之崛起而读书”几个字，我们经过“三格教育”的熏陶，已经渐渐树立起了不卑不亢的国格，也让我们对祖国母亲的感情更深一层。

“三格教育”的最后一格是品格，一个人的性格可以决定一个人的一生，拥有一个健康完美的品格对于每一个成功人士来说都是不可或缺的。正因如此，使学生树立健康完美的品格成了棠湖中学的重要任务。随着“三格教育”的深入落实，仿佛周围同学都在开始使自己的品格变得健康端正，同时我自己也深受其影响。

在我的心中，“三格教育”已驻在我的内心深处，在它的影响下，我严格要求自己，把树立不卑不亢的国格、高尚理想的人格、健康端正的品格作为我的终生目标，成为一名“三格教育”下的合格的棠中人。

周柯（高2011届2班）

从我们进入棠湖中学开始学习以后，有关“三格教育”的主题班会就进行了许多次。老师总是强调要做一名入格的学生、合格的青年、好品格的人才。我们刚开始并不知道这种教育会有什么作用，只觉得它过于夸夸其谈，形式主义。但是，事实证明，这种多次重复强化的“三格教育”已经渐渐进入绝大多数棠中学子的潜意识之中。现在，无论你走到棠湖中学的哪个角落，你都会发现同学们举手投足之间的“三格”魅力。

在学校食堂里，你会发现每一位学生都文明就餐，饭后主动收拾餐盘，并放到指定位置。

学校的每一段路径，你都不会发现一点垃圾，因为每天都有社会实践的同学保洁。

学校里的每一个教室，每当到了早自习时间，都会传出琅琅的读书声。

每一位棠中学子在“三格教育”的熏陶下，成为了一名文明就餐者、一名有责任心的学生、一名合格的学生。

王佳（高2011届13班）

高一刚进校，我就被棠中的良好学风所吸引，但是自己却实在无法进入学习状态，也总是在很多方面与老师的意见不能达成一致。也许是自己很多行为习惯不规范，也许是刚进入高中，面对一个完全陌生的环境、新的同学、新的老师，让自己觉得陌生，甚至还觉得有些格格不入，但是经过高一整学期下来，还是学会了很多。当然，说实在的，高一上学期知识性的东西真没有学什么。但是重要的是，在假期当中，却非常怀念学校生活，在假期当中也学会了不断地从书中搜寻自己的心灵需求，开始不断地适应了这个学校。

渐渐地，我也能接受老师的教育方式了，而且在学习方面也获得了一种充实感。

高二在高中时期是承上启下的学习阶段。进入高二后，我感受到了学校精细化管理对自己的好处，也不断规划自己的学习目标，能够很快地进入学习状态，明显地感觉到了自己对学习的那种渴望性越来越强烈，自己也开始不断地挤出时间学习。对于学校的各种规定，也能欣然接受，为成为一个合格的棠中人努力着！

媒体对棠湖中学的报道与评价

《成都晚报》2009年6月8日报道——

奇迹的升华注定成就棠中卓越

杨祖继　陈杨

今天，在美丽富饶的川西平原上，有一所学校正在上演神话，演绎传奇……

这所学校经过18年的发展就蜚声全国；

这所学校连续三届蝉联“中国百强学校”；

这所学校被誉为四川省“基础教育超常规、跨越式发展的典范”；

她就是令广大学子向往的地方——双流棠湖中学。今天，就让我们走进这所神奇的学府，面对面地采访棠湖中学校长熊伟，揭开她那神秘的面纱，解读她的奇迹是怎样创造的……

棠湖中学是创建于1991年实行全方位改革试点的公立学校，经过十八年创新办学，迅速崛起，实现了“三年建成四川省合格高中、五年建成四川省重点中学、十年建成国家级示范性普通高中”的奋斗目标，2005年、2007年和2009年连续三届蝉联“中国百强中学”，被省、市领导赞誉为四川省“基础教育超常规、跨越式发展的典范”，产生了蜚声全国的“棠中效应”。

作为棠湖中学第二任校长的熊伟见证了学校的整个发展过程，自1996年开始，他先后担任棠湖中学教务处副主任、校长助理和副校长，2008年1月成为棠湖中学第二任校长。作为校长的他深知肩上担子的分量，根据学校的现状，通过全体教职员工的建议，行政的认真研究和教代会的讨论，校务会明确了学校发展的最终目标。学校将按照《棠湖中学2001–

2010学校改革与发展十年规划》总体要求，为把棠湖中学精心打造为全国知名的素质教育示范学校，实现“从优秀到卓越”的跨越发展目标而不懈努力。

记者：棠湖中学用极短的时间书写了灿烂辉煌的历史，创造了双流教育史上的奇迹。对学校未来的规划与发展你有什么想法？

熊伟：重塑教育辉煌是棠湖中学在高起点上实现新的跨越的必由之路。重塑教育辉煌的内容是让学校更有朝气，让教学更添智慧，让师生更讲道德，让校园更具美感，让教育更富创造，让员工更加和谐；重塑教育辉煌的关键是教育现代化，实施教育现代化的路径是提升内涵、优质均衡、优化结构、彰显特色、深化改革；重塑教育辉煌的保证是学校发展自我诊断的正确方法和步骤，学校文化的构建和教师团队的建设更是学校持续发展的重点。最终实现学校又好又快地发展，进一步提高学校的知名度与美誉度。

棠湖中学视质量为生命，它是棠中人的智慧和能力结晶体，结晶越精纯，质量越升华，英才越辈出。最终赢得桃李满天下。十八年来，棠湖中学学生共计获得国家级奖1287项，省级奖1955项，市级奖2685项，县级奖1753项。学校先后为北大、清华、复旦等高校输送了5540名优秀学生，以优异的教育教学成绩造就了“低入口、高出口”的高考神话。

棠湖中学是一个培育人才的摇篮，它拥有一支师德高尚、业务精湛、爱岗敬业的教师队伍——学校现任教师中，研究生36人，本科361人；其中特级、高级教师216人；享受省市县名优专项奖励教师90人；市县级学科带头人68人；市县级骨干教师57人；市县级青优教师86人。教师获国家级奖1368项，省级奖1404项，市级奖1475项，县级奖1652项。

在5月23日举办的“新中国成立60周年全国教育管理研究与实践成果论坛暨优秀成果表彰大会”上，熊伟校长被授予“全国教育科研杰出管理者”荣誉称号，棠湖中学荣获“全国教育管理科研成果优秀奖”。

在刚刚结束的双流县“2008高效课堂”学术年会暨第二届“教坛新秀赛课”活动中，棠湖中学教师共获各类奖62项，名列全县第一，并被授予双流县首批“教育科研基地学校”荣誉称号。

记者：我们知道在建校之初，学校就提出了“三年创合格高中，五年创省重，十年创国重”的长远发展目标，2001年，又制定了学校十年发展规划。学校如何通过行之有效的管理体系实现这些目标的呢？

熊伟：细节决定过程，过程决定效益，效益决定生存，棠湖中学在十八年的发展中，根据自身实际，形成了一套科学实效的精细化管理体系。学校发展目标的制定，使学校每个时期都有明确的工作目标和重点，对学校的工作起到了良好的凝聚和推动作用。为了广纳贤才，学校教师实行“公开报名，公正评审，专家考评，择优选聘”的办法，首开全省公开招聘教师先河。人才聚集后，学校结合自身实际，充分利用新学校在办学机制上的优势，在全县率先实施了以“三制一包”（校长负责制、全员聘任制、结构工资制、经费包干制）为主要内容的管理改革，激发了教职工的工作热情，实现了“民主”基础上的“集中”，取得了显著成效。

学校面向全体学生，因人施教，分层教学，让每一个学生在思想心理健康方面有“德育导师”，在科学文化学习方面有“教学导师”、在兴趣特长培养方面有“专业导师”、让每一个学生都学有所获、有所进步、有所成功。学校提炼出了“创境设问、互动解疑、归纳拓展”的三段式高效课堂教学模式，通过更新教师教学观念，改革优化教学成绩评价体系，实施“教师课前候课制”、“教案三重制”、“课堂全责制”等，细化优化了教学环节，增强了教师的责任心和使命感。通过实行学生唱校歌班歌、喊班级口号、半小时演讲等措施，振奋团队精神，激发动力，调动学生的学习热情和积极性。同时，实行备课组长布置、教研组长督促、教务处主任检查、分管副校长抽查的三层管理制度，出现问题逐层追查责任。

近几年来，学校先后有30多人被英国剑桥大学、加拿大多伦多大学、新加坡南洋理工大学（享受新加坡政府全额奖学金）等世界知名大学录取；有70余名艺术特长生获得中国人民大学、北京航空航天大学、西南交通大学等重点大学生预录资格；有40多名同学被北京外国语大学等高校（小语种）录取。学校也因此成为了国内外众多重点大学的生源学校：中国人民大学艺术人才基地，北京外国语大学小语种单独招生生源学校，上海交通大学生源基地，北京第二外国语学院小语种单独招生生源学校，新加坡政府全额奖学金指定公派留学生学校，古巴政府奖学金项目。同时，学校先后被授予或成为：联合国教科文组织北京教育学术交流中心定点联系学校，美中教科文组织中国重点合作学校，AFS国际文化交流项目定点派出和接待学校，美国美中文化教育基金会“成都交流中心”。

记者：学校如何为学生多元发展敞开成才的大门，为广大学生开辟立体成才的通道？

熊伟：棠湖中学坚持“多元办学，大众教育”，在全面实施素质教育的同时，还积极构建国际化、精品化、多样化的升学渠道，为学生升入国内外著名高校、充分实现自我价值、走向成功搭建最好的发展平台。为学生多元发展敞开了成才的大门，为广大学生开辟了立体成才的通道。

记者：作为一所特色学校，棠中拥有鲜明的个性和顽强的性格。为了学生能够多元发展，立体成才，棠湖中学如何在追求办学特色的道路上开拓创新？

熊伟：建校十八年来，棠中通过积极探索、打造积淀、总结提炼，逐步形成了六大办学特色，即“强化常规细则，突出学校管理”、“重视修身立德，突出德育教育”、“面向全体学生，突出分层教学”、“注重特长培养，突出多元办学”、“紧跟时代步伐，突出信息技术”、“倡导个性张扬，突出学生社团”。

学校于1992年引进CSC办公系统，率先步入以信息技术为特色的快速发展之路。目前，学校每个教学班都配置了计算机、电子白板、投影机、视频展示台、音响系统等多媒体设备，每位教师配置了电脑。学校还建成了资源丰富、功能强大的校园网，组建了校园电视台、校园广播站、机器人工作室和设备齐全的网络教室。从1993年起，学校就开始邀请外教到校指导外语教学，并将每年的12月定为“英语文化节”。

学校凭借卓越的教育教学成绩，先后荣获了一系列令人瞩目的殊荣：全国“五一劳动奖状”单位，国家级示范性普通高中，全国“百强中学”，全国职工职业道德建设先进单位，全国素质教育示范学校，中国青少年素质教育团体研究单位，全国中学教育科研联合体常务理事学校，全国心理辅导特色学校，全国现代化教育技术实验学校，北京2008奥林匹克教育示范学校，机器人奥林匹克培训实验学校，第一届全国中小学外语教研工作示范学校，国家基础教育实验中心外语研究中心实验学校等。

棠湖中学借助实践教育机制，使学生张扬个性、交流兴趣、砥砺品格，提高组织、策划、交流、合作等适应社会所必需的能力，为学生交流兴趣、张扬个性、提高素质提供了一个综合性发展平台，在高中和大学之间搭起一座桥梁。

记者：十几年来，棠中为高校和社会培育输送了大批“德才兼备、文艺双优”与“优秀+特长”的高素质人才，受到广泛赞誉。学校通过怎样的育人机制，使学生德才兼备，身心全面发展？

熊伟：学校通过设置数理特长班、英语特长班、艺体特长班、科创特长班等特色班级，充分发展学生特长；通过组建由民乐团、舞蹈团、西洋管乐队、合唱队、校园书画协会等组成的“海棠艺术团”，大力培养学生艺术特长，为学生成为综合性人才奠定了坚实的基础。同时，学校与中国人民大学合作办学，共建艺术人才基地，同清华大学、北京大学、复旦大学、电子科技大学等高校进行广泛深入的交流探讨，为高校和社会培育输送“德才兼备、文艺双优”与“优秀+特长”的高素质人才，受到广泛赞誉。

在体育教学方面，学校创造性地探索了“课堂集中，分项活动”的体教模式，被亚足联秘书长维拉潘先生赞誉为“值得推广的‘棠中模式’”，即将传统的体育课分班进行素质训练，活动课分为足球队、棋艺队、篮球队、射击队、射箭队、健美操队、网球队等。同时，有效地对学校体育活动课行进了改组，组建了校篮球、足球、排球、羽毛球、健美操、棋队等校级代表队，让学生素质得到充分锻炼，提升学生团体和荣誉意识。

棠中积极组建各类学生社团，让兴趣、爱好相同的学生集中起来，为他们搭建兴趣交流的平台，让他们在自主活动过程中充分发挥才能。目前，已成立学习型、科技型、兴趣爱好型、志愿服务型等四类学生社团，具有自主性、业余性、群众性、多样性等特点，包括《春晓》杂志社、恰同学少年社、心理协会、科创协会、书法协会、街舞社、音乐社、动漫协会、青年志愿者协会、爱心教育基金会等16个社团，现有注册会员755人。

2008年“5·12”汶川大地震期间，棠中爱心教育基金会成员自发上街进行爱心募捐，青年志愿者协会会员更是积极投入到双流机场的搬运救灾物品的志愿者行列中，而恰同学少年社的同学自发组织起来加入到双流募捐志愿者的行列，彰显了棠中人的社会意识和责任意识，产生了凝重的社会责任感和使命感。

《成都晚报》2010年4月19日报道——

培养好习惯　掌握好方法　成就好人生

——记棠湖中学创新课改之路

熊波　杨祖继

引　言

2010年3月26日–28日，全国高中新课程有效教学专题研讨会在棠湖中学成功举办，来自全国23个省、区的1000余名教育专家、高中学校校长、教师一致认为，在高中新课程改革方面，棠湖中学已走在前列。棠湖中学的教育教学模式受到中央教科所专家的高度评价，省教育厅特别要求将棠湖中学的新课改样本进行全省推广，号召省内学校前来考察学习，加强交流，互相借鉴，从而推动全省教育教学改革的发展。年轻的棠湖中学在新课改的探究历程中迸发出蓬勃的生命力，成为四川省的一面旗帜。

今天，就让我们走进棠湖中学，走进棠湖中学新课改，探究其如何培养学生的良好习惯，如何完善学生的学法……

追本溯源　探究问题的症结所在

作为拥有“中国教育管理杰出人物”、“全国中学杰出校长”、“全国百名优秀中学校长”、“中国教育管理杰出人物”、“全国教育科研杰出管理者”、“全国外语实验学校优秀校长”、“教育部课题研究先进工作者”等荣誉称号的棠湖中学党总支书记、校长熊伟不仅具有深厚的教育理论水平和丰富的教学实践经验，更是具有广博深邃的教育视野和敢为人先的创新精神。

校长熊伟对高中阶段的教育有着深刻的思考和独到的见解。探究这背后的原因，他认为根源在于两个方面：一是学生的内在原因。学生良好的行为习惯没有养成，所以导致学生的学习过程、学习定力不到位。不少学生由于缺乏明确的人生目标和理想，所以不能持之以恒地进行习惯养成训练，从而造成行为习惯的养成不到位，影响个人素质的提升。二是教师的客观原因。一些教师长期运用且习惯于单一的传授式教学方式，抹杀了学生的积极性和创造性，使学生无法形成系统的自主学习方式。学生的学法得不到完善，综合素质自然就得不到提高。所以，如果教师的教法不改变，学生的学法就永远也不可能改变，自主学习、探索、实践的高素质人才也就难以培养。传授式教学制约了优生跳跃性的思维、顿悟、创新、想象等优秀品质，而学困生因为跟不上教师的进度，也逐渐失去对学习的兴趣。因此，教师只有通过改变传统的教学方式、课程结构，让优生更优，让学困生转化，从而逐渐缩小二者的差距。

“成长的足迹” 强化目标意识 培养良好习惯

在棠湖中学，每个学生都有一本《成长的足迹》。学校要求每一个学生每一天都要强化自己所定的目标——如果你想当一名科学家，那么你就要无限期地去培养科学家应该具备的素质和能力，时时刻刻以科学家的标准来要求自己，朝着既定的目标努力奋斗。学生不仅每天要强化目标，还要对每天的学习生活进行有效地反思，客观清晰地剖析自我，及时弥补自己的不足，发挥自己的特长。在每一页的下面，学校还精心设计了一些激励性的语言，如“我美！我更美！我一定最美！”“我乐！我快乐！我天天快乐！”“我棒！我真棒！我一定最棒！”等，以不断激发学生的学习兴趣和学习潜能，让学生每天养成一个好习惯，每天进步一点点，明确人生目标和理想，并持之以恒进行习惯养成训练。如今，《成长的足迹》俨然已经成为棠中学子的一部奋斗史。家长无不感叹地说：“棠湖中学能够如此严格细致地规范孩子的行为和习惯，我们很放心！”

“三格教育” 健全学生人格和品质

21世纪各国之间的竞争加剧，从表面上看是综合国力的竞争，其实是各国人才综合素质的竞争。作为社会主义国家培养的人才，除了具备优秀的科学文化素质之外，更重要的是还必须具有社会发展所需要的思想政治素质。学校教育是对青少年学生进行思想品德教育的主渠道，学校德育必须创新。为此，棠湖中学提出了以“入格—合格—品格”为内容的“三格教育”。

入格：高一年级侧重在养成教育，使学生养成良好的生活习惯、学习习惯，初步树立正确的人生价值观，掌握终身受益的强身健体法，取得成为棠中人的基本资格，从而形成良好的班风。

合格：高二年级侧重在能力培养，使学生活用有效的学习方法，学会审视美、欣赏美和自我美，具有创新意识，培养创新能力，成为名副其实合格的棠中人，从而形成良好的学风。

品格：高三年级侧重在个性张扬，使学生生成和张扬个性特长，具有实现目标和理想的恒心，增强自己追求卓越的信心，成为独具品格的棠中毕业生，从而形成良好的校风。

在德育过程中，学校坚持以“管”为基础、“理”为方法，以专题德育课程为主线，“学生成长足迹”为动力、班科密切配合为保证，形成了具有棠中特色的德育思想、德育原则、德育体系和德育行为。

与时俱进的德育思想、务实求真的德育原则、科学系统的德育体系和切实可行的德育行为，促进了棠中学生的全面发展。

“三段教学” 行之有效的教学方法

有助于孩子成长发展的教育才是最好的教育。教育必须做到因材施教、因人施教，不能搞一刀切。经过充分论证，结合学校自身实际，2006年8月，棠湖中学校长熊伟正式提出了“三段教学”理念。

使每一所学校成功，使每一位学生成功：这是目前正在推进的高中新课程改革的基本理念，也是推进高中教育均衡发展的必然要求。这意味着我国高中教育不是精英教育，而是大众教育。因此，让每一个学生都能得到不同程度的发展，成为高中新课改是否有效实施的试金石。

“三段教学”过程中使用的学校教师自主编写的校本教材《学与导》，根据学生认知规律，分为“预习导读单”、“问题生成单”、“拓展训练单”，突出了“学生生成问题”和“教师生成问题”。这些问题环环相扣、层层推进，通过生生合作、师生合作，解决学习过程中出现的问题，促使教学目标的圆满完成。

据了解，“三段教学”的指导思想是“以激发学习内动力为前提，以强化组织教学为保证，以优化教学程序为重点，以激活课堂互动为关键，以落实学习环节为抓手，以迁移知识能力为目的”。学校为此确立了“三段教学”策略：从学困生抓起。关注学困生的学习，一方面树立学困生的信心，增强全班学生的学习积极性，培养良好的学风；另一方面对中等生和优生具有积极的推动作用，增强他们的危机感，从而培养他们的竞争意识。

熊校长介绍说，学校为“三段教学”制定了具体的实施细则。

一是结构化备课。首先是明确目标。在备课之前，要求所有教师要熟悉教材知识体系，必须走进文本，保证阅读遍数。通过各种途径和方法，或调查表或座谈，做到结构化备学生，关注和研究学生的需要差异，熟悉学生的现有基础，包括知识基础和接受水平等，充分听取学生意见；通过集体备课确定本周期的学习目标。其次是转化问题。把知识和目标转化成问题，成为指导学生的学习方案。问题要有层次性，应包括基础性问题、探究性问题、拓展性问题，以适应不同层次的学生发展需要。教师根据转化的问题，确定给学生提供的自学素材和提供方式，可以是纸质、电子、网络等。最后是设计评价。当每个学习周期结束后，由教师开发评价性工具单，对本周期学习目标完成情况进行检测。在这个关键环节中，教师必须充分关注和评价学生的学习结果，对学生情况了如指掌。

二是结构化预习。学生根据《学与导》中的“预习导读单”，阅读教材，查阅资料，对教师提出的问题进行思考解答，并把解答结果写在《学与导》上；将自己不能解决的问题及新发现的问题记录在《学与导》相应的位置上。学生自学课一定要有专用的时间，可以在课下，也可以在课上，教师根据实际情况确定。坚决杜绝不经过结构化预习就直接进入课堂的现象发生。

三是建立“小组合作学习”机制。将适时调整分组策略作为开展小组合作学习的前提，以召开学生主题班会和建立班级愿景和小组愿景为手段，激发学生的学习愿景，建立小组合作学习公约，以小组为单位进行学习过程和学习成绩的评价，明确学科代表和学科长的职责。

四是构建健全、完善的评价体系。方式有合作小组内评价、学科代表评价、任课教师综合评价。综合以上三个层次的评价，任课教师确定每月的学科明星和学科明星小组，给予相应的奖励。并建议班主任将此纳入学生的成长记录和作为班级、学校评优选先的依据。

同时，学校还为“三段教学”的实施制定了督查机制。一是考查教师的课堂教学是否符合要求。每周每科一次随机录像评课，检查是否采用“三段教学”，检查是否严格按照“三段教学”的流程组织教学；进行学生满意度问卷调查、学生代表座谈；职能部门培训专职巡视人员检查，采用课堂教学观察方案进行评价。二是每周检查《学与导》使用情况一至两次。措施有学科长督察（每天一次），教师定期普查（做好记载与评价），备课组或教研组或教务处点“学号”抽查等。三是开放课堂，相互观摩。可以是相同学科间相互观摩，也可跨学科观摩，要求观摩者带着目的观摩，并认真做好观察记录和评价。

实践是检验真理的唯一标准

通过积极实践“三段教学”改变传统教学，棠湖中学不仅提升了教学质量，更体现了以人为本的教育思想，真正落实了“以学生为主体，教师为主导”的教学理念。

学生学习方式发生了重大转变。“三段教学”激发了学生的学习热情，培养了学生良好的学习习惯，增强了学生学习的积极性、主动性，从“老师要我学”转变为“老师，我要学”，提高了学生自主学习、合作学习、探究学习的能力，增强了学生独立思考、合作共存、交流表达和创新实践的能力；学生更加喜欢课堂、喜欢学校班级生活，学习兴趣浓厚，强化了自主学习意识，学习成绩得到大幅度提高，综合素质得到明显提升，为终身学习的能力提高奠定了基础。

教师教育教学发生了巨大转变。“三段教学”的实践真正转变了教师的教学观念，改变了传统的教学方法，提高了教师的教育教学理论水平以及科研水平，促进了教师的专业化发展；教师角色从传统教学的讲解者、传授者转变为学生学习的引领者、指导者。

实践证明，棠湖中学高2009届通过实施“三段教学”，高考取得了优异的成绩：一本增长率为77.5%，居全市国重第二；二本增长率为112.39%，居全市国重第一；三本增长率为119.45%，居全市国重第一。

实践证明，教师的学术水平和教育教学能力提高了，促进了教师的专业化发展。近年来，棠湖中学教师付民等30人在“全国高中信息技术与课程整合优质课大赛”中获一等奖。棠湖中学教师撰写的课改研究论文获国家级一、二等奖共59篇，省级一、二等奖共63篇，成都市一、二等奖共225篇；在省级以上刊物发表88篇。

棠湖中学自实施“三段教学”以来，取得了丰硕的研究成果和教学成果。鲜明的特色和显著的成效，得到了社会各界尤其是教育界同仁的高度评价和赞扬。目前，“三段教学”已引起中央教科所、四川省及成都市有关专家领导的高度关注和一致好评，省内外学校纷纷慕名前去考察学习。

《中国教育报》2008年7月2日报道——

这里，让教育绽放如花

——四川省成都双流棠湖中学特色办学侧记

于金秋

位于芙蓉天府之国、物阜民丰之地的成都双流棠湖中学创建于1991年，是一所实行全方位改革试点的公立学校。经过十几年的励精图治，创新办学，棠中迅速崛起，实现了3年建成四川省合格高中、5年建成四川省重点中学、10年建成国家示范性普通高中的“三级跳”，产生了闻名全国的“棠中效应”，以其全新的运行机制和办学模式，鲜明的多元化办学特色，“以人为本、为师生的发展创设和谐的支撑性环境、帮助每位师生走向成功”的办学理念而声名远播。棠中，如一株教育奇葩，绽放在祖国的西南大地，闪烁着耀眼的光彩！

上篇：“别致馨香”的教师培养之花

——让青年教师如沐春风迅速成长

“哪个学校的工作一蹶不振，教师是责无旁贷的；工作搞得出色，也应归功于教师……教师对于学校，犹如太阳对于宇宙。他是推动整个学校机器的力量的源泉。”德国教育家第斯多惠的这句话一语中的，指明了教师对于学校的重要性。我们常在想，如果把学校比喻成一棵大树，那么管理层就像深扎于泥土中的树根，教师就像是树干，而学生则是枝叶和果实。唯有树干粗壮有力，才能把根部的营养源源不断地输送到树冠，使其枝繁叶茂，硕果累累。那么，棠中的教师培养究竟成果如何？这株“树干”能挺起学校的教育脊梁吗？这是我们采访中一个十分关注的问题。通过走访教师，通过与熊校长交谈，我们在慢慢寻找答案。

在棠湖中学的校园网上，曾经流传着这样一个真实的故事：

一对夫妻在棠中本部教书，孩子在棠湖中学外语实验学校读书，一家人都住在棠外。从小学二年级开始，父母就没有给孩子过过生日了。六年级的那一次生日，孩子放学后赶到棠湖中学本部。他对母亲说，这是小学最后一个生日了，他有一个愿望，就是希望妈妈能够陪他过生日。那时，父母恰恰都是高三年级的班主任，没有办法陪孩子。孩子过来了，只能跟他讲清楚，送他回去。那天，下着小雨，孩子撑着一把小伞，孤零零地走在雨中，埋着头回家了。等爸爸妈妈回到家，孩子已经睡着了。妈妈削了一个苹果，放在孩子的床头柜上，写了一个条子，祝福他生日快乐。第二天早上，在孩子起床之前，父母已经离开了家门。

不用多做解释和说明了，从这个故事中，从这对教师身上，我们读懂了什么是“敬业”，什么是“以校为家”！学校究竟有何种魅力能使老师们对工作如此之投入呢？其实，这都是源于学校能时时处处为教师着想，能让老师们找到人生与工作的幸福和价值，能让他们产生强烈的归属感。在扎实的工作中，能享受到收获的幸福，老师们自然也就乐于工作、勤于工作了。那么，棠中在教师培养上有哪些法宝呢？

●评价方式：“感情×制度”

新课程理念要求，要“建立促进教师不断提高的评价体系。”且看学校在教师评价制度上的创新之举——“我们对教师的评价有一套科学的办法，注重看教师的情感和团体协作。我们有一个口号叫做‘感情×制度’，这体现了棠湖中学对人性和感情的高度尊重——没有感情，一切工作就全部都是零！没有任何意义！”现任校长熊伟说。同时，随着学校的不断发展、壮大和素质教育的深入开展，为了使自身办学水平上档次、出品牌，棠中大力实施“科研兴校”战略，引导教师不断自主发展，促使其由“教书匠”向学者型、研究型、专家型的教师转变，让教师张扬个性，形成特色。学校大胆进行评价改革，大力实施名师工程：第一，设立了“教学成绩等级奖”、“班主任工作等级奖”、“科研能力等级奖”以及“校本课程开发奖”等奖项；第二，在校内开展“优秀教师”、“初级教育专家”、“中级教育专家”、“高级教育专家”以及“特级教育专家”等名师的评定，使不同层次的教师都有目标、有奔头，在专业发展之路上不断向新的高峰迈进。

●青年教师培养：唯才是用，你行你就上！

建校之初，棠湖中学没有教师，他们采用了招聘引进的方法。1991年至1993年，学校分3次从1300余名报名应聘的教师中选聘出110余名德才兼备的教师，组成了一支年富力强、结构合理的教师队伍。多年来，学校很注重对青年教师的培养，并且已经摸索出了一套成功的经验。“17年来，棠中人坚定不移地走‘改革立校’之路，在全省率先实行以‘三制一包’（校长负责制、教师聘任制、结构工资制和经费包干）为主要内容的学校管理体制改革，打破了传统教育生产关系的桎梏，促进了学校超常规、跨越式发展！”熊伟校长的话，干练中透着自豪。

为了使发展更具后劲和持久力，学校始终把教师素质摆在突出位置，打破资历界限，唯才是用，动态管理，坚持“同岗同酬、多劳多得、优劳优酬”的分配原则，突出教育工作的质量管理，实行评聘结合与职称挂钩的基本工资制和以贡献分配的奖励工资制，按贡献和实绩分配，激发了教师的潜力。对于先后从省内师范院校精选的优秀毕业生，则采取“学、导、思、担、赛、交”的方式，促进新教师尽快成长。

对青年教师，突出能者上，“待遇留人”。青年教师只要各项工作符合学校的要求，就可以享受与担任同种工作的老教师相同的待遇。“只要你能够站稳讲台，得到学生认可，哪怕你是才毕业的，津贴跟特级教师一个样！”熊校长的这句话掷地有声，告诉我们，在棠中，只要你有才能就一定能得到尊重，只要你是金子就一定能熠熠生辉！

在教师的发展过程中，学校还积极为青年教师提供学习的课堂、搭建展示的舞台，同时充分发挥优秀教师的“传、帮、带”作用。学校根据实际情况，将教师分成不同梯队，提出不同的目标和要求，让大家都有机会参加专业学习和进修。首先，每学期都安排近3年的新教师上“汇报课”，考察他们在师父的帮助下，教育教学能力提高了多少，还有哪些不足；其次，安排青年教师上“评优课”，每个年级推荐表现突出的教师参加校级赛课，这样既锻炼了他们自己，也给其他教师树立了榜样；再次，骨干教师不仅要上好“示范课”，还要为年轻教师开好专题讲座，介绍教学经验和专业发展体会，以身说教；至于学科带头人和特级教师，学校则安排他们上“研究课”，根据自己的研究课题或教学中遇到的问题或困惑，有针对性地进行教学研究，引领大家朝着专家型、学者型教师的方向发展。

据统计，17年来，棠湖中学投入师资培养经费达250多万元，现拥有特级教师和中学高级教师156人，县级及以上名教师、学科带头人52人，优秀青年教师28人。新来的教师，两三年时间就能在赛课活动中脱颖而出，就可以教高三了。采访期间，我们接触了许多青年教师，他们得益于学校的悉心培养，意气风发，前途风光无限。把他们的经历和感受告诉您，或许这些鲜活的事例比数字和理论更能打动人心，更能说明棠中在教师培养上所取得的成绩——

曾宪雪：刚来棠湖中学，就从高一到高三教了一个完整的过程。刚毕业的时候，才只有20岁，胆子很小。师父就鼓励她，晚上经常熬夜到11点钟给她改课件。她是怀着一颗报恩的心在学校里工作。有一年，她参加公招考试，笔试考了第一名，她还是选择了留下。她给出的原因是：很多学生让她感动，她们的关系是亦师亦友。学校对青年教师很信任，支持教师参加各种竞赛，对他们进行鼓励式的教育。在她看来，棠湖中学真的就是感情留人。

杨军：2005年来校。他更倾心于棠中的事业留人。读大学时，杨军的成绩很好。但是到了中学讲台，一跟学生打交道，就感觉自己还是一个小学生。在老教师的指导下，杨军成长很快，一天都没有荒废。在不少学校，大学毕业生得“三届成才”，棠中则是三年成才。所以，在学校发展最为关键的某个时期，有6个月，虽然只拿了237元的工资，但他仍坚定地选择留在了学校，与棠中风雨同舟，与棠中一同进步和成长！

下篇：“多彩灵动”的特色教育之花

——让学生全面发展个性飞扬

在棠中的发展征途中，有两大“目标”一直如灯塔般在指引着学校前行的方向，成为棠中办学的灵魂性指针：一是“育人目标”，即“六会一长”（会做人、会求知、会生活、会健体、会审美、会创造、有特长）；二是“办学目标”，即把棠湖中学建设成为全国知名的素质教育示范学校。为了达到育人目标，学校从学生实际需要出发，多方开发，形成了棠中的“七大特色”，打造了素质教育的七张靓丽“名片”，让不同潜能的学生都能找到立足点，使“众口”不再“难调”！

●第一张“名片”：重视修养立德，突出德育教育特色

重视德育教育，深化德育管理，强化学校德育课堂主渠道是棠湖中

学德育教育的特色。早在1995年，学校就提出“人人都是德育工作者”的思想。2001年，学校起草了《棠湖中学德育工作序列化》，确定了学校德育工作的重心：主旋律教育、行为习惯教育、美育教育、心理健康教育和法制教育。学校通过开展“一二·九”、“五·四”、“九·一八”等纪念活动，通过升旗仪式和国旗下讲话、收看《新闻联播》、图片展、影视教育和主题讨论的形式，加强了学生的爱国主义教育。学校每天一节思品课，由班主任根据时代要求以及学生实际情况组织开展一系列有针对性的主题班会。同时，成立各种社团，组织学生参与各种文体活动，培养学生高尚的审美情趣，从2002年开始，学校开展了每年一届的“青春才艺大赛”。为推进学校的法制教育，1999年，学校与四川大学法学院签署协议，联手开展法制教育活动，多次举办法制教育讲座，学生参与人数上万人次。学校开展的“爱心工程”活动，16年来共为贫困生筹措、减免资金178万元，使近1000名贫困生顺利地完成了高中学业。此外，学校还组织编写了承载国学精粹的校本教材，力争使学生在民族传统文化、儒家道德精髓的熏陶中修身立德。为了培养学生勤俭朴素、热爱劳动、乐于助人的行为习惯和道德情操，学校组织学生参与以义务劳动、校内值勤和巡逻等为主要内容的“社会实践活动”。

由于创造性地将德育教育工作系列化、课程化、生活化，学校涌现出了许多先进的社会典型，如2004年获得第六届“宋庆龄基金会”奖学金的初2004届学生白莹；2005年获得首届成都市“十佳希望之星”的高2006届贫困学生黄甜甜；2005年为中央电视台所关注的身残志坚的高2005届学生左小萃等。他们的高尚风貌和精彩人生在社会产生了良好声誉，充分展现了棠中德育工作的成就，为社会所称道。

学校先后荣获县、市、省“精神文明建设标兵单位”、“德育工作先进集体”、中小学开展健康教育“先进集体”、“校风示范校”、爱国主义教育“三百工程”活动“先进集体”等荣誉称号，先后有210多名学生被评为省、市、县各级“三好学生”、“优秀学生干部”等，并有30个班集体评为省、市、县各级“先进班集体”。

●第二张“名片”：面向全体学生，突出分层教学特色

学校以“帮助每位师生走向成功”为办学宗旨，以“面向全体学生，对每一位学生负责，让学生人人走向成功，从而造就‘高出口’毕业生”为指导思想，突出“因人施教、分层教学”的教学特色：从分班开始，抓

住选配班主任、师资配备、教学标高、教学方法、教学手段、教学评价、奖励办法等环节入手，针对不同层次的学生，采取不同的策略，使各层面的学生都学有所得，让学困生学起来，中等生优起来，优等生尖起来，从而使学校教学质量得到全面提高。

●第三张“名片”：把握时代要求，突出信息技术特色

学校建校之初，正值微型计算机发展之时。学校领导牢牢抓住这一历史机遇，于1992年引进CSC办公系统，使学校率先步入以信息技术为特色的快速发展之路。1993年，学校建成了全县首个计算机教室，并把计算机知识的学习列入了高、初中一年级的必修课程。1994—1996年，建成微机网络教室和多媒体电子教室，为各年级和各科室配备了计算机，使学校步入办公自动化阶段。1996—2000年，教育、教学和管理工作进入网络化阶段。2005—2007年，学校共派出22位教师参加全国“信息技术与学科教学整合大赛”，获得一等奖11项，二等奖11项。学校开展的远程教育课题研究受到了国际协作组织的极大关注。学校成为中央电教馆的示范窗口，主研人员多次受到中央电教馆的指派到各大区培训班进行示范讲学。

●第四张“名片”：推进创新模式，突出艺体教育特色

艺术、体育特色是学校全力打造的一大亮点。在艺术教育方面，学校坚持“普及与提高相结合、课内与课外相结合、学习与实践相结合”的原则，构建了“三课（音乐、美术、书法课）、两班（科学艺术班，艺术特长实验班）、一团（海棠艺术团）、一活动（课外兴趣活动）、一基地（中国人民大学艺术人才基地）”的教育模式，营造了较浓厚的校园文艺氛围，提高了学生的审美情趣。到目前为止，学校已连续招收了7届科学艺术班，共有19个班1000多人。其中，有114人次获国家级比赛奖、243人次获省级比赛奖、403人次获市级比赛奖、116人次获县级比赛奖，有50人获得重点大学艺术特招生资格。海棠艺术团不仅定期举行汇报演出，而且还多次为来访的考察团举行专场音乐会，与国外来访的艺术团同台竞技，获得好评如潮，蜚声中外。

在体育教育方面，学校坚持“做人、文化、专业三不误”的原则，构建了“一课（体育课）、两班（男足班、体育高考专业培训班）、两操（课间操、眼保健操）、七队（女足队、男足队、田径队、棋艺队、篮球队、武术队、射箭队）、一活动（课外体育活动）”的统筹运行管理机制和体育教育模式，增强了学生体质，培养了学生团结协作、拼搏进取的

精神。在教育主管部门举办的各类体育比赛中，学校有53人次获国家级比赛奖、155人次获省级比赛奖、186人次获市级比赛奖、427人次获县级比赛奖，有86人获二级运动员称号；学校荣获了“省体育工作先进单位”、“北京2008奥林匹克教育示范学校”等称号，被国家体育总局确定为“国家级青少年体育俱乐部”。学校从1991年建校起就组建了女子足球队，2005年招收了男子足球班，创造性地探索了足球教育的“体教结合”模式，被亚足联秘书长维拉潘先生赞誉为“值得推广的‘棠中模式’”。

●第五张“名片”：全面实施素质教育，精心打造多元办学特色

学校既关注学生的艺体特长，又高度重视学生的科学文化特长兴趣的培养，提出了“合格+特长”的人才模式，尊重每一个学生的个性需要，发掘其潜质特长，致力于促进学生生动、活泼、主动、全面、和谐、有特色地发展，在全面发展的基础上培养学生的一专之长，为他们终身学习、自我发展奠定基础。为此，学校从班级模式的构建、课程改革、课时安排、课外活动等方面进行创新性的探索和改革，构建一系列班级教育模式：数理实验班、英语实验班及艺术特长班；班级增设的课次都用于研究性学习课程；七、八年级和高一年级开设书法课程以及严格控制学生作业量等，以确保学生的兴趣特长得到充分的培养和张扬；要求全体师生周一至周五以年级为单位进行集体体育锻炼，以提升师生身体健康素质；要求每个学生一学期至少要有半个小时在公共场所讲演的机会。而标准的普通话、琅琅的读书声以及嘹亮的歌声则成为和谐校园的一道亮丽风景线。

学校在全面实施素质教育的同时，还积极构建国际化、精品化、多样化的升学渠道，为学生升入国内外著名高校、充分实现自我价值、走向成功搭建最好的发展平台。近两年来，先后有20多名学生被英国剑桥大学、帝国理工大学、加拿大多伦多大学、新加坡南洋理工大学（享受新加坡政府全额奖学金）等世界知名大学录取；有50余名艺术特长生获得中国人民大学、北京航空航天大学、西南交通大学等重点大学生预录资格；有近30名学生被北京第二外国语学院（小语种）、四川外语学院（小语种）录取。学校也因此成为了国内外众多重点大学的生源学校，包括：中国人民大学艺术人才基地、北京外国语大学小语种单独招生生源学校、成都军区国防生生源基地、新加坡政府全额奖学金指定公派留学生学校、古巴政府奖学金项目四川省留学人员推荐学校等。

●第六张“名片”：打造办学亮点，突出外语教学特色

学校自建校起就十分注重外语教学，从1993年起就开始邀请外教到校指导外语教学。同时，在校内开展英语角活动，将每年的12月定为学校的“英语活动月”（后更名为“英语文化节”），还构建了适合新课程改革要求的校本课程以及自主、开放的新型学习方式。学校与中国教育国际交流协会、美国英语学会合作，先后举办了8届为期一个月的“英语夏令营”和暑期英语教师培训班，来自北美和英、澳等国的近100名外籍教师利用暑假对来自全省各地的2000多名师生进行了英语口语和教学法强化培训。

自2004年8月起，学校先后招收了一批来自美国、德国、法国、意大利、芬兰等十多个国家的近50名国际学生，来校进行为期一年的汉语学习和文化交流活动。16年来，学校接待国外教育考察交流团近100起、400人次，近600名师生出国留学、交流访问或参加游学活动。学校因此被授予或成为：“联合国教科文组织北京教育学术交流中心定点联系学校”、“美中教科文组织中国重点合作学校”、“AFS国际文化交流项目定点派出和接待学校”、“美国美中文化教育基金会‘成都交流中心’”。

●第七张“名片”：关注全面健康，突出心理教育特色

学校高度重视学生非智力因素培养，将心理健康教育纳入学校日常课程管理和校本教材，形成学校心理健康教育特色。1999年，学校成立了心理教育领导小组，同年设立了心理健康教育教学教研组，开设了心理健康教育课，开通了心理热线，开辟了心理咨询室，组织了心理协会，为学生上心理健康教育课近千节，自编教案30余万字，建立学生心理档案5000余份，接待学生心理咨询千余次，开展专题讲座20余次，聘请专家开设讲座10余次。2003年在学校主页上设置了“心理健康教育”专栏，同时还利用校园报办了《心育专版》。由于在心理健康教育方面的突出特色，学校于2004年被批准成为“成都市首批心理健康教育实验学校”。

七张靓丽“名片”，犹如七片多彩的“花瓣”，构成了棠中素质教育明艳俏丽的“七瓣花”。但是，这朵神奇之花的“根”在哪里？是什么催开了它呢？熊伟校长的下面这番话也许是答案吧：“在素质教育上，我们始终坚持以人为本，以学生为中心，坚持‘三个精细化’，即‘精细化育人、精细化管理、精细化服务’的管理思想。面向全体学生，因人施教，分层教学，让每一个学生在文化学习上有‘教学导师’、在兴趣特长培养

方面有‘专业导师’、在思想上有‘德育导师’，让每一个学生都学有所获、有所进步、有所成功！”新锐的教育理念，科学的管理方法，人文化的实施手段，这就是熊校长的“办学经”。现在，国家在大力提倡“教育家办学”，从棠中前进的脚步中，从熊伟校长的身上，我们仿佛读懂了“教育家办学”的生动内涵。

“把学校建成成都市周边最好学校，让进不了成都市内最好中学，却又渴望优质教育的学生将目光投向虽新建却气势飞扬的棠中。”这是棠中创建之初的目标，毋庸置疑，这一目标已经实现了。棠中，以其“立足成都，辐射全国，走向世界”的卓越的办学成绩告诉世人，什么是“最好的中学”，什么是“优质教育”！短暂的采访，恒久的记忆。棠湖中学，这所“时时刻刻、时时处处把师生的发展放在心坎上”的学校，已经根植在了我们的心里。而今迈步从头越，敢叫日月换新天！衷心祝愿“开放、民主、求实、创新”的熊伟校长和他的精英团队，能够用“巧手”浇开更多的“幸福之花”。相信成都双流棠湖中学——这朵绽放在祖国西南宝地的教育奇葩能够长开不败，以自己的别致与明艳，催生教育的光明未来与璀璨希望！

第六部分

写给年轻教师的话

教师要在平凡的工作中体验人生的成功。曾有人套用拿破仑的名言，认为不想当特级教师的青年教师不是好教师。从鼓励青年教师努力奋斗、积极进取的角度讲，其善意是可以理解的，但是这样的目标往往使许多教师感受不到人生的成功。我觉得，我们要认识到，不一定成为模范、骨干才是成功，不一定得到学校的表扬和肯定才是成功。按照自己的预定目标努力了、奋斗了、体验了、发展了就是成功。

新教师如何应对新课改

一、树立新型的教师观

百年大计，教育为本；教育大计，教师为本。唐代文学家韩愈对教师的职责作了极为精辟的概括："师者，所以传道授业解惑也。"《学记》说："凡师无道，严师为难。师严然后道尊，道尊然后民知敬学。"这些话都强调了教师的重要作用。21世纪是知识经济时代，随着科技的日新月异，经济全球化进程加快，以科学和教育为支撑的各国综合国力的竞争更加激烈。特别是由于知识与技术、人才与科技相互促进，互为需求，承载着知识与技术为主体的人才，成为世界各国经济发展和技术竞争中的争夺对象。教师作为人才培养者责任尤为重大。

1. 教师是学生潜质的开发者

现代科学知识量多且发展快，教师要在短短的几年学校教育时间里把所教学科的全部知识传授给学生已不可能，而且也没有这个必要，教师作为知识传授者的传统地位被动摇了。另外，学生获得知识信息的渠道多样化了，教师传授知识的职能也变得复杂化了，不再只是传授现成的教科书上的知识，而是要指导学生懂得如何获取自己所需要的知识，掌握获取知识的工具以及学会如何根据认识的需要去处理各种信息的方法，最大限度地开发学生的潜能，开发其能力，让他们能做到"青，取之于蓝而青于蓝；冰，水为之而寒于水"。

2. 教师是教育教学的研究者

现代教师不再仅仅是传统文化的继承者与给予者，而更应该是知识的创造者。创造是教师职业内在的尊严和欢乐的源泉，没有创造加入的教育教学工作将非常枯燥。所以，教师应具有丰富的专业知识、教育教学理论知识、教学情景知识、信息技术知识，并且要做到继续学习、终身学习。在教学过程中要以研究者的心态置身于教学情境之中，以研究者的眼光审视和分析教学理论与教学实践中的各种问题，对自身的行为进行反思，对出现的问题进行探究，对积累的经验进行总结，使其形成规律性的认识。

这种“行动研究”能把教学与研究有机地融为一体，它是将教师由“教书匠”转变为“教育家”的前提条件。这种“行动研究”是教师持续进步的基础，是提高教学水平的关键，是创造性实施新课程的保证。

3. 教师是学生学习的引导者和促进者

教师要引导学生学会做人，激发学生兴趣，培养学生良好的思想品质，从而形成良好的思维习惯；要克服求同思维模式，在培养学生全面发展的同时，促进学生个性发展。教师应成为学生健康心理、健康品德的促进者、催化剂；应引导学生学会自我调适，自我选择。所以，教师应该帮助学生树立正确的人生观和世界观；帮助学生充分认识自己并正确评价自己，接纳自己；帮助学生建立良好的人际关系；帮助学生保持健康、愉快的心情；让学生学习有关青春期知识，帮助他们认识心理咨询的重要性和必要性。

4. 教师是学生未来成长的参谋与顾问

当终身教育、终身学习成为生活的一部分时，学生学习的范围不断扩大至社会生活的各个层面，学习成了学生适应社会发展的必要手段，因此，学生的学习不能只停留在掌握某些知识上，而应着力于培养能力。“教师的职责已经越来越少地传递知识，而是越来越多地激励思考；除了他的正式职责以外，他将越来越成为一名顾问，一位交换意见的参考者，一位帮助发现矛盾论点而不是拿出现成真理的人。”这就是说，终身学习中的教师，在学生未来成长的过程中，将只起参谋和顾问的作用，他们与学生一道，共同谱写美好的未来。

二、树立以人为本的教育思想

当前师生人际关系中普遍存在着教师中心主义和管理主义的不良倾向，严重地损害了学生的主动性、自觉性、积极性，摧残了学生的自信心，学生根本没有主动参与、主动探求的机会，使学生在一种压抑、沉闷的气氛中学习。现代学生观认为：以学生为本，教师不再是知识的权威、真理的化身，师生在同一起跑线上，学生不再是被动接受知识的容器；学生是一个完整的人，每个人都有多方面的需要，只有满足其合理的需要，才会使其产生学习的热情，发挥非凡的才智。所以，尊重学生的人格，宽容对待学生创造活动中一切合理的挫折和失败，注意发现和肯定学生在失败的学习创造过程中体现出来的创造学习热情和进取精神，尽量呵护学生的灵感。学生是发展中的人，要承认学生具有巨大的潜能，坚信人人都可以成功，每个学生都有待于完善，应允许其犯错误并改正错误。把学生的错误当做教学资源加以开发和利用。

所以，教师作为引导者、舵手，需要尊重学生的主观能动性、创造性，培养他们获取信息和创造的能力，使学生具有良好的道德品质、充足的基础知识、活跃的思维方式、较强的动手能力，学会学习，学会生存，学会做人，学会做事。

三、探求新的教学策略和方法

1. 教学策略

探求新的教学策略要注意以下两点：一是突出学生的主体地位。教师要转弯教学观念，变“指挥者”为“引导者”，要从学生的角度设计教学过程，引导学生积极主动地参与到教学教程中进行自主的学习活动。引导学生自我定向、自我探究、自我评价、自我调控、自我激励。二是面向全体学生，重视学生的个性差异。“为了每一位学生的发展”是新课程的核心理念，为了实现这一理念，教师必须尊重每一位学生的尊严和价值。不伤害学生的自尊心，学会赞赏每一位学生，帮助、引导学生。重视学生的个性发展，因材施教。关注学生的情绪生活和情感体验，关注学生的道德生活和人格养成。

2. 教学方法

教学方法直接关系到教学效果，在提倡素质教育的今天，教师要从单纯的讲解式教学方法走出来，向综合运用多种教学方法转变，激发学习的学习积极性，培养学生的学习兴趣、学习情感，培养学生的良好思维品质，培养学生的创新精神、创新思维、创新技能、创新人格，创造一个愉快、和谐的教学环境。

四、形成良好的教学风格

良好的教学风格是教师向学生有效传授知识的促进因素，对学生的学习产生很大的影响，与学生在情感行为、认知领域的学习有着密切的关系。友好的态度、坦诚的性格，戏剧性语言和行为使教学能够给学生留下深刻的印象。教师要加大情感的投入，理解学生，尊重学生，宽容学生，平等对待学生，让所有的学生都得到健康、和谐、全面的发展。

五、建立民主、平等的师生关系

师生关系的定位传统上是教育与被教育、管理与被管理的关系。教师是教育者，具有绝对的权威。在这种关系下，学生没有与教师平等沟通的权利，没有独立发挥自己想象力、创造力的自由，没有轻松、愉快的学习环境。在教育由专制走向民主的今天，建立平等、民主、和谐的师生关系十分迫切，这种关系的建立有赖于师生关系的重新定位。教学交往过程是师生双边交流的过程。师生通过交流达到相互理解、相互尊重，真正体现出学生的主体地位和教师的主导地位，教师应放下权威，争做学生的同伴、朋友。古人云“亲其师、信其道”，只有在心理上唤起学生的亲近感，拉近师生距离，才能调动学生的积极性，才能有利于学生的健康发展，才能把学生培养成既有知识又有创新意识的人才。

新教师虽然“新”但富有朝气，只要乐于去学、善于去学，积极参加各种培训，虚心向老教师请教，不断总结和反思，就一定能在新课改的浪潮中，成为一位弄潮的好手。

专题报告《新课程背景下教师教学如何变革》

新教师如何进行课堂管理

作为一名新教师，由于缺乏丰富的教学经验，进行课堂管理存在一定的困难。为了提高课堂管理的能力，新教师应注意以下几点。

一、初次与学生见面时要避免过于随便

教师给学生的第一印象十分重要，因此，开始与学生相处时最好表现得正式一些，待与学生有更多的了解后再逐渐与他们建立更亲密的关系，就像结交新朋友一样。调查显示，许多影响力差的教师是以与上述相反的方式开始与学生接触的，然后在他们已经给学生形成一种过于松散的第一印象后又竭力使自己严肃起来。这样做效果不理想，教师的权威也难以树立。

另外，教师说话的风格、穿着、姿势要避免过于“独特”，防止学生分散注意力。

二、快速记住学生的姓名

快速记住学生的姓名，并发掘每个学生的优点，不仅能让学生感觉到教师对自己的重视，而且也便于让学生参与课堂教学。

三、使用积极的语言，而非消极的语言

课堂管理应该从对消极行为的控制转向对积极行为的促进，因此，教师在课堂上应该强调的是希望学生去做什么，而不是禁止他们去做什么。比如教师要说“安静地走进教室”，而不要说“不要这样乱”；要说“看你的书”，而不应说“不要回头”等。消极的语言会暗示学生做出可能在此之前根本没有想到的行为。

四、有选择地使用强化策略

为了预防课堂内违纪行为的发生，教师可以对某些学生采取选择性强化策略。在课堂学习中，当某个学生出现不良行为迹象时，教师可以不加理会，而向他提出一个比较容易回答的问题。这样，他就会感到教师在注意他。如果回答正确，他就会获得成就感，他的正当行为就会受到强化，实际上也就抑制住了他的不正当行为。

选择性强化也可以通过赞扬其他学生，即转移强化来实现。学生出现问题行为时，教师不加理会，而是采取赞扬其他学生的策略，选择他邻座的同学或他最要好的同学加以赞扬。赞扬的方式可以是表扬他的家庭作业或让他回答一个较容易的问题。待他回答正确后予以表扬，这样可以使有问题行为的学生意识到，教师已经知道了他的行为表现，他应控制自己的问题行为。

五、运用非言语线索

如果有迹象表明某个学生将出现不正当行为，教师要立即使用非言语线索，给学生一个暗示信号。例如：可以给学生一个眼色或一个手势，也可以一边讲课一边走过去停留一下。这种非言语线索，既可控制不当行为的产生，又不影响课堂教学秩序。

六、处理当前的事，而不是过去的事

当学生出现了不当行为时，教师要教育学生将来遇到类似情境时应该怎么做，而不是对学生过去的错误纠缠不放。要处理当前的事，而不是过去的事。比如，教师要避免问学生："你当时为什么那么做？"，因为学生多数时候不能发现其原因。教师应该问学生"你现在在做什么？""这样做会带来什么后果？""你应该怎么做？"等问题，这样有助于学生更清楚自己行为的目的和后果。

七、给学生提供承担责任的机会

应提供机会让学生参与课堂纪律的制定与实施，同时给学生提供承担责任的机会，这不仅能让学生感受到教师的信任，也能使他们认识到，建立一个有效的学习环境，不仅是教师的责任，更是他们自己的责任。

当课堂上发生了违反纪律的事件时，教师不要去听信学生的借口，否则只会让学生学会推卸或逃避责任。教师更不要去引导全班学生讨论该生的理由是否成立，这会使违纪学生认为此行为受到了重视，客观上强化了其违纪行为。这时，教师应该问学生在下次遇到相同情况时正确的做法是什么。

八、要就事论事，不要羞辱学生

当发生学生违纪事件时，教师应该就事论事，诚恳地表达自己的意见和对学生的希望，而不要去羞辱学生，更不要当着全班同学的面去揭露该生的短处。羞辱学生不仅不能起到避免消极行为再次发生的作用，反而会让学生产生逆反心理。

九、避免不必要的威胁

仅仅依靠威胁来控制学生是无效的，如果教师总是用“这是最后一次机会”来威胁学生会极大地损害自己在学生心目中的形象。当然，威胁信号一旦发出了，就一定要执行，让学生感到教师言而有信。

教师的人生

有人说：“教师像蜡烛，燃烧了自己，照亮了别人。”但是蜡烛的光太微弱了，蜡烛的结局太悲惨了。教师固然要有蜡烛的奉献精神，但在奉献的同时更要成就自己、发展自己。育人是从育己开始的，没有教师自身的发展，教师的“光”只能是短暂的。

有人说：“教师是人类灵魂的工程师。”这表明，教师从事的是一个非常崇高的事业，目的是塑造人的灵魂。但是，将教师比喻为“工程师”，反映的是一种工业模式。学校被视为工厂，教师是工程师，学生则是等待被加工的产品。工业模式强调产品标准的整齐划一，在这样的思维模式主导下，学生鲜活的生命被忽视了，学生多样的个性也被泯灭了。

著名教育家叶圣陶先生说过一句意味深长的话：“教育是农业，不是工业。”农业产品是有生命的，有它自身的意志和精神，有属于它自身的内在力量。对这种内在力量，外部环境不能彻底改变它，只能因地制宜、因时制宜地培育它。而且，不同的作物有不同的生长季节，不同的品种有不同的栽培方式，农夫只能根据作物的生长习性和规律，对它们精心呵护，而不能拔苗助长。从这个意义上说，教师更像农夫。而学校的核心工作，就是帮助每位教师得到发展，从而促进每位学生发展。教师应该充满自信、充满热情地学习、工作、生活，从而使自己的人生成为奋斗的人生、成功的人生、健康的人生、快乐的人生。

一、教师的人生应该是奋斗的人生

这包含两层意思：

第一，教师是一种职业，一种赖以生存、养家糊口的职业。但是，我们要清楚地认识到自己所从事的是一种特殊的职业，即培养人的职业。这要求每位教师不管是否理解，是否感受到教育工作的崇高，都要把它当做事业来做，在工作中逐渐感受从事教育事业的意义，进而对事业有所追求。一个人民教师任教的几十年就是在教育界不断追求、不断奋斗的几十年。

第二，为事业而奋斗就要有目标，每位教师要确定短期与长期的人生目标，制定切实可行的生涯规划，使自己在教育教学的过程中不断实现人生目标。教师的发展目标不仅包括教育教学、进修学习等专业发展目标，还应该包括与人交往、身体锻炼、购车买房等生活目标。

二、教师的人生应该是成功的人生

教师要在平凡的工作中体验人生的成功。曾有人套用拿破仑的名言，认为不想当特级教师的青年教师不是好教师。从鼓励青年教师努力奋斗、积极进取的角度讲，其善意是可以理解的，但是这样的目标往往使许多教师感受不到人生的成功。我觉得，我们要认识到，不一定成为模范、骨干才是成功，不一定得到学校的表扬和肯定才是成功。按照自己的预定目标努力了、奋斗了、体验了、发展了就是成功。一位教师在原有的基础上按照自己的意愿去努力完成一项工作，去实现一个自己设定的目标，只要感到有收获就是人生的成功。我认为，学校中有两种人是骨干：一种是常上公开课、课题研究有成果的教学骨干；另一种是热爱学生、努力工作、班级管理平稳、教学工作扎实的教师。他们虽没有获得教学骨干称号，但同样是学校的骨干，同样拥有成功的人生。

三、教师的人生应该是健康的人生

教师在工作中不仅需要付出艰辛的脑力劳动，同时还要付出一定的体力劳动。许多教师从教多年后都感到身心疲惫。教师应该从两方面使自己保持健康：一方面，要有健康的心态，善于做心理上的自我调节；另一方面，要重视锻炼身体，要给自己留有一定的从事体育锻炼的时间。另外还要学会善待自己，注意科学的起居饮食，自己给自己减压、减负。

四、教师的人生应该是快乐的人生

教师要积极地对待人生的每一天，让每一天都有价值，每一天都充满快乐，学会忙中偷闲，苦中求乐。

教师的“六个学会”

教师在学生人生成长历程中的重要性是不言而喻的。假如一个人在他的学生时代曾经遇到过一位关心他的好老师，那么，他很容易会成为一个对社会有用的人才；相反，假如一个人在他的学生时代不曾遇到过一位好老师，那他很可能一生碌碌无为。

联合国教科文组织提出的21世纪教育的四大支柱是：学会认知、学会做事、学会共同生活、学会成为你自己。而作为教师，要能在新的历史条件下胜任自己的工作，就需要不断成长和发展。所以，广大教师需要做到“六个学会”：学会等待、学会分享、学会宽容、学会合作、学会选择、学会创新。只有当我们的教师具备了这些素质，人类才能拥有更加美好的未来。

一、学会等待

学会等待，意味着教师能够用发展的眼光看待学生，能够以从容的心态对待自己所做的工作：不急于求成，不心浮气躁，不指望通过一次活动、一次谈话就能收到立竿见影的效果。因为一个好的品质的形成，一个不良品质的矫正，都不可能是一蹴而就的，而是一个长期的、曲折的过程；即使是一个概念、一个原理的掌握，也都是很难一步到位，而是一个不断丰富、不断深化的过程，一个需要不断“温故知新”和“知新温故”的过程。

其实，从我们个人的生命历程来说，我们90%的努力都是徒劳的，而正是这貌似徒劳的努力，使我们拥有9%的接近成功的机会；而正是这“9%的接近成功的机会”，最终使得我们有1%的取得成功的可能性。

每一个人都有一个从幼稚走向成熟的过程，学会了等待的教师，一定永远不会对学生说“你不行”。教育是最能体现“一分耕耘，一分收获”的领域，只要我们付出真正的努力，就一定会取得成效，尽管更多的时候不是那么直接、那么迅速。当我们学会用等待的心情看待学生时，我们就能对学生少一点苛责、少一点失望、少一点冷漠，而多一份理解、多一份信心、多一份亲切。分享是双向的沟通、彼此的给予、共同的拥有。教育的过程其实也就是教师和学生一道共同分享人类千百年来创造的精神财富的过程，分享师生各自的生活经验和价值观的过程。分享，意味着教师更多的是展示而不是灌输，是引领而不是强制，是平等的给予而不是居高临下的施舍。

二、学会分享

学会分享，首先意味着学会倾听，学会走进学生的内心世界，学会从学生的眼光看待世界。高高在上的老师，怎能听到学生真情的呼唤？自以为是的学生，又如何听得进老师的肺腑之言？重要的是将心比心，彼此倾听。

其次，学会分享意味着努力创生一种新的分享方式和新的表达方式，因为分享方式和表达方式本身就蕴涵教育的因素。

再次，学会分享意味着对以自我为中心、自以为是、好为人师的倾向的自觉防范。

最后，学会分享是和学会欣赏别人高度相关的：欣赏别人其实就是真诚地去分享对方的闪光之处，它会带给我们非常单纯的满足、愉悦和欢乐。有人说，我们不见得喜欢我们所赏识的人，但一定喜欢赏识我们的人。人同此心，心同此理，对别人表现出真诚的赞扬和欣赏会使我们的生活有更多的阳光、温馨和美丽。而当一个人在成长的历程中没有得到足够的关注、爱和欣赏时，一旦他拥有了权力，就更容易表现为自我中心、专制与独裁。

三、学会宽容

教育就是引领人们从狭隘走向广阔的过程。学会宽容，就是努力使自己变得胸襟开阔、气度恢宏，使心智不那么闭锁，头脑不那么固执，思想不那么僵化，眼界不那么狭隘，就是尽可能地尊重多样性、珍视个性，尽可能地从多种角度看待事物，尽可能习惯“一个世界、多种声音”。

要做到如此这般，就必须不断地学习，领悟人类心灵的广袤与深邃，理解世界的多样与神奇，明了世事的无常与诡异。俗话说得好，“人心不同，各如其面”，由于每一个人的社会关系是千差万别的，每一个人的生活境况、生活道路也各不相同了，世界在每一个人的眼中所呈现的面貌、所展示的色彩，也就不尽相同了，因而每一个人对同样的事情有不同的态度、不同的看法，就再正常不过了。我们每一个人变得开朗、开放、开明，去创造一个宽厚、宽松、宽容的心理氛围，对我们的健康成长与和谐发展，对我们的修身和养性，都是十分必要的。

四、学会合作

一个崇尚个性的时代，也必定是一个崇尚合作的时代。因为，一方面个性使得合作成为必要与可能；另一方面，个性也只有在人与人合作的关系之中才能得到健康发展。因此，学会合作就意味着对不同、对差异、对另类甚至是对异端的尊重与接纳，意味着我们学会了“求大同，存小异”，学会了必要的妥协、退让、隐忍和放弃。

作为教师，需要很好地和校长合作，和同事合作，和学生合作，和家长合作。合作需要有善于沟通的品质和能力，需要有理智的判断和成熟的热情，需要有设身处地为他人着想的品质和推己及人的胸怀。

五、学会选择

社会的飞速发展，使人类的生存环境呈现出多变、多元、多彩、多险的飘忽迷离状态，平衡而单一的局面被打破，不确定性和可选择性同时增强。因而每个人或社会在求发展的同时，必须学会做出选择。当成功与失败并存、机遇与陷阱同在时，正确的选择就成为走向成功、抓住机遇的十分重要的第一步。所以，我们可以用“注重选择”来概括这一时代精神。它意味着人类将通过选择来寻求适合自己发展的空间和途径，划一的、同步的、简单服从计划安排的发展模式不再被认为是天经地义的了。

衡量一个社会文明程度的一个重要尺度便是看它在多大的程度上、多大的范围内，为个人自由全面的发展提供了可能。这种可能性实质上就是人们对于自己的生存、发展和享受的方式的可选择性。社会的进步总是伴随着人们拥有愈来愈多的选择的机会和可能。学会选择就成了一个更加文明、人道、合理的时代人们必备的素质和能力。在一个变得越来越多样、丰富和便利的世界，人生的历程真正成为一个不断选择的过程。

民主化、个性化教育自然需要以教育内容、教育方式的可选择性为条件。而教师不是一个被动的被选择的对象，而应是一个引领学生进行积极选择的向导。因此，教师本人必须学会选择，学会选择教育的内容、教育的时机、教育的途径和方法。这就要求教师有非常丰富的积累，有很高的判断力和鉴赏力，如此才能有不俗的选择能力。

六、学会创新

学会创新，意味着教师能够不断地探索以便改进自己的工作，不断尝试新的教学方式和教学风格，能够从不同的角度对那些被人们习以为常、司空见惯、熟视无睹的事情作出新的解释，能够对那些被认为理所当然、天经地义的事物抱以重新的审视，能够对那些似是而非、以讹传讹的种种说辞予以警示。

我们希望教师学会创新，是因为只有具有创新意识和创新能力的教师，才可能培养出具有创新意识和创新能力的学生。创新是一种心态、一种工作作风、一种人格特征。我们希望教师学会创新，并不是要教师能探索出对于整个人类来说都是新的认识或规律，而是希望教师通过自主探究，将古老的教育智慧变成自己的信念和教养，从而体现于自己日常的教育行为之中。

具有创新意识的教师，也一定具有开放的头脑、进取的精神和探究的兴趣。而这些品质本身就是极其重要的教育力量、教育资源，是好教师重要的人格特征和内在资质。

“六个学会”是优质教育对教师的要求，是新世纪对教师的厚望，也是衡量教师专业成熟与否的标尺。

为成为名师和教育家而奋斗

一个学校要成为名校并得以持久地发展，首先要有明确的目标，并且充满活力。其次要具备四个因素：一是名校长，二是名课程（或名项目），三是名师，四是名学生。我考察了一些中国名校，一部分名校靠的是历史，一部分是靠着培养出的人才。对我们学校来说，在现有声誉的情况下，要寄希望于“名课程”、“名师”和“名学生”为学校争名。名课程与名师其实是高度相关的，教师致力于课程改进与新课程开发取得了成果而成为名师，名师打造了棠湖中学的高质量、有特色、充分反映棠湖中学教育理念的课程体系而成名课程。名师与名课程交相辉映，相得益彰，进而就会产生大批的“名学生”。我们学校现在“名师”的主力军就是我们。

那什么样的教师能够称得上名师呢?

成为名师首先是要能提供优质的教育服务。那些通过延长学生学习时间、增强学生学习强度、侵占学生学习其他课程和从事其他活动的时间以求得的质量不是真正的质量。也就是说，质量与效益是一对双胞胎。我们在考察质量时，必须同时关注效益，要分析达到现有的质量水平，我们会付出多大的成本，我们付出这些成本值不值；还要分析学生是否为达到质量标准付出过于高昂的代价，他们的基本权利和身心健康有没有受到伤害。在这个前提下，我们就可以断定，名师就是让学生花费很低的成本取得很大发展的教师。

成为名师的关键是要成为一个不可替代的人。名师是凤毛麟角，其稀缺性可想而知。在学校里，有三种人不可替代：一是学科教学专家型，二是德育专家，三是课程专家。专家就是在某一领域钻研得很深的那类人，自然就不可多得，不可替代。

什么是教育家?教育家就是教育的专家，包括教育理论家和教育实践家。教育理论家侧重于教育理论的研究，教育实践家侧重于教育理论的实践。一个时代、一个国家，只有当教育家是从课堂中产生的时候，这个时代的教育才是成熟的教育，这个国家的教育才有可能是充满智慧的教育。一个民族、一个国家，今天教室里教师脸上是否有笑容，将决定着这个民族、这个国家的明天有没有笑声。为了国家和民族明天的幸福，我希望每位教职工都成为幸福的老师，希望每位教职工都树立成为教育家的愿景，在学习中成长，在实践中探索，在教育中思考，在反思中提炼，成为“思”、“行”、“果”合一的教育家型教师。为此，棠湖中学成立了“棠湖中学教育家成长中心”，致力于培养棠中教育家——将先进的教育理论运用于教育教学的全过程，并形成自己独特的教育方式和教学方法，成为“思”、“行”、“果”合一的优秀教师。

什么是学科教学专家?学科教育专家包括两类：一类是对教学中某一内容的把握与处理极有深度，比如语文学科，你专门研究作文教学，形成一整套的作文教学体系，别人遇到作文教学问题都向你请求教，那你就是专家了；另一类是你形成了自己的教学风格，别人一听，就知道那是你的课，在形成教学风格的基础上，你形成了相对固定的教学模式，而且这套模式经得起检验，那你在这个学科教学领域里一定是小有成就了。

什么是德育专家？一般来说，好的老师就是那些能维护班级纪律，控制住差生，并能促使班级学业成绩提高的教师，但作为专家型教师，这还不够。如果你研究了学生深层次的思想问题，促进学生道德的形成，创造了一套行之有效的方法，那么你就成为了德育（教育）专家。我们当前更缺这样的专家和专家型班主任。

什么是课程专家？就是有很强的课程意识，能按新的课程标准改进现有课程，还能独立开发校本课程。如果你能编写教材并开设这些课程，或者你能独立构思一门课，而这门课体现学校价值观和时代方向，那么，你就会靠这门课成为名师，靠这门课成为了不可替代的人。学校里的课程专家现在成了紧缺人才。

并不是非要吃得苦中苦才能成为一代名师的，有些宣传我们不必太当真，有一件真实的故事可以作为佐证。

1965年，一位韩国学生到剑桥大学主修心理学专业。在喝下午茶的时候，他常到学校的咖啡厅或茶座听一些成功人士聊天。这些成功人士包括诺贝尔奖获得者，某些领域的学术权威和一些创造了经济神话的人，这些人幽默风趣，举重若轻，把自己的成功都看得非常自然和顺理成章。时间长了，他发现，在国内时，他被一些成功人士欺骗了。那些人为了让正在创业的人知难而退，普遍把自己的创业艰辛夸大了，也就是说，他们在用自己的成功经历吓唬那些还没有取得成功的人。

作为心理系的学生，他认为很有必要对韩国成功人士的心态加以研究。1970年，他把《成功并不像你想象的那么难》作为毕业论文，提交给现代经济心理学的创始人威尔·布雷登教授。布雷登教授读后，大为惊喜，他认为这是个新发现，这种现象虽然在东方甚至在世界各地普遍存在，但此前还没有一个人大胆地提出来并加以研究。惊喜之余，他写信给他的剑桥校友——当时正坐在韩国政坛第一把交椅上的人——朴正熙。他在信中说："我不敢说这部著作对你有多大的帮助，但我敢肯定它比你的任何一个政令都能产生震动。"

后来这本书果然伴随着韩国的经济起飞了。这本书鼓舞了许多人，因为他们从一个新的角度告诉人们，成功与"劳其筋骨，饿其体肤"、"三更灯火五更鸡"、"头悬梁，锥刺股"没有必然的联系。只要你对某一事业感兴趣，长久地坚持下去就会成功，因为上帝赋予你的时间和智慧够你圆满做完一件事情。后来，这位青年也获得了成功，他成了韩国泛业汽车公司的总裁。

在很多人看来，成功的人一定整天愁眉苦脸，悬梁刺股，像个苦行僧。其实不然，故事中的青年取得了事业的成功，一靠兴趣，二靠持久。如果在成为名师的道路上，我们也能一靠兴趣，二靠每天坚持，那么成功一定会到来的。只要一个人还在朴实而饶有兴趣地生活着，他终究会发现，造物主对世事的安排，都是水到渠成的。

教师的成长一般来说有三个阶段，一是新手型，二是成熟型，三是专家型。一所名校最重要的因素就是专家型教师，我希望我们这些老师中间更多一些名师，如果你是一代名师，我这个校长不仅保证为你提供令你百分之百满意的服务，即使让我对你卑躬屈膝我都会十分乐意。

新手型教师为了尽快向成熟型、专家型发展，必须脚踏实地，从认真的“反思”开始，注重教育教学点滴的积累、个案的整理，经验的归纳、思考和提练。

大家通过一段时间的工作，自己是否注重了以下问题，从中将会得到什么启示？

1. 学生是否被你漂亮的板书所折服？

2. 你讲课时抑扬顿挫的声调、恰当的形体语言、饱满的讲课激情感染学生了吗？

3. 当学生迟到时你是如何处理的？

4. 学生在看书或者思考你所提的问题时，你该如何做？

5. 你在台上讲得津津乐道，学生在下面说话或做其他与本堂课无关的事，纪律差，这是为何？

6. 你对学生上学科自习课是怎样要求的？

7. 你给学生介绍了学科特点和学法了吗？

8. 学生出错了怎么办？你自己出错呢？

9. 你有被挂在黑板上的经历吗？假如出现了该怎么办？

10. 你是否收集了学生对自己教学方面的意见？对意见是如何处理的？

11. 你讲课的起点是否符合学生的认知水平？容量、难度是否符合你的班级学生的学情？

12. 你的教学进度是否比师傅晚一节?教案是否交由师傅签字？

第七部分

破解应试教育与素质教育的两难困境

中国的双基教育、英国的绅士风度、美国的个性化发展、德国的环保意识、日本的精细化管理，都是众所周知的，并不能因为新一轮的课程改革，就全盘否定了我们以前的教育所取得的重大成就。只有积极响应、稳步推进高中的课程改革，才是破解应试教育与素质教育两难困境的必由之路。

训练有素的理念

1979年，有个中国访问团去美国考察基础教育，认为美国孩子加减乘除还在掰手指头，却整天奢谈发明创造；下午1点多就放学回家；课堂乱如集市……于是得出结论：美国基础教育病入膏肓，20年后中国的科技将赶上这个超级大国。

同年，美国也派团考察中国基础教育，认为中国学生世界上最勤奋，起得最早、睡得最晚，学习最好。结论：再过20年，美国的科技将被中国甩在后面。

27年过去了，美国“病入膏肓”的教育又培养了数十位诺贝尔奖得主，作为一个创新型国家，美国的科技继续领先世界……

两家的预言都错了，但错在哪里？非常发人深思！

还有一个事实：美国的学生随年级的升高而成绩分数越来越高，中国的学生随年级的升高成绩分数却越来越低，原因何在？

其根源在于美国与中国的教育理念不一样：美国是发散性教育，学生的思维越来越宽、越来越活跃；中国是聚拢性教育，学生的思维越来越窄，越来越死板。美国是大众教育，而中国是精英教育。由于高考制度单一，一考定终身，使教师的功利性教育和学生功利性学习的意识非常浓厚。导致了应试教育越来越激烈，淡化了教育的本质。所以我们必须回归到教育的本质上去——教育的本质是唤醒，是开发，是健康。唤醒学生的良知、道义、责任，开发学生的智慧、技能、特长，让学生拥有健康的情趣、健康的人格、健康的心理。作为教育工作者，我们有责任通过我们这代人的不懈努力还给我们的孩子一个灿烂的青春年华！

高中阶段的教育是九年义务教育和高等教育的衔接口，在整个教育体系中处于承上启下的特殊地位。高中阶段教育不是大学的附属阶段，不能仅仅为升大学做准备，我们既要为高一级学校输送人才，又要为每一个学生的终身发展打好基础，使学生具有规划人生的意识、继续学习的能力、创业的基本能力、面对未来生活的能力。学校是为学生存在的，课程是为学生开设的，教师所做的一切归根到底是为了促进学生最大限度地发展。

但反思高中教育，我们不难发现，传统教学以传授课本知识为中心，以掌握知识为主要目的，以死记硬背为主要学习方法，以强化、题海战术、填鸭式为主要的教学方法，以考试成绩作为衡量学生的主要标准。因此，高中教育就自觉不自觉地办成了大学的预科，将办学目标直接指向升学，学校教育教学主要是围着高考指挥棒转，高考考什么，学校就教什么，办学变成了一种工具，升学变成了一种目的，在追逐高分的过程中，忽略了学生健全人格和身心的发展。为此，《普通高中课程方案（实验）》强调高中阶段的教育仍然是基础教育，对于提高国民素质承担着重要任务，即“普通高中教育是在九年义务教育基础上进一步提高国民素质、面向大众的基础教育。普通高中教育为学生的终身发展奠定基础”。

为了实现上述培养目标，此次高中新课程改革，将在以下方面实现新突破：一是精选终身发展必备的基础知识，增强课程与社会发展、科技进步、学生经验的联系，引导创新与实践；二是适应社会需求的多样化和学生全面而有个性的发展，构建重基础、多样化、有层次、综合性的课程结构；三是创设有利于引导学生主动学习的课程实施环境，提高学生自主学习、合作交流以及分析和解决问题的能力；四是建立发展性评价体系，改进校内评价，实行学生学业成绩与成长记录相结合的综合评价方式，建立教育质量监测机制；五是赋予学校合理而充分的课程自主权，为学校创造性地实施国家课程、因地制宜地开发学校课程，为学生有效选择课程提供保障。例如，普通高中新课程结构由学习领域、科目、模块三个层次构成，这种新的课程组织形式，特别强调学科的关联及多种学科的共同价值。学习领域的设置，有利于反映现代科学综合化的趋势，在一个比较广阔的视野下，研制各科课程标准，指导教师教学，防止出现学科本位。这有利于整体规划课程内容，体现对高中学生提升综合素质、全面发展的要求。由于每一个学习领域都代表着对学生不同素养的要求，所以，学生在每一个学习领域都必须获得一定的学分。这样，既防止学生过早偏科，又避免了科目过多，能确保为每一个学生打好共同的基础。当然，学生在学习某一个领域的课程时，允许有不同的水平选择。这样可以使一般学生打好基础，优秀学生脱颖而出。

由此可见，高中新课程方案无论从教育观念、培养目标、课程结构、课程内容到课程管理都体现了全新的思路，充溢着鲜明的时代气息。新课程不仅重视学生基础知识的学习和基本技能的训练，也特别强调学生对学习过程的理解、学习方法的掌握、各种综合能力的培养，以及态度、习惯、情感与价值观的培养形成，注重从单纯的知识传授转向关注学生的全面发展。

高中新课程通过课程门类的增设、课时的调整、内容的更新、教材的多样化，改变教师的教学方式，转变学生的学习方式，完善师生的评价方式，优化学校的管理方式，从而构建具有学校特色的课程文化、课堂文化、教研文化和管理文化，实现普通高中新课改培养目标。

总之，对新课程的一个概括是：一种理念——转变学习方式，让学生在学习中获得个性的解放；两类课程——学科课程（人的心理经验与学科逻辑的关系）和综合实践活动课程（人的心理经验与生活世界的关系）；三维目标——知识与技能，过程与方法，情感、态度和价值观；四个多样——课程设置的多样，课程实施的多样，课程管理的多样，课程教材的多样。

训练有素的行为

有人对美国和中国中学生作了这样一个试验：问——公园地板上有纸屑你该怎么办？中国孩子具有高度统一的答案——将纸屑捡起来放到垃圾箱里，而美国孩子却有三种回答——若纸屑少我就捡起来放到垃圾箱里；若纸屑较多，我就到公园管理部门去告公园的清洁工不负责任；若纸屑很多，我就到环保部门控告公园的管理部门，其管理存在严重的问题。事后将这批孩子带到故意放了些纸屑在地上的公园玩耍，结果呢？没有一个中国孩子将纸屑捡起来。

由此可见，只有训练有素的理念，没有训练有素的行为，理念与行为不统一是不会有良好的结果的。

教师的教学是一个不断反思的过程，教师的反思又使课程总是处于变化之中。同样，不断变化的课程对教师的发展又提出了一系列的挑战。尤其是高中新课程改革，使每所高中学校、每位高中教师面临着前所未有的新问题。高中新课程不仅要求教师改变陈旧、落后的教育观念，树立符合高中新课程改革需要的新理念，还要改变高中教师多年来习以为常的教学方式、教学行为，要求教师学会挖掘开发课程资源、重新构建教学模式、优化组合教学内容，从而实现教学方法的多样化、师生关系的重建以及教学评价的多元化。这些新的问题都是高中新课程改革给教师带来的严峻挑战。

一、教师是否具有课程意识和课程能力

英国的课程论专家施瓦布提出，课程是一个由教师、学生、教材、教学环境四个因素动态交互作用构成的一个“生态系统”。课程由这四个因素组成，就决定了它是独特的且永远变化的，有多少所学校、多少个班级，就有多少个“生态系统”，就有多少种课程。也就是说，课程不仅是文本课程，更是体验课程；课程不仅包括了知识和教材，而且包括了学习者占有和获取知识的主体活动过程，包括了教师和学生共同探求新知识的过程。长期以来，教师执行教学任务，是课程实施的工具，是传授科学知识的道具和载体。教师对于课程来说，只有选择怎么教的权利而没有选择教什么的权利，教师考虑的主要是怎样将国家规定的课程有效地教给学生。这次高中新课程改革，在课程内容的建构上除了强调课程内容的时代性和课程内容的基础性外，特别强调课程内容的选择性——为适应社会对多样化人才的需求，满足不同学生的发展需要，在保证每个学生达到共同基础的前提下，各学科分类别、分层次设计了多样的、可供不同发展潜能的学生选择的课程内容，以满足学生对课程的不同需求。因此，突出课程的选择性、灵活性和多样化，为满足学生发展的多样化需求，为学生具备进入学习化社会所必需的各种能力打基础，为学生进一步接受高等教育打基础，为学生具备面对社会就业所需要的生存能力、实践能力和创造能力打基础，为学生发展个性、走向自立提供一个良好的平台，是此次高中新课程改革的重要突破点。

高中新课程由必修课和选修课组成，必修课旨在保证所有高中生都达到共同要求，选修I是“根据社会对人才多样化的需求，适应学生不同潜能和发展的需要，在共同必修的基础上，各科课程标准分类别、分层次设置若干选修模块，供学生选择”；选修Ⅱ是“学校根据当地社会、经济、科技、文化发展的需要和学生的兴趣，开设若干选修模块，供学生选择”。这就要求教师必须具备课程意识，形成正确的课程观念，培养和增强课程开发的能力，逐步由国家课程的执行者转变为校本课程的研制者和开发者。在以往的传统教学中，教师只有大纲意识、教材意识、教参意

识，而课程的意识十分淡薄，课程设计、课程研究和课程开发的能力十分薄弱。普通高中新课程改革将教师的课程意识和课程能力提到了一个十分重要的位置，强调教学不只是忠实地实施计划、教案的过程，更是课程创新和开发的过程，教学过程要成为课程内容持续生成和转化的过程。尤其是校本课程的开发，已经成为21世纪初期我国基础教育课程改革乃至整个教育改革的一个热点和焦点问题。而校本课程开发首先需要教师进行创造性的劳动，具备一定的课程意识和课程开发能力。

二、教师能否改进自身的教学行为

怎样指导高中生进行选课？高中教师如何实施基于模块的教学？如何对高中生进行评价？如何进行教学研究？高中综合实践活动如何开展？高中课程资源如何开发？这些都是高中新课程改革中教师必须面对的新问题，要解决这些问题和困难需要高中教师的教学行为发生根本性的变革。

教学在本质上是以对话、交流、合作等为基础的知识建构活动，失去了沟通的教学是不可想象的，因此，没有沟通就没有教学。我国教育学者谢纬和认为："任何课程的传递过程和活动实际上都是教师与学生之间相互斗争方主体性的建构与发展。"这主要取决于教师能否实现教学行为的以下转变：

一是能否从以教师的教为中心转向以学生的学为中心。传统教学以教师的教为中心，教师牵着学生走，学生围绕教师转，教师是课堂的主宰。长此以往，学生习惯被动地学习，学习的主动性渐渐丧失。高中新课程扩大了信息来源，打破了过去单一灌输型的教学，将主动学习和研究性学习纳入高中教学当中，突出个性化的教学特点，允许学生提出不同意见，甚至反对教师的意见，这种不同于以往的教学模式，将使以学生的学为中心的教育新理念落实到课堂教学中。在高中新课程中，教师不再是知识的权威、真理的化身，学生很可能超过教师，并把教师难住、问倒。因此，教师要更多地考虑怎样创建灵活、宽松的学习环境才能促进学生的学习，要允许学生采用自己的方式学习，允许学生在一定范围内选择学习内容和学习方法。

二是能否从教师权威的讲授转向师生平等的对话。传统教学中，教师处于至高无上的权威地位，学生无条件地接受教师的一切灌输，师生之间显然是不平等的。高中新课程要求建立平等和谐的新型师生关系。对高中新课程而言，教学意味着师生的互动、对话和知识的生成与建构，它是弥漫、充盈于师生之间的一种教育情境和精神氛围，是学生心态的开放、主体性的凸显、个性的张扬和创造性的解放。

三是能否从注重教学的结果转向注重教学的过程。传统教学中，教师往往更加重视结果、注重结论，让学生死背标准答案。这种压缩或省略学生思维过程的教学，不可能培养学生的探究能力和创新精神。高中新课程强调学生的学习过程是一个发现问题、分析问题、解决问题的过程，是一个暴露学生各种疑问、困难、障碍和矛盾的过程，也是一个展示学生的聪明才智、独特个性、创新成果的过程。因此，教师在教学中就不能过分注重结论或提供答案，而要强调学生探索新知的过程和获取新知识的体验。

四是能否从统一规格的教学模式转向个性化的教学模式。高中课程功能、课程结构的改变，使学生发展的空间进一步拓宽，这必将促进学生学习方式走向多样性和丰富性。新课程使每个学生可以根据自己的需要选课，这样，每个学生都能获得一份适合自己的课程计划。经过一段时间的学习，如果发现不适应，还可以重新选择。在这个过程中，学生逐步学会选择，学会负责，实现自我成长。人海茫茫，教海无边，我们既找不到两个完全相似的学生，也不会找到能适合任何学生的一种教学方法。这就需要我们的教师去关注、研究学生的差异，以便找到个性化教学的科学依据。

五是能否从孤军作战转向协同合作。教师职业的一个重大特点是专业个人主义，这种特性使教师长期处于孤军奋战的境地。高中新课程开发是教师、学生、校长、家长、社区人员广泛参与的活动，因而必然要求教师与教师之间、教师与学生之间、教师与校长之间、教师与家长之间、教师与社区人员之间、教师与课程专家之间进行广泛的合作。

六是能否从评价模式的单一化转向评价模式的多元化。高中新课程提出要建立发展性评价体系，“实行学生学业成绩与成长汇录相结合的综合评价方式。学校应根据目标多元、方式多样、注重过程的评价原则，综合运用观察、交流、测验、实际操作、作品展示、自评与互评等多种方式，为学生建立综合、动态的成长记录手册，全面反映学生的成长历程”。让学生全面发展，并不是让每个学生及其每个方面都要按统一规格平均发展。备课用一种模式，上课用一种方法，考试用一把尺子，评价用一种标准是现行教育中存在的一个突出问题。这种评价模式不符合学生实际，压抑了学生个性和创造力的培养，使他们成为应试教育下潜在的牺牲品。高中新课程要求不仅要关注学生在知识与技能方面的发展，而且要通过建立新的评价指标和改革评价方法，发展学生过程与方法以及情感、体验、价值观方面的潜能。评价方式也要多样化，不仅要重视量的评价，还要注重质的评价；不仅要重视学生解决问题的结论，更要注重学生得出结论的过程；不仅要重视评价的甄别筛选功能，还要重视评价对学生发展的激励和促进功能。

三、教学设计时是否考虑了这些环节

一是确立真正属于自我的教学目标和任务，以及重点、难点及课时安排。

二是在心中有一个清晰的教学环节步聚图和课时分段施工图。

三是重视以下环节的设计：

创设情境——导语、多媒体应用、问题呈现、活动方式、师生资源；聚焦与辐射，开放与生成。

精心设计问题——在每个环节都应提出问题（活动要求），形成问题系统，既相互呼应又各自独立。

在问题呈现时，要伴之以方法和活动形式以及局部时间的要求——要推敲方法与学习方式、活动形式的有效性和适宜性；注意方法与活动的生成性效果；坚定落实自主、探究和研究性学习等学习方式（查阅、观察、调查、讨论、展示、撰写小论文、实验探究、设计实验等）。

要关注时间的紧凑和有效——为每一个教学环节步骤计算一下大概时间；把一节里的时间作一个统计，在时间的总量上留有余地；为教学的重点和难点留够黄金时段（最恰当的时候，最饱满的时间）；有课时“延长”的观念（课前尽可能安排给学生自主探究的任务和问题，让学生带着探索在课堂上呈现和交流；课后留有探究性作业，让学生的探究保证质量）。

要推敲教学手段的实效——树立“备教学手段是准备教学的重要组成部分”的意识，在“利其器”上下工夫（教具、学具的选择、设计及操作，多媒体课件的准备、下载、设计及操作）；在简明、奏效上下工夫，不摆花架子。

训练有素的评价

我国高中课程评价的最大问题是学校内部评价（即校本评价，核心是教师对学生的评价）缺乏自身的独立性格，沦为以高考为核心的各种外部评价的简单复制、预演和准备。于是，从进入高中的第一天起，学生就得昼夜兼程，为三年之后的那次高考做准备。教师除了要为学生的高考殚精竭虑以外，还要应付来自上级行政部门的形形色色的检查、考评。

本次课程改革旨在建立符合素质教育要求的新的高中课程评价体系，并将此视为改革的关键。

第一，完善校本评价，把学校的内部评价视为真实描述、记录、反映学生发展历程和状况的过程，视为教育过程、学生发展过程，而非高考的预演。《普通课程方案（实验）》指出："改进校内评价，实行学生学业成绩与成长记录相结合的综合评价方式"，具体而言，"学校应根据目标多元、方式多样、注重过程的评价原则，综合运用观察、交流、测验、实际操作、作品展示、自评与互评等多种方式，为学生建立综合、动态的成长记录手册，全面反映学生的成长历程"。由此观之，校本评价的完善过程，即是课程评价找回失落的内在价值的过程，这是素质教育的基本要求。

第二，优化外部评价，建立教育质量监测机制。外部评价即来自学校以外的评价，它包括高考和来自教育行政部门及社会的形形色色的评价。要积极稳妥地推进高考制度改革，要建立行之有效的教育质量检测机制，这既有助于学校主动性、积极性的发挥，又能有效杜绝各种违背学生身心健康发展的舞弊行为、违法行为。

第三，合理处理高中课程评价和大学入学考试的关系。首先，作为高中课程评价的一部分，大学入学考试应符合素质教育的要求，符合课程改革的方向，而不能外在于课程改革。其次，既然合格的高中毕业生和高考成功者是两个概念，而高中教育的基本目标是前者，因此，应把对合格的高中毕业生的发展水平的认定与高考适度分开。再次，要把真实反映学生发展水平的校本评价与大学入学考试有机联系起来。有信度和效度保证的校内评价应成为大学入学考试的组成部分；大学入学考试也应成为校本评价的自然延伸。

其实之所以以前教师对学生的评价单一，只看考试成绩，其原因是学校对教师的评价也是只看学生的考试成绩，其根源是上级部门和社会影响对学校的评价还是只看学生的高考成绩。所以要使学生得到科学有效的评价，学校对教师的评价也应符合新课程改革的要求。

总之，中国的双基教育、英国的绅士风度、美国的个性化发展、德国的环保意识、日本的精细化管理，都是众所周知的，并不能因为新一轮的课程改革，就全盘否定了我们以前的教育所取得的重大成就。只有积极响应、稳步推进高中的课程改革，才是破解应试教育与素质教育两难困境的必由之路。